从非智力因素到社会与情感能力

——燕国材教授的学术人生

朱永新 —— 主编

长江出版传媒 | 长江文艺出版社

图书在版编目（CIP）数据

从非智力因素到社会与情感能力：燕国材教授的学术人生 / 朱永新主编. -- 武汉 ：长江文艺出版社，2019.12（2025.5 重印）
ISBN 978-7-5702-1380-1

Ⅰ. ①从… Ⅱ. ①朱… Ⅲ. ①教育工作－文集 Ⅳ. ①G51-53

中国版本图书馆 CIP 数据核字(2019)第 252807 号

责任编辑：秦文苑　　责任校对：程华清
封面设计：仙　境　　责任印制：邱　莉　王光兴

出版：长江出版传媒 | 长江文艺出版社
地址：武汉市雄楚大街 268 号　　邮编：430070
发行：长江文艺出版社
http://www.cjlap.com
印刷：三河市嵩川印刷有限公司

开本：720 毫米×970 毫米　1/16　印张：18.125　插页：8 页
版次：2019 年 12 月第 1 版　2025 年 5 月第 2 次印刷
字数：243 千字

定价：78.00 元

燕国材教授

1988 年参加中国心理学会基本理论专业委员会学术年会

2006 年参加上海长三角教坛：燕国材教授学术思想报告会

2007 年参加全国非智力因素研究暨“脑 · 情感 · 学习”专题研讨会

与非智力因素实践基地的孩子在一起

与教心班学生合影

与学生共度元旦联欢会

与学生朱永新赴日本参加会议合影

与研究生研讨合影

指导学生开展课题研究合影

与兰溪实验小学等教师合影

与原教管系同事合影

与云南省红河自治州课题组成员合影

前 言

燕国材教授是我国当代著名的心理学家、教育家，1954 年北京师范大学教育系毕业以后分配到上海师范大学任教。曾任上海师范大学教育管理系主任，上海市第七、八届政协委员，中国心理学会常务理事，《中小学教育管理》杂志主编、《心理科学》杂志副主编，全国非智力因素研究会会长。曾被评为上海师范大学首批十大优秀教授之一，享受国务院颁发的“政府特殊津贴”。出版著作约 35 种，发表论文 350 余篇，其论著获省部级奖 9 项次。

燕国材教授是中国心理学史的学科开创者，他撰写的《先秦心理思想研究》《汉魏六朝心理思想研究》《唐宋心理思想研究》和《明清心理思想研究》四本著作奠定了他在中国心理学历史研究的重要地位，与潘菽、高觉敷等几位老一辈学者共同创建了中国心理学史。他还主编了《中国心理学史资料选编》（四卷本）和《中国教育心理学思想史》等多部心理学思想史著作，培养了一批心理学史的研究专家。

燕国材教授也是“非智力因素”理论的创建者，在国内首次提出“非智力因素”的概念及理论，同时在中小学一线实践了“非智力因素”的理论，撰写了《非智力因素与学习》《非智力因素与学校教育》《学习心理学——IN 结合论取向的研究》等一系列著作。

燕国材教授治学严谨，为人敦厚，从 20 世纪 80 年代回到讲台工作以后，一直勤奋工作，著书立说，培养人才，鞠躬尽瘁，桃李满园。

2018年底，上海师范大学举行了“学术人生七十载——燕国材先生学术思想研讨会”，燕老师的一些师友和学生在会议上发表了很好的观点，有的评论他的学术思想，有的回忆他的育人故事，感人至深。我当时就萌发了把大家的文章和发言整理结集的想法，作为献给燕老师九十寿辰的礼物，记录燕国材教授为中国教育和心理学做出的贡献，记录他的学术人生。在孙圣涛学弟以及各位师友的帮助下，终于如期顺利完成了这项工作。感谢所有为这本书做出贡献的朋友们。

朱永新

2019年10月29日写于北京宽沟

目　录 | CONTENTS

第一辑　学术评传

第二辑　燕师论道

第三辑　感恩燕师

第一辑

学术评传

燕国材教授学术思想评述

朱永新

2018年底，上海师范大学举办了“学术人生七十载——燕国材先生学术思想研讨会”，来自全国各地的专家学者对燕国材教授的学术思想进行交流，从多个角度阐述了他在教育科学和心理科学方面的成就与贡献。

与会人员一致认为，燕国材教授是成就卓著的心理学家和教育家，是中国心理学历史学科最重要的奠基人、开创者，也是最重要的推动者、领导人；是中国非智力因素概念的首倡者、非智力因素系统理论的提出者和实践探索者；是教育理论的创新者。本文将结合燕国材教授的学术生涯和理论探索，对他的学术思想做一个简要的评析。

一、燕国材教授的学术历程与治学精神

（一）燕国材教授的儿童与少年时代

燕国材教授，字为业，乳名培安，曾用笔名野草、徐柯、葛采等。

1929年1月17日，燕国材生于湖南省桃源县盘塘镇燕家坪村一个普通的

农民家庭。在许多正式出版的书籍中，都记载他出生年月是 1931 年 1 月 17 日，但燕国材教授多次和我说，他实际出生的时间是 1929 年，当时报考学校时报小了两岁。燕国材教授的父亲纯臣公和母亲徐贵贞都是大字不识一个的农民。在兄弟四人中，他年纪最小。

燕国材教授的童年是在山清水秀的桃花源般的乡村度过的。大约在 1935 年，村里请来了一位教书先生曾书斋，为燕姓的子弟们开了私塾。为节省开支，父母只送了他的两位哥哥去私塾学习。没有想到，由于每天在家中听见他们朗读《三字经》，觉得有趣好玩的他，时间不长竟然可以把《三字经》倒背如流。父母亲见他如此聪慧，便也把他送进了私塾。在私塾中，他接触了《百家姓》《千字文》《增广贤文》，以及四书五经等儒家传统经典，打下了古文字与传统文化的功底，也为日后从事中国心理学史研究奠定了基础。每次回忆起这段童蒙初开的学习经历时，燕国材教授总是热泪盈眶，充满感激之情。他曾经感慨地说："父亲最值得怀念和感谢的，是他送我们兄弟四人上学读书。我家的经济条件很一般，他自己又没有上过学，对读书的意义也不会有什么认识和体会。他能让儿子上学读书是要有很大的勇气与远见的。后来我们四兄弟之所以能跳出'农门'，都是父亲与母亲对我们的'恩赐'。"

1937 年，燕国材结束了在私塾的读书生活，随自己的三哥进入新学堂继续学习。抗日战争爆发以后，他也参加了大哥哥大姐姐们自发组织的抗日宣传队，用唱民间小调和打"三棒鼓"的方式宣传抗日主张。

1941 年秋，当得知自己所在的桃源县立简易乡村师范学校即将招生，不仅不收学费，而且吃住免费，他马上随三哥在父亲的陪同下赶赴县城报考，结果与三哥同时被录取。1945 年抗战结束以后，在本县边远的一所小学担任校长的二哥，因为学校缺少国文老师，请他代课救急。没有想到他的课大受学生的欢迎，也得到听课老师的一致好评。由此开始了他的小学教师的教学生涯。在金林乡中心小学，他以教五六年级的算术课为主，兼教其他学科。他带的学生，曾经以全县第一名的成绩考取现今的湖南省重点学校桃源一中和桃源简师。业余时间，他还坚持写作，在《桃源民报》发表了《中秋》等多篇诗文。

（二）燕国材教授的中师与大学生涯

1947 年秋，燕国材离开金林乡中心小学，前往湖南省立第四师范学校读书。有着深厚国学根底和教书经验的他，在学校里很快脱颖而出，先后担任了班长、学生会主席、县首届学联主席，并且代表县学联参加了县第一届人民代表大会，被选举为常务委员会委员。在三年的中师学习生涯中，他多次获得全校作文比赛和演讲比赛的第一名，在常德市的《滨湖日报》和长沙市的《国民日报》等报刊发表了《春花三月话四师》《容膝斋诗话》等文章，与同学一起创办了《桃源民报》的副刊《火炬》。他热心公益事业，担任了为无条件上学的孩子开办的夜校的校长。

1950 年秋，燕国材考取了北京师范大学教育系学校教育专业，开始了他四年的大学生活。由于家境贫寒，四年的时间他没有回过一次家，没有买过一件衣服，把全部的精力与时间用于读书学习。他从大学二年级就开始发表有关教育的文章，到四年级时已经在《光明日报》《文汇报》等发表了一系列研究马卡连柯教育思想的论文。

（三）燕国材教授的教学与研究历程

1954 年夏，燕国材大学毕业，分配到当时新建的上海师范专科学校，在教育学心理学公共教研室担任心理学助教工作。在教学之余，他仍然潜心研究学问，1956 年就出版了自己的第一部学术专著《马卡连柯的教育理论和方法》，这也是当时较早系统研究马卡连柯教育思想的著作。

1958 年，为了凑足名额，燕国材被错误划为“右派”，被安排到资料室工作。1979 年初，在时任上海师范大学校长刘佛年的亲自关心下，才被安排到学校图书馆工作，脱离了繁重的体力劳动。即使在人生最灰暗的时候，燕国材也没有放弃自己的信念，仍然坚持读书学习。恢复自由的他很快写出了那篇著名的论文《关于“中国古代心理学思想史”研究的几个问题》的长文。

1980 年秋，冤案平反以后的燕国材重返教学岗位，一下子就担任了三个班级的三门课程，即同时在三个不同的班级开设心理学，为历史系本科生开设公共课心理学课程，为中学校长进修班开设心理学知识基础课程，为我们教育心理学研究班开设儿童教育心理学课程。教学之余，燕国材笔耕不辍，撰写并出版了一批有影响力的论文与著作。1980 年出版了他的第一部心理学著作《记忆与学习》（湖北教育出版社）。1981 年，又出版了《智力与学习》（教育科学出版社）和中国古代心理学思想史的著作《先秦心理思想研究》（湖南人民出版社）。1983 年，他在《光明日报》上发表了《应重视非智力因素培养》的文章，首次公开倡导非智力因素的培养问题。1984 年，他出版了《心理与教育》（浙江教育出版社）和《汉魏六朝心理思想研究》（湖南人民出版社）等著作，他的研究进入了井喷阶段，几乎每一两年就有一部著作出版。

（四）燕国材教授学术思想的特点

作为一名有着丰富教学实践经验的心理学家和教育理论家，燕国材教授在长达 70 年的学术生涯中，在教育科学和心理科学两个领域都做出了卓越贡献，取得了丰硕成果。他的学术思想具有几个主要的特点：

一是坚持“标新立异，自圆其说”的治学原则和创新精神。这八个字的治学原则是燕国材教授在 1981 年出版的《智力与学习》中首次正式提出来的。他在这本书的后记中写道：“我平素写作，总有些喜欢‘标新立异，自圆其说’。这本书也不例外。书中各章节除通俗地介绍了一些众所周知的基础知识外，我也本着‘百家争鸣’的精神，尽可能地提出了自己一些粗浅的看法。但由于水平的限制，可能是‘标新立异’有余，‘自圆其说’不足。这就有待于识者的指正了。”其实，在这本书出版前，我们就已经在课堂上聆听过他的这八个字的治学原则。他还亲自给我们解释说，“标新立异”其实就是创新精神，“自圆其说”则是需要求实讲理。创新，不是为了创新而创新，更不是为了哗众取宠，而是为了以理服人。他也多次告诉我，文无新意不动笔，每一篇文章、每一本书都要有自己的见解。这是他对自己的学术要求。

二是“立足本土，放眼国际”的学术情怀与专业视野。燕国材教授关于中国古代心理学思想的研究，不仅源于他具有比较好的国学根基，更源于他对中国优秀传统文化的热爱，对扎根中国大地做学问的执着与坚守。记得他第一次给我们讲授中国古代心理学历史的时候，曾经用了古代“蜂蝶纷纷过墙去，却疑春色在邻家”的诗句，说明中国古代有着非常丰富的心理学思想遗产，完全不必言必称西方。在研究任何心理现象和心理问题时，燕国材教授总是善于从中国古代学者的智慧中汲取营养，如他在研究智力与非智力因素时，就从古代文献中挖掘了大量具有实际价值的资料，整理发表了关于中国古代学者论智力与能力等方面的论文。

同时，燕国材教授也有着非常广阔的国际学术视野。他立足本土，但绝不坐井观天；重视传统，但绝不故步自封。他把西方心理学和教育学理论作为重要的参照系，如在研究智力、能力与非智力因素时，他就考察了从桑代克、斯皮尔曼、凯勒、塞斯顿、希莱辛格、格德曼到吉尔福特、阜南的因素说与结构说的理论与流派。

三是“教学、科研、实践”的三结合与“读书、教书、写书”的三重奏。燕国材教授认为，高校教师不能够偏废教学、科研和社会实践三个方面的任何一方。在实际的高校生活中，有不少人人为地把教学与科研分裂开来，认为两者是矛盾的、对立的、顾此失彼的。燕国材教授认为这其实是一种偏见，因为三者是紧密联系、彼此促进的。他在主持上海师范大学教育管理系工作的时候，曾经总结过一些基本的经验，如“以教学为中心，以科研为基础，用教学推动科研发展，用科研提高教学质量”。他反复强调，一个认真教学、愿意不断提高教育质量的教师，一定会热心科学研究，其教学质量也必然会因之而提高。他是这样说的，也是这样做的。他教学一丝不苟，认真负责，科研也只争朝夕，毫不懈怠。他的大部分著作，都是教学与科研结合的产物。如他的《心理与教育》《教育心理学》《新编普通心理学概论》《学习心理学》《理论心理学》等著作，都是在自己教学讲稿的基础上修订而成的。

读书、教书、写书，在他身上不是各自独立的，而是一个有机的整体，是一个美丽的三重奏。在燕国材教授七十年的学术生涯中，先后出版了40多种著作和数百篇学术论文与文章，是一位“高产作家”。他在介绍自己的治学经验时也曾经说过，一个人的精力总是有限的。时间是一个常数，对任何人都是一样的。因此，作为教师就不可能也不应该是教学搞一套，而编撰著作又是一套。“搞好教学要读书，编撰著作也要读书；这读书就像一根纽带，把教书和写书联系了起来，又何乐不为呢？”

最重要的是，无论是教学还是科研，无论是读书、教书还是写书，燕国材教授始终没有忘记一个最重要的使命——实践。他研究的所有问题，甚至是看似远离教育实践的中国古代心理学史研究，最终都是指向教育实践的，指向改进和完善我们的教育现实的。在参加燕国材教授学术人生七十载活动的时候，我见到了一大批来自一线的中小学校长和教师，他们都来自燕国材先生曾经关心、帮助、指导过的学校。即使在退休以后，燕国材教授也经常深入一线，参与实验学校的许多活动，参加全国非智力因素研究会的学术会议。

二、燕国材先生对于中国心理学史学科建设的贡献

毋庸置疑，对于中国心理学历史学科而言，燕国材先生是最重要的奠基人、开创者，也是最重要的推动者、领导人。

（一）对于中国心理学史学科创立的贡献

应该说，虽然早在20世纪20年代就有学者开始研究中国心理学史，

1949 年中华人民共和国成立后也有个别学者探讨过这方面的问题，但基本都是零星的研究，1949—1979 年，报刊正式发表的相关论文只有 20 篇左右。这些研究不成体系，不成规模，也没有什么影响力。而且，在许多人看来，心理学完全是“舶来品”，中国古代根本就没有真正意义上的心理学。

1979 年是中国心理学史研究的重要里程碑。在这一年，燕国材先生与陕西师大杨永明等不约而同地发表了题为《关于“中国古代心理思想史”研究的几个问题》（原载于《上海师范学院学报·社科版》1979 年第 1 期），和《应当重视中国古代心理学遗产的研究》（原载于《陕西师范大学学报·社科版》1979 年第 3 期）的论文，揭开了中国心理学史研究的序幕。

我们知道，任何一门学科的发展，在很大程度上取决于该学科的自我意识。当一门学科开始有意识地反思自己的进程、评价自己的历史时，就标志着该学科逐步从经验走向理论、从混沌走向明晰、从自发走向自觉了。在这个过程中，燕国材先生发挥了无法替代的作用。

在 1979 年发表的这两篇文章中，后者是呼吁性质，强调要加强对于中国古代心理学思想的研究；前者则从中国古代究竟有没有心理学思想，中国古代心理学史的对象与范围、意义与价值、途径与方法等方面进行了全面系统的论述。

首先，关于中国古代究竟有没有心理学思想，燕国材先生从文化典籍、著名人物、心理内涵、争论问题等几个方面，全面论证了中国古代有心理学思想这个基本事实。从文化典籍来说，中国是一个历史悠久、文化灿烂的国家。在传世的浩瀚典籍中，尤其是“经”和“子”两类典籍具有丰富的心理思想的材料，即使在“集”类甚至“史”类的典籍中，也有一些片断的材料。例如，晋朝陶渊明的《形影神》通篇、范缜的《神灭论》等探讨形神关系问题已经非常深入。从著名人物来说，自春秋后期的孔子至清代中期的戴震，许多著名的学者、思想家，在心理思想方面都提出了些很重要的见解。例如，先秦时期的孔子，对差异心理、学习心理、德育心理和教师心理等构成教育心理学内容的几个主要方面，都有过一些有益的思想。此后孟子的“性善说”和“求放心”、荀子的“性恶说”和“虚壹而静”、韩愈的教师心理思想、张载的普通心理思想、朱熹的读书法、王守仁的“知行合一”，以及后来的王夫之和戴震都有非常丰富的心理思想。从心理的内涵来说，中国古代思想家在关于普通心理学的知、情、意、个性等，在学习心理、德育心理、教师心理等方面，乃至在儿童心理和病理心理方面，都可以找到一些有意义的材料。从文献资料来说，《墨子》书中的《经上》，荀子的《劝学篇》《解蔽篇》《正名篇》《性恶篇》，王符《潜夫论》中的《梦列篇》，范缜的《神灭论》，刘邵的《人物志》等，都是重要的心理学思想文献。所以燕国材先生得出结论：“我国古代的心理思想是相当丰富、相当完整、相当系统的。当然，它同现代心理学比较起来，在内容方面是初步的，在方法方面基本上是思辨性质的。”

其次，关于中国心理学史的研究意义与价值，燕国材先生从三个方面进行了充分论述。他认为，研究心理史一是可以提高我们的爱国主义和民族自豪感。过去，当我们谈到心理思想时，宁称希腊三哲，不言孔、墨、孟、荀；宁讲阿维森纳，不说张载、王安石。其实不然，我国古代不仅在科学技术、文学艺术等方面，对人类有重大的贡献，即便在心理思想上也不例外，如荀子关于错觉的研究，清代名医王清任的脑髓说等，就足以与外国争奇斗艳。二是可以丰富心理学的教学内容。过去我们讲授哲学、教育学，都可以充实中国教育史的内容。可是讲授心理学时，则只能一味地讲外国的，中国的半点也没有。这种不正常的现象必须予以改变。如讲授色觉问题时，就可以介绍清代郑复光编制的“颜色混合关系图”；讲人才识别与选拔，就可以讲刘邵《人物志·八观》等。三是可以促进心理学的研究工作。过去心理学的研究工作，“很多都是在外国心理学所提供的理论概念和事实材料之中兜圈子，使研究者的思路受到了很大的局限性。如果在研究中，也从中国古代心理思想和事实材料出发来考虑问题，那么就会使研究者的眼界得到开阔，思路得到启发。”例如，在意志心理方面，用中国古代心理思想所提供的决心、信心和恒心作为意志过程的三个阶段来进行分析，那就可以促进我们对于意志心理的研究工作。

再次，关于中国心理学思想史研究的途径和方法，燕国材先生不仅提出了运用马列主义和毛泽东思想的立场、观点和方法，把阶级分析和历史分析统一起来，把观点和材料统一起来的基本原则，还从纵横两个方面提出了按照时间顺序研究的纵断研究法和按照心理内容体系研究的横断研究法。同时对研究“中国心理学史”可不可以采用现代心理学的术语、可不可以采用现代心理学的体系两个问题进行了肯定的回答。他认为完全可以用现代心理学对照研究古代心理思想的问题。他把这种方法称为古今对照研究法，并且指出在运用这种方法时必须实事求是，“既不要用现代的水平去苛求古人；也不要为了适应现代心理学的科学水平而牵强附会，甚至无中生有。”

燕国材先生的这篇文章不仅是一个呼吁书、建议书，也是一个研究方法论的系统论述，发表以后得到了中国心理学界的广泛关注，尤其是受到当时中国心理学界两位德高望重的前辈学者潘菽先生和高觉敷先生的充分肯定与鼎力支持。事实上，两位学界泰斗早在“文革”前夕就开始自觉地提倡并身体力行地开展中国心理学历史的研究。1962 年，高觉敷先生在《学术月刊》上发表了《王夫之论人性》一文。1963 年，他又在其编印的《心理学史讲义》中，就专门撰写了《我国自春秋战国至清初哲学中的心理学说》的章节，分别讲授了荀况、王充、范缜、王安石、王夫之等五位唯物主义思想家的心理思想，第一次把中国古代心理思想引入了心理学史的教学内容。潘菽先生从 1964 年开始陆续写成的《心理学简札》，以札记的形式对研究中国古代心理思想的必要性、首先应明确的问题、研究的步骤和方法进行了系统论述，对中国古代思想家，从告子、荀子、公孙龙、韩非、贾谊、王充、范缜、刘禹锡、柳宗元、韩愈、李翱、王安石、欧阳修、王廷相、李贽等人的心理思想，进行了比较深入的分析，对中国古代心理思想的基本范畴如人贵论、六情论、形神问题、性习论、知行论、唯物论的认识论传统等，进行了初步的建构。

在两位老前辈的亲自推动和直接关心下，一年以后（1980 年 10 月）在中国心理学会基本理论学术会议（重庆）上成立了中国心理学史研究会筹委会，1981 年在中国心理学会六十周年学术会议上（北京）改名为中国心理学史研究组，由潘菽任组长，高觉敷任副组长。1983 年，潘菽与高觉敷先生合写的《组织起来挖掘我国古代心学思想的宝藏》（载《心理学报》1983 年第 2 期）一文，更是全面论述了研究中国古代心理思想的重要意义与方法论等问题，成为改革开放以后中国心理学历史研究的动员令。与此同时，研究组启动了编辑中国心理学思想史和全国统编教材《中国心理学史》两个重要的项目，前者于 1983 年由江西人民出版社出版了《中国古代心理学思想研究》的论文集（潘菽、高觉敷主编），收录了 26 篇研究论文，同时附有《中国古代心理学思想论文总索引》。这本书全面检阅了我国心理学界对中国古代心理思想的研究成果，是中国心理学会成立 60 年来破天荒第一本关于中国古代心理思想研究的论集。后者经过四年多的反复修订，由人民教育出版社于 1986 年正式出版。作为受国家教育委员会委托编写的高校文科教材，是我国破天荒第一本关于中国心理学史的教科书，填补了世界心理学史的一项空白。燕国材先生作为二老的工作助手，在这两个项目中发挥了顶梁柱的作用，先生曾经委派我住在人民教育出版社的地下室里工作了几个月，协助《中国心理学史》教材的修改定稿。

与此同时，燕国材先生关于中国心理学思想的四部系列著作《先秦心理思想研究》（湖南人民出版社 1981 年版）、《汉魏六朝心理思想研究》（湖南人民出版社 1984 年版）、《唐宋心理思想研究》（湖南人民出版社 1987 年版）、《明清心理思想研究》（湖南人民出版社 1988 年版）先后出版，这是历史上第一部由个人完成的中国心理学思想史系列著作。1988 年开始，燕国材先生主编的《中国心理学史参考资料选编》（四卷本）由人民教育出版社陆续出版。1996 年，台湾东华书局出版了燕国材先生的《中国心理学史》。在此期间，燕国材先生还先后在《心理学报》《教育研究》《心理科学通讯》《心理学探新》《上海师范大学学报》等刊物上发表了《中国古代心理学思想的成就与贡献》《关于中国古代心理学思想研究的几个问题》《三谈中国古代心理学思想史的研究对象》等20余篇论文，对中国心理学史研究的许多问题进行了廓清。如燕国材先生系统梳理了中国古代心理学思想在十个方面的成就与贡献：（1）从理论上解决了心理与生理的关系问题。（2）从理论上解决了心理与客观现实的关系问题。（3）揭示了人的心理活动都是先天与后天的“合金”这一心理活动的基本规律。（4）形成了一条重视人、“人为贵”的人本主义传统。（5）展现了丰富多彩的人性论思想。（6）探讨了情欲的性质以及对待情欲的态度问题。（7）提出了智与能相对独立的中国观点。（8）确立了理论心理学思想与基础心理学思想的结构体系。（9）开辟了应用心理学思想的广阔领域。（10）提供了整体地思考问题的方法。

在潘菽和高觉敷先生的亲自推动和倡导下，在以燕国材先生为旗帜性人物等一批中青年学者的辛勤耕耘下，中国心理学史的研究在20世纪80年代得到了前所未有的繁荣。据不完全统计，在20世纪80年代的十年中，中国心理学史研究的专著共出版了13本。在《心理学报》《心理科学通讯》《心理学探新》以及一些学术刊物上，公开发表和在学术会议上交流的论文约520余篇。中国心理学史作为一门独立的学科，在中国心理学界达成了共识，并且开启了一个深入系统全面研究的新的时代。燕国材教授在其中的贡献是奠基性的、开创性的，必将写入中国心理学史册。

（二）对于中国心理学史学科开拓的贡献

在20世纪80年代，中国心理学史的研究取得了令人瞩目的成就，实现了从无到有的大突破。但是，作为一门初步创立的新学科，仍然面临着不少问题，主要表现在以下几个方面：一是以古代心理思想研究较多，对近代、现代心理学的形成与发展探索不够，对当代心理学现状的反思则更加不够。

二是对普通心理思想的研究较多，对应用心理学思想的研究较少。对应用心理的研究相对集中在教育、医学领域，对于社会心理思想、管理心理思想、军事心理思想、文化心理思想等方面的研究则较为薄弱，有些甚至几乎是空白。事实上，也许这些方面更能显示中国心理学思想的风姿与特质，更能揭示出一些具有现实意义的规律与理论。三是研究的方法比较单一，即大多采取用现代心理学的理论框架来取舍心理思想，进行爬罗剔抉、梳理成章，较少运用其他研究和手段等方法。科学的进步也离不开方法的进步，只有方法的多元化和不断更新，才能给中国心理学史的研究不断注入新的活力。

燕国材先生敏锐地发现了这些问题，多次呼吁加强中国心理学史研究的学科自觉，并且身体力行地开拓。主要体现在两个方面：一是系统地研究中国古代教育心理学思想史，建构了中国教育心理学思想史的学科体系；二是热情地推进中国古代应用心理学思想史的研究，支持年轻学者开展中国古代应用心理学思想史的探讨。

1989 年，燕国材先生在《心理学报》发表了一篇题为《略论中国古代教育心理思想发展的特点和成就》的论文，系统阐述了中国古代教育心理学思想发展的四个基本特点，即它是教育实践的产物，是在解决教育、教学、学习、修养等各个方面实际问题的过程中形成的，是教育实际经验的概括与总结，这与西方心理学根据对动物和精神病患者，或者成年人的观察与实验结果有不同的特点和独特的优势；以儒家学派为主体，即在教育心理学思想方面的主要代表人物和著作，如孔子、孟子、荀子、王充、韩愈、朱熹、王夫之等，大部分是儒家学派的代表人物；涉及教育中的全部心理问题，如关于人的本性的发生、发展和形成的规律，学习的特点与规律，品德形成过程的特点与规律，教师心理问题等，几乎教育心理学的大部分问题，都有比较全面的论述；未形成完整的结构体系，即中国古代教育心理学思想的分散性，缺乏较为集中、全面、系统地讨论教育心理学问题的著作。论文同时全面考察了中国古代教育心理思想发展的六大成就和贡献，即提出了教育心理学思想的两根理论支柱，即学知论和性习论，初步揭示了学习过程的实质和规律，如把学习过程看作是积累与贯通相结合的过程，把学习过程划分为立志、博学、审问、慎思、明辨、时习和笃行七个阶段；初步探索了知、情、意、行的品德结构和德育过程；初步总结了一套较为有效的学习和德育的原则、方法，如学习方面的自求自得、循序渐进、熟读精思、博约结合、知行统一，德育方面的因材施教、启发诱导、以身作则、表扬批评、主观努力等；初步考察了非智力因素在教育中的作用，如动机高尚、注意集中、兴趣稳定、情感热烈、意志坚定、性格独立等；提供了总结经验这一教育心理的重要研究方法。

从20世纪80年代开始，燕国材先生对中国古代教育心理学思想进行了比较系统的研究与梳理，先后就中国古代教育心理学的智力问题、能力问题、人性问题、五因素人格理论，以及从孔子、老庄、墨家、孟子、荀子到张载、陆九渊、王夫之、戴震等思想家的教育心理学思想进行了深入研究。在此基础上，燕国材先生与我合作撰写了《现代视野内的中国教育心理观》一书，于1990年由上海教育出版社正式出版。这本书的绪论部分阐述了中国古代教育心理思想的发展简史、基本特点、主要成就与贡献，第一章到第六章分别研究了中国古代教育心理思想的基本理论、学习心理、德育心理、差异心理、教师心理、心理测验思想，附录部分介绍了中国近现代教育心理学的形成与发展。这是我国历史上第一本中国教育心理学思想史著作。2004年，燕国材先生主编的《中国教育心理学思想史》由山东教育出版社正式出版。如果说1990年的《现代视野内的中国教育心理观》是一本横向研究的专题思想史的话，2004年的《中国教育心理学思想史》则是一本纵向研究的教育心理学思想通史。两者共同构建了一个完整的中国教育心理学思想历史的经纬。

在中国古代教育心理学思想史的研究告一段落之后，燕国材先生把很多的精力和时间用于推动中国应用心理学史的其他专题。1995年，他在《心理学动态》杂志发表了一篇题为《中国古代应用心理学思想的主要分支》的长篇论文，对中国古代应用心理学思想的主要分支及其重要成就进行了全面论述，除了教育心理思想的内容外，还介绍了中国古代的社会心理思想、司法心理思想、文艺心理思想、军事心理思想和医学心理思想。

如关于中国古代的文艺心理思想，燕国材先生指出：中国古代不仅有很多的文学艺术作品，同时还有大量的文艺理论著作。在这些浩如烟海的文献中，蕴含着十分丰富的文艺心理思想。它主要反映在四个方面：（1）艺术思维论。中国古代没有艺术思维或形象思维一词，但许多古代文艺著作所提出的某些术语，却都与艺术思维或形象思维有关，如神思、应感、妙悟、兴会等都是。它着重考查艺术思维与创作构思的关系问题。（2）艺术情感论。中国古代的思想家、文艺理论家关于情感与创作过程的关系也提出了种种不同的观点，如“言志”说、“缘情”说、“舒泄”说、“吟咏情性”说、“感激发愤”说等。（3）艺术个性论。它着重研究个性与创作风格问题。在这方面，中国古代的思想家、文艺理论家也提出了种种不同的观点，如“文气”论、“童心”说、“体性”论、“才识胆力”说等。（4）文艺鉴赏心理思想。它探讨的问题有：文艺鉴赏与个性特征、文艺鉴赏与实际经验、文艺鉴赏与品德作风、文艺鉴赏与观察准则等。此外，文艺心理思想的研究，还包括绘画心理思想、音乐心理思想等。

再如医学心理思想，燕国材先生认为中国古代学者主要有四个方面的论述。关于心理生理，主要有“心主神明”论、“脏象五志”论、“脑为君主之官”论、“脑为元神之府”论等。关于心理病因，祖国医学强调七情异常引起阴阳失调、经络阻塞、脏腑功能失常而患病。关于心理诊断，中医传统诊断方法望、闻、问、切中就包含大量的心理因素问题。关于心理治疗，中医虽然没有“健康心理”或“心理健康”“心理卫生”的术语，但早已有之的“养生”一词却蕴含养身（养形、摄身、摄形）和养心（养神、摄心、摄神）两个方面，前者犹今之保持身体健康，讲究生理卫生；后者犹今之保持心理健康，讲究心理卫生。燕国材先生还分析了中国古代健康心理思想发展的三条途径：第一条是哲学思想家的健康心理思想；第二条是医学思想家的健康心理思想；第三条是养生家的健康心理思想。他们提出的清静养神、调理情志、节欲保精、修身养性、适应年龄、顺应自然，以及“不治已病治未病”的原则等都非常有现代价值。燕先生的这些论述，为各个中国古代应用心理学分支的研究指明了方向和路径。

在讨论中国古代应用心理学思想的重要成就时，燕先生总结了以下几个方面：一是提出了一些重要的理论观点和基本原则，如军事心理思想提出的“知彼知己，百战不殆”的命题，乃是指导军事活动的基本原则；二是发扬了重视人、“人为贵”、以人为本的思想传统，如在社会心理思想与军事心理思想中，都特别强调“同人心”，主张军政爱民，重视发挥人的主观能动性，以及建立良好的人际关系等；三是深化了对人的心理的具体特点与特殊规律的研究，如教育心理思想所揭示的学习过程的实质和规律，知、情、意、行统一的品德结构和德育过程，非智力因素在教育中的独特作用等；四是提供了归纳与演绎相结合、并以归纳（总结经验）为主的研究方法等。

在燕先生的大力倡导和支持下，中国应用心理学思想史的研究也经历了一个从无到有、由零星到系统的发展过程，渐成气候。从 20 世纪 80 年代开始，陆续出版了相关的著作，如在教育心理学思想史方面，有乔炳臣、潘莉娟的《中国古代学习思想史》（1996，人民教育出版社）；在文艺心理思想方面，有刘伟林的《中国文艺心理学》（1991）；在医学心理思想方面，有王米渠的《中国古代医学心理学 》（1988）、张伯华的《中医心理学》（1995）、汪凤炎的《中国传统心理养生之道》等专著；在管理心理思想方面，有我主编的《中华管理智慧》（1999）和《管理心智：中国古代管理心理思想及其现代价值》（2005）；在犯罪心理思想方面，有我与艾永明合著的《刑罚与教化——中国犯罪心理学思想史论》（1993）。

2018 年 12 月，燕国材先生历时多年组织编写的多卷本《中国应用心理学思想史》丛书，也由上海教育出版社出版。可以说，中国心理学史的学科开拓方面，燕国材先生无疑也是一位卓越的践行者和推动者。

(三) 对于中国心理学史人才建设的贡献

燕国材先生对于中国心理学史研究的重要贡献，还表现在他对于人才队伍建设的重视与推动。

1980 年 9 月，还是大三学生的我，从当时的江苏师范学院选送到上海师范大学教育心理学研究班。当时，教育科学元气尚未复苏，是“文革”后心理学科首次在该校重新开课。学校派出了最强阵容的师资队伍，一批著名的教育心理学家，李伯黍、陈科美、吴福元等已经张开双臂拥抱即将到来的“科学的春天”，其中对我影响最大的是恩师燕国材先生。

我清晰地记得与燕先生第一次相见的情形。那一天，教室里来了一位个子不高但气度不凡的中年人。上课铃一响，他就健步登上讲台，在黑板上写下“标新立异，自圆其说”八个龙飞凤舞的大字。很快我们就知道，这就是学术界的传奇式人物——燕国材教授。燕先生博学多才，这八个大字就是他倡导的治学方法。他把“创新”作为治学的灵魂，也作为对弟子们的期待。“标新立异，自圆其说”八个字，自此深深地印刻在我的脑海中，成为我治学的座右铭。燕老师当时给我们开设了“心理学概论”“教育心理学”和“中国心理学史”三门课。

记得中国心理学史的第一堂课上，燕老师用“蜂蝶纷纷过墙去，却疑春色在邻家”的诗句，开始了他的讲授。就是这一句诗，激起了我强烈的冲动——研究中国心理学史，解析中国人的心灵。于是，有了我们师徒间的长期合作。

在燕师的精神引领和具体指导下，我很快完成了第一篇中国心理学史的习作《朱熹心理思想研究》。没有想到，这篇出自初学者的论文，经燕师向潘菽、高觉敷等教授大力推荐，被收录在前面提到的《中国古代心理学思想研究》的论文集中。这是我发表的第一篇学术论文，对于一个在校生来说，无疑是很大的鼓舞。

接着，我的第二篇习作《二程心理思想研究》，也被燕师推荐到核心期刊《心理学报》，很快变成了铅字。能够被国内最权威的心理学刊物发表，是许多学者的学术梦想，对于刚刚开始学术探索的年轻人来说，心中的激动与兴奋可想而知。我乘胜追击，先后撰写了一批研究中外心理学思想史的文章，如《张载的学习心理学思想研究》《陆九渊心理学思想研究》《二程心理学思想研究》《陈确心理学思想研究》《刘智〈天方性理〉对于大脑研究的贡献》《王夫之心理学思想研究》《达尔文与心理学》《马克思与心理学》等，还在美国著名的刊物《大脑与认知》发表了《中国古代学者对于大脑研究的贡献》等论文。

不久，燕老师又推荐我参加《中国大百科全书·心理学卷》的编纂工作。这也是一次重要的破格。因为当时大百科全书的作者至少需要有大学资深讲师的职称，才有资格参与编写。没有想到的是，我撰写的条目被出版社编辑作为“样板”条目供其他作者参考，还闹出了责任编辑张人骏教授到苏州大学来寻找“朱老先生”的笑话。

后来，在燕师的推荐下，我又先后参加了全国统编教材《中国心理学史》《中国心理学参考资料选编》两个重要工程，受到比较系统的中国心理学史研究方法的训练。这些，对一个刚刚走上教学科研道路的年轻人来说，既是宝贵的锻炼机会，也是一种莫大的激励。

1987 年，因为在中国心理学思想史和中国教育思想史方面的成绩比较突出，我被破格评为江苏省最年轻的副教授。燕师又鼓励我独自闯荡，开拓新的中国应用心理学思想研究领域，如中国犯罪心理学史、中国管理心理学史等。其后，我遵照燕师的教诲勠力前行，带领我的研究生团队在上述两个领域做了比较系统的研究，承担了三个国家自然科学基金项目。每当我有新著作出版时，每当我获得一个个国内外科学研究基金时，他总是为我喝彩，为我加油。

如果说我是燕国材先生以师傅带徒弟的方式走进中国心理学史研究殿堂的话，那么，颜世富教授等则是燕国材先生用现代的研究生培养方法，为中国心理学史培养的人才。从 20 世纪 90 年代初开始，燕国材先生招收研究生，先后培养的数十名学生，绝大多数选择了以中国心理学思想史作为论文选题，如尹文清的《王夫之教育心理思想研究》（1989）、廖列海的《朱熹教育心理思想研究》（1991）、颜世富的《王阳明学习心理思想研究》（1994）、孙圣涛的《中国古代十四篇文献的学习心理思想研究》（1995）、钱革的《中国学习心理学发展的轨迹与趋势》（1996）、刘振中的《梁启超教育心理思想研究》（1997）、崔丽莹的《艾伟的教育心理思想研究》（1998）、赵南的《吕氏春秋的教育心理思想研究》（1999）、刘晓红的《〈淮南子〉的教育心理思想研究》（1999）、肖富强的《陈献章的教育心理思想研究》（2000）、顾娅娣的《张栻的教育心理思想研究》（2002）、沈汉君的《20 世纪中国教育心理学发展的研究》（2002）、刘同辉的《湛若水教育心理思想之研究》（2003）、赵雨《吕祖谦的教育心理思想研究》（2003）、王小燕的《黄宗羲的教育心理思想研究》（2007）、卞军凤的《许衡的教育心理思想研究》（2008）、余芳的《顾炎武的教育心理思想研究》（2009）、郭从芹的《戴震的教育心理思想研究》（2009）、丁丽萍的《胡瑗的教育心理思想研究》（2010）、任波的《罗钦顺心理学思想研究》（2010）、臧苗苗的《陈确的心理学思想研究》（2010）、朱佳樑的《王符的心理学思想研究》（2011）、赵维的《何心隐的心理学思想研究》（2011）、霍兵兵的《〈文子〉的心理学思想研究》（2012）、李文录的《龚自珍的心理学思想研究》（2013）等。从这近 30 篇硕士论文的选题来看，燕国材先生在比较系统地帮助学生设计选题与研究方向，一以贯之地按照中国心理学史的历史线索，而且针对他自己在四卷本著作中相对着力不多的人物与著作进行的。

在先生的学生中，也有不少人虽然没有读他的研究生，但是像我一样系统听过先生的课程，并得到先生诸多指导和帮助的人。如成功教育的创始人刘京海先生，每次见面都会提及先生的治学与教诲。也有一些人成为中国心理学史的专家，如湖南师范大学的燕良轼教授就撰写出版了《中国古代心理学思想概论》(湖南师范大学出版社，1999)、《中国文艺心理学思想史》(上海教育出版社，2018）等著作。

在先生的学生中，包括我在内的不少人，虽然毕业以后由于各种原因可能已经不再从事中国心理学史的研究与教学，但是还有不少人把它作为自己一生的志业，许多人出版了自己的专著，如颜世富的《东方心理学》等。先生播下的种子，早已经生根开花结果。

三、燕国材教授对于非智力因素理论与实践的贡献

关于非智力因素及其在教育中的作用，燕国材教授无论是在理论上的首倡还是在实践上的推进，都是居功至伟的。

（一）最早全面系统论述非智力因素的概念与理论体系

改革开放初期，心理学开始“解冻”，国外心理学的理论及其在教育上的应用，也受到心理学家和教育学界的广泛关注，智力因素就是当年非常热门的一个问题。就在心理学家热衷于研究智力问题，全社会也热心关注智力开发的同时，燕国材教授就敏锐地意识到，非智力因素的问题更应该得到关注。

1980 年 9 月，我和一批来自华东地区的近 30 名学生来到上海师范大学教育心理学师资班学习。燕国材教授为我们开设了《中国心理学史》和《教育心理学》两门课程。记得在课堂中他多次提到过非智力因素的问题，并且提出在人的成长过程中非智力因素与智力因素同样重要甚至更为重要。

关于究竟是谁首次提出非智力因素的概念的问题，有一场笔墨官司。有研究认为，早在 20 世纪 30 年代，就有国外学者提出过非智力因素的概念，1950 年韦氏智力量表的创制者韦克斯勒在《美国心理学家》杂志发表了《认知的、欲求的和非智力的智力》一文，被认为是最早明确提出“非智力”概

念的心理学家。

在中国，河北师范大学邹大炎教授认为，最早提出非智力因素概念的是吴福元教授。因为吴福元教授在1981年广州心理学会议上曾经提出过非智力因素的概念。吴福元先生也是我们师资班的教授，是我们《儿童心理学》课程的老师，也是我们非常尊敬的学者。在同一个时间段，不同的学者关注同一个问题，提出相似的概念和观点，这是非常正常的。但是，燕国材教授并没有把自己1980年在课堂上的讲述作为提出概念的时间，而是把1983年在《光明日报》发表《应重视非智力因素的培养》作为自己倡导非智力因素的时间节点，这是比较实事求是的做法。

一般认为，确定一个概念或者理论是否首创，应该有三个主要的标志：一是见诸文字并公开发表；二是在提出以后即产生一定的影响；三是在首创以后继续从理论或者实践诸方面进行研究，使其进一步系统化，并日益扩大影响。按照这个标准来看，我们说燕国材教授是国内最早而且最系统地论述非智力因素的教育家，应该是没有疑义的。

1981年，燕国材教授在其出版的《智力与学习》一书中，就曾提出培养非智力因素的问题。在为我们开设的中国心理学史和教育心理学课程中，也讲到非智力因素的相关概念。

1983年2月11日，燕国材教授在《光明日报》发表了《应重视非智力因素的培养》一文，这是目前可查的最早的明确提出非智力因素的文章。这篇文章就什么是非智力因素、成功=智力因素+非智力因素以及非智力因素的培养问题进行了论述。燕国材教授在文章中明确提出，非智力因素是指智力因素之外的一切心理因素，主要指情感、意志和性格，这三者在学生的学习中都具有非常重要的作用。在论证成功=智力因素+非智力因素这个公式时，燕国材教授援引了国外心理学的相关研究成果和古往今来许多学者、科学家的案例，表明在智力水平相同的情况下，“一个人勤奋、自信心强、富有革新精神等，那他将会获得较大的进步与提高；反之，另一个人懒惰、缺乏自信心、喜欢墨守成规，那他将难以取得大的进步。”

关于如何培养学生的非智力因素问题，燕国材教授在这篇文章中也明确指出，对智力水平较高的学生，也要注意发展他们的非智力因素，因为许多智力水平比较高的学生由于学习好，反应快，老师容易要求不严，甚至放任不管，他们的非智力因素不仅没有得到发展，反而会因此被废弃了，所以以后经常平平庸庸。对于智力水平一般甚至较差的学生，更要重视培养他们的非智力因素，有些老师认为对这些学生的工作重点应该是抓智力发展，燕国材教授则明确提出，“正因为这类学生学习不好，就更需要注意发展和培养他们的非智力因素。”他在文章的最后还特别提出，应该重视女孩子的非智力因素的培养。在学校中，女生学习落后的原因往往不在她们的智力因素，而是由于她们的非智力因素，如坚持性、顽强性、自信心、进取心等较男孩子差一些，所以在教育工作中，“我们在发展女孩子智力的同时，要特别注意她们的非智力因素的培养。”

应该说，《应重视非智力因素的培养》一文，是一个宣言，宣告了非智力因素理论研究与实践探索的正式启动；也是一个号令，动员中国的心理学家和教育学界关注非智力因素的问题。

1983 年 8 月，我也在《父母必读》上发表了《早期教育必须重视非智力因素》的文章，呼应燕老师的非智力因素理论。1987 年，燕老师与我和袁振国两位学生一起合作，撰写了《非智力因素与学习》一书，这是国内出版的第一本非智力因素研究的专著。

1988 年开始，燕国材教授在《上海师范大学学报》等连续发表了一系列关于非智力因素的论文，对非智力因素进行了系统深入的研究：一方面全面阐释非智力因素的理论问题，一方面又深入研究如何把非智力因素理论应用于中小学教育的实践中去。

在 1988 年第 4 期的《上海师范大学学报》上，燕国材教授发表了《关于非智力因素的几个问题》一文，其中明确指出，非智力因素不是“舶来品”，而是中国人独立提出来的具有高度概括力的一个心理学概念，非智力因素既有意识的一方面，也有无意识的一方面。文章又认为，在众多的提法中，“非智力因素”这个提法最确切，而且，非智力因素是可以量化的。

燕国材教授在这篇文章中分析了非智力因素的理论依据和历史逻辑。从理论依据来看，他认为，人生于世，必然担负着认识客观世界和改造客观世界的两大任务，这两大实践任务反映到主体上来，就要求人们具有认识的心理活功和意向的心理活动。而人的认识活动在认识客观世界的过程中，会逐渐地形成一系列稳定的心理特点，我们便把这些稳定的心理特点统称为智力；人的意向活动在改造客观世界的过程中，也会逐渐地形成一系列稳定的心理特点，我们便把这些稳定的心理特点统称为非智力因素。“可见人的心理活动，尽管形形色色、纷繁复杂，但归根到底，可以一分为二：即划分为认识活动和意向活动，也就是智力和非智力因素两大组成部分。在任何和活动（包括学习）中，智力与非智力因素都必须积极参加，并且会产生整体效应。由此看来，我们怎么能只见智力不见非智力因素、只发展智力不培养非智力因素呢？”

从历史逻辑来看，燕国材教授认为非智力因素概念的提出也不是偶然的，而是长期历史发展的必然结果。他以丰富的心理学历史研究资料说明，我国古代虽无非智力因素这个术语，但实质上是涉及了这个问题的。他以孔子“三军可夺帅也，匹夫不可夺志也。”等论述说明，在《论语》中就非常明显地涉及动机、意志、兴趣、情感和独立性格这样一些非智力因素。“中国古代思想家、教育家的有关思想和言论，对我们提出非智力因素概念具有直接的影响。国外虽然没有广泛采用非智力因素这一概念，但西方对人格、动机、兴趣、情感等心理因素的重视，苏联对个性品质的强调，并提出了个性论的学习理论。这些对我们提出非智力因素概念也产生了一定的启发作用。一句话，非智力因素概念就是在古今中外的有关论点的基础上提出来的。”

针对有些文章从理性与非理性的对立观点出发，把非智力因素划归于无意识范畴的提法，燕国材教授也提出了不同意见。他明确提出，人的全部心理活动，确实可以划分为理性和非理性、意识和无意识两大部分，但决不能简单地把属于理性的智力因素划归意识范畴，而把属于非理性的非智力因素划归无意识范畴。恰恰相反，“智力不单纯是意识的东西，也含有无意识的成分，非智力因素是无意识的东西，也含有意识的成分。而且，无意识绝不是什么神秘莫测的东西，在认识和意向亦即智力和非智力因素的各自领域内，它可以由意识转化而来，也可以转化为意识。”

燕国材教授认为，这个结论对于理解和培养非智力因素都是有利的。因为，如果认为非智力因素单纯是无意识的，那就等于说它本身是无法驾驭的，它的作用（即对活动的影响）也只能是自发的。现在强调非智力因素既是意识的，又含有无意识的成分，那就表明：第一，非智力因素活动在很大程度上可以受目的的支配，它不是一匹脱缰的野马，完全可以由主体来驾驭。第二，正因为非智力因素活动受目的性支配，我们在学习活动中就可以自觉地发挥其动力、定向、引导、维持、调节、强化等六大作用。第三，按照无意识与意识相互转化的规律，非智力因素本身所具有的无意识成分，最终要受到意识的支配和调节，也就是说，可以发挥非智力因素内部的这种调节作用。“一言以蔽之，肯定非智力因素的意识和无意识性质，我们就可以有目的有计划地去培养学生的非智力因素，发挥非智力因素在学习中的作用。”

燕国材教授在这篇文章中对非智力因素概念的规范化问题也做了全面的讨论。他比较了当时应用较多的三种提法：一是非智力因素；二是非智力心理因素；三是非智力个性心理特征。认为非智力因素的提法最简明扼要，又与智力因素相对而言。对于非智力因素究竟应该包括哪些内容，燕国材教授分析了广义的非智力因素概念、三层次的非智力因素提法、十二项非智力因素的观点，在此基础上提出了相对于智力因素（观察力、记忆力、想象力、思维力、注意力）的狭义的非智力因素（动机、兴趣、情感、意志、性格），这样逻辑严密、层次分明。应该说，燕国材教授的这个界定，后来成为学界的普遍共识，也成为非智力因素培养的重要理论依据。

关于非智力因素究竟能不能量化的问题，燕国材教授也给予了明确的答案。他在文章中提出，非智力因素虽然与西方所谓的人格因素不完全是一回事，但二者却有一定的联系。因此，在一定的意义上，西方的人格测验就可以借来测量非智力因素。针对当年吴福元教授等用卡特尔的 16 种人格因素测验量表来对非智力因素进行测验，并取得了一定的效果的研究，燕国材教授认为，虽然非智力因素与人格因素有很大的相关性，但毕竟不是一回事，所以不能用人格因素的测验量表来测验非智力因素。“而应当群策群力、独立自主地编制一套非智力因素测验量表，以便切切实实地来解决非智力因素的量化问题。”同时，他主张非智力因素的量化与智力因素的测量都不一定要十分精确，“只需把二者分为上、中、下三种水平就足够了；在此基础上，再找出智力的三种水平和非智力因素的三种水平之间的错综复杂关系，并确定不同水平的非智力因素对学习的影响，那我们就基本上达到了研究非智力因素的目的。”

应该说，燕国材教授的这篇论文，是第一篇全面系统地研究辨析非智力因素的理论文章，对于非智力因素的概念、内涵等做出了比较清晰的界定。

（二）深化研究非智力因素理论及其在学校教育实践中的应用

1990 年，在上一篇论文发表后的第三年，燕国材教授又在同年第 3 期《上海师范大学学报》上发表了《再谈非智力因素的几个问题》，对非智力因素的机制问题，非智力因素与智力的区别问题，非智力因素与学校教育的关系问题等进行了深入研究。

针对有学者从大脑两半球相对定位分工的观点出发，明确断定“具有逻辑的、线性的、分析的和符号的功能的左半球，是人们进行智力活动时的生理基础；而具有直觉的、非我性的、空间的和情感的右半球，则是人们进行非智力活动时的生理基础”的说法，燕国材教授明确表示了不同看法。他认为，人的心理是由智力因素与非智力因素两大系列所构成的完整体，其生理基础也应当是完整的构成物。大脑两半球既有相对分工，又是协同活动的。据此，智力活动既与左半球有关，也与右半球有关。同样，非智力因素既与右半球有关，也与左半球有关。“一言以蔽之曰，无论智力或非智力因素，都是大脑两半球协同活动的产物，那种一在左半球、一在右半球的推论是毫无科学依据的”。

关于非智力因素与智力的区别问题，燕国材教授在文章中从六个方面进行了深入的讨论。第一，非智力因素属于非理性范畴，智力属于理性范畴。第二，非智力因素与意向活动相联系，起意向作用；智力与认知活动相联系，起认知作用。同时，认知与意向虽有明显的区别，但其联系却也是密切的，即认知指导意向，意向主导认知。“据此，我们就应当既看到智力与非智力因素的区别，也要看到二者之间的联系，亦即智力活动指导非智力因素，非智力因素主导智力活动。”第三，非智力因素由动机、兴趣、情感、意志和性格等五种因素组成；智力由观察力、记忆力、想象力、思维力和注意力等五种因素组成。第四，非智力因素没有组成一定的完整结构，它们之间相互促进或相互促退的关系一般是非必然的；智力诸因素组成了以思维为核心的完整结构，它们之间相互促进或相互促退的关系是必然的。第五，非智力因素属于活动中的动力——调节系统；智力属于活动中的执行——操作系统。任何一种有效的教学活动，这两个系统都是不可缺的。第六，非智力因素构成教学（学习）过程的心理条件，智力构成教学（学习）过程的心理结构。

关于非智力因素与学校教育的关系问题，燕国材教授用一个目的、一条假设和一个公式的“三个一”进行了阐述。一个目的，就是主张在学校教育中引入非智力因素，其目的就在于充分尊重学生的主体地位，发挥学生的主体作用。也就是说，在学校教育中，必须重视并引入非智力因素，才能把学生的智力和学习的积极性调动起来。一条假设，就是认为，人的智力水平相差并不大，但非智力因素的水平却往往差别很大。燕国材教授认为，在学校教育中，承认这条假设具有极大的实际意义：一是可以提高广大学生学习成功、立志成才的信心，按照这条假设，应当让学生特别是非重点学校的学生知道，每个人的智力水平差别不大，只要自觉地努力学习，就一定能学习得好、能成为合乎规格的人才。二是必须不断地改善办学条件。按照这条假设，学生智力水平虽然先天“相近”，但能否得到有效开发、充分发挥，则在很大程度上取决于后天的教育因素。因此，我们要不断地增加教育投资，努力改善办学条件，以便使每一个学生的聪明才智都能充分地发挥出来。三是加强非智力因素的培养与自我培养。按照这条假设，非智力因素水平的提高的主动权完全操纵在学生手中。因而要让学生知道，只要自己努力，愿意提高，非智力因素就可以在每个学生身上“茁壮成长”起来。一个公式就是认为，在其他条件相等的情况下，A = f（I・N）。这个公式的基本涵义是，学习的成功（A），是由智力（I）与非智力因素（N）共同来决定的。按照这个公式，一个智力水平很高的学生，如果其非智力因素不能得到相应的发展，则他只能成为小器，而决不能成大器。但是，凡是具有中等智力水平以上的学生，只要其非智力因素得到了较好的发展，则可能成大器。

燕国材教授认为，这个公式的最大意义在于，它为贯彻《中共中央关于教育体制改革的决定》提供了心理学的依据。《决定》开宗明义地指出，教育体制改革的目的，在于“提高民族素质，多出人才，出好人才”。所谓提高民族素质，从心理学角度说，就是要提高其心理素质亦即智力与非智力因素的素质。所谓多出人才，就是要保证培养人才的数量。“按照过去的观点，似乎只有聪明绝顶、才智出众的人方能培养成才。但心理学告诉我们，这样的儿童仅有1%。如果按照这个传统观点办事，就只能在1%的狭小范围内选拔人才、培养人才，那怎么能保证培养人才的数量呢?”而按照非智力因素的观点，具有正常智力水平的儿童占80%以上，如果在如此广阔的范围内选拔人才、培养人才，才能够真正保证培养人才的数量。

与此同时，燕国材教授还提出，这个公式还有一个很重大的意义，那就是在学校教育中，必须把智力与非智力结合起来。他以为，智力与非智力因素的结合，乃是学校教育的一条基本规律。按照这个公式，我们学校的一切教育工作，都必须考虑学生智力因素的特点与规律，也必须考虑学生非智力因素的特点与规律，还必须考虑学生的智力与非智力因素关系的特点与规律，同时，学校的一切教育，又必须有助于学生智力的发展与非智力因素的培养。我们还应当注意，在发展学生智力的同时，重视培养他们的非智力因素。同样，在培养学生的非智力因素的同时，重视发展他们的智力。总之，“在学校教育中，只有当学生的全部心理活动即智力与非智力因素都积极参与并得到有效的发展与培养时，教育的质量才会得到提高。”

此后，燕国材教授又连续在《上海师范大学学报·社会科学版》和《教育评论》等刊物上发表论文，对非智力因素与智力的关系问题、非智力因素与人的积极性的关系问题、非智力因素与素质教育的关系问题、非智力因素与西方三大学习理论、非智力因素与非认知、非智力因素与自组织理论、非智力因素概念的科学性、非智力因素与学生主体论、非智力因素与心理内化论、非智力因素与心理学的三分法、非智力因素与品德因素、非智力因素与非理性、非智力因素与成功智能、非智力因素与情绪智力 、非智力因素与认知风格、非智力因素与创新素质、非智力因素与情知教学、非智力因素与学会学习、非智力因素与心理健康教育、非智力因素与教育改革，以及朱智贤与维果茨基的非智力因素思想等，进行了大量系统深入的研究。

在研究非智力因素的过程中，燕国材教授也受到过一些学术批评和责难。面对各种不同的意见，燕国材教授也勇于面对，撰写文章参与论战。其中以与周作云教授的争鸣文章《学术争鸣须“以其昭昭，使人昭昭”——就“非智力因素”争鸣中几个观点同周作云教授商榷》以及与邹大炎教授的争鸣文章《关于非智力因素学术争鸣的几点看法》最为典型。在燕国材教授提出非智力因素理论之后，周作云教授先后在《江西教育科研》和《教育研究》等刊物发表了《评新的教育理论——非智力因素理论》《读〈关于意志的几个问题〉——和燕国材同志商榷》和《说说智力与非智力因素结合论的学习理论的漏洞》等多篇批评文章。燕国材教授在文章中把周作云教授的观点归结为“一统论”（即认知活动与智力因素决定动机、兴趣、情感、意志、性格等非智力因素，人的一切心理现象都必须“一统”于认识活动）、“取消论”（即“一统论”的延续，既然人的一切心理活动“一统”于认识活动和智力因素，那么动机、兴趣、情感、意志、性格等也就自然可以取消）和“互动论”（认为遗传与环境、内因与外因、先天与后天和教师与学生的关系是互相影响的“互动”关系）。针对前两者，燕国材教授认为可以不攻自破，因为其荒谬之处显而易见，但“互动论”却有一点容易迷惑人的色彩。他认为，互动论强调两者的互相影响，貌似公允，其实没有揭示其内在的关系，所以他提出了“条件—根据”理论。以内因与外因的关系来说，内因是变化的条件，外因是变化的工具，就很好地解决了这个问题。

邹大炎教授是河北师范大学的心理学教授，也是一位比较活跃的中国心理学史研究者。他先后在《华东师范大学学报（教育科学版）》和《江西教育科研》上撰写了多篇文章，对非智力因素的提出时间与首倡者等提出了质疑。燕国材教授在回应文章中以学术争鸣不宜人身攻击、不能抹杀事实、不宜冷嘲热讽、不能断章取义等方面一一给予说明。

（三）推进非智力因素的实证研究与实践探索

在非智力因素的研究过程中，燕国材教授不满足于坐而论道的纯学术研究，他的理论研究，一开始就是指向中小学学校教育实践的。把心理学理论应用于学校教育的实践，一直是他的学术价值趋向和人生教育梦想。他主张用理论研究的成果来指导实证研究和实践探索，同时用实证研究和实践探索的成果来验证与深化有关理论。因此，他倡导搞教育与心理学研究的学者到中小学去，并且身体力行地到一线调查研究，指导实践，与中小学教师合作开展科学研究。

1987年，燕国材教授组织了上海师范大学教育管理系的学员成立了非智力因素研究课题组，用自编的调查问卷，对中学生的学习动机、学习兴趣、学习意志、学习性格等与学业成绩的关系进行实证研究，取得了大量调查数据，得到了不少有价值的信息。据此写出的研究报告发表在相关的学术刊物上。

1988年前后，燕国材教授联合一批非智力因素的研究者与实践者，发起并成立了全国非智力因素研究会，同时在全国建立了40多个实验基地。浙江省兰溪市实验小学、四川省双流实验小学、山东省文登市七里中学、浙江省金华师范学校附属小学、河南省安阳市第八中学、上海市松江区中山小学等一大批学校，成为首批参与非智力因素实验的学校。经过几年的努力，这些学校的实验都取得了明显的成效。非智力因素及其理论在我国教育改革中产生了积极的推动作用，经受了“实践的检验”。1995年，燕国材教授把非智力因素实证研究成果与实验学校的实践成果编辑成一本著作，以《非智力因素的理论实证与实践研究》为题，由华东理工大学出版社正式出版。

许多实验学校也出版了自己在非智力因素研究方面的成果。如四川省成都市双流县实验小学，在20世纪90年代初的“八五”期间，学校开展了普教科研课题“小学生学习过程中非智力因素研究”，通过学科教学、课外活动、环境教育、家校合作共育来培养学生的非智力因素，坚持学校教育为主、多渠道结合的整体教育策略，坚持相信学生、尊重学生主体性和差异性的策略等，经过几年的努力，取得了丰硕的成果，出版了《小学生学习过程中非智力因素研究》一书，受到了广泛好评。

再如浙江省金华市兰溪市实验小学，该校从1990年至1997年开展了“小学生良好非智力因素的培养”的实验研究，经过七年的工作，也取得了令人瞩目的成果。学校在切实减轻学生的课业负担的情况下，提高了教学质量；促进了良好非智力因素的发展；培养了一支具有一定教育科学研究能力的青年教师队伍，促进了学校各方面工作的开展。参加课题鉴定的专家一致认为：实验表明，培养学生良好非智力因素，是素质教育的应有之义，是实现从应试教育向素质教育转变的有效途径之一。这些成果最终结集为《非智力因素培养的理论与实践》一书，由杭州大学出版社出版。金华市于 1997 年 11 月召开了全市教育系统的大会，宣传、推广兰溪市实验小学的此项研究成果。

再如浙江金华荣光国际学校，该校校长徐锦生在担任金华师范学校附属小学校长期间，就在非智力因素与学校教育的实践方面做了大量卓有成效的工作。退休以后主持荣光国际学校的日常工作，继续深入探索，承办了全国非智力因素研究会 2017 年学术年会，并且作为非智力因素研究特色学校在大会上作了交流。该校秉承“智力因素与非智力因素协调发展，家国情怀与国际视野融合培育”的办学理念，坚持“五个比分数更重要”的教育方针，即个性的张扬比分数更重要、能力的培养比分数更重要、方法的习得比分数更重要、习惯的养成比分数更重要、兴趣的激发比分数更重要，通过非智力因素的理论研究和实践探索，形成了“优质小班”“中英双语”“多元体验”“寄宿管理”“移动教学”等五大办学特色，为每位孩子的成长夯实了基础，赢得了社会的高度认同。

四、燕国材教授对于教育理论研究的贡献

80 年代以来，我国教育界乘改革开放之东风，掀起了一股又一股的教育改革浪潮，积累了丰富的经验，取得了不少的成绩。在这个过程中，也产生了一系列的教育问题，要求人们去思考、去探索、去实践、去解决。

面对此种情况，作为心理学家的燕国材教授也积极地把心理学的研究成果运用到教育实践之中，思考教育的宏观问题、中观问题和微观问题，用他自己的话来说，就是“明知自不量力却又自告奋勇”地参加到“寻求教育真理”的行列中去，先后撰写并发表了约 100 篇有关教育的文章。

其实，毕业于北京师范大学教育系的燕国材先生从来没有缺席教育理论研究。早在他在大学读书期间，就在《光明日报》上发表了关于教育问题的理论文章，1950 年，不到 30 岁的他就在湖北人民出版社出版了《马卡连柯的教育理论与方法》等著作。1996 年，燕国材教授在中国建材工业出版社出版了《教育十论——我对教育问题的一些基本看法》。1997 年，他在江苏教育出版社的教育新理念丛书中出版了《素质教育论》，在陕西教育出版社出版了《智力因素与学校教育》。2002 年，广东教育出版社出版了他的个人专著《素质教育概论》和主编的五卷本《素质教育论丛书》。所以，我们完全可以说，燕国材教授不仅是一位杰出的心理学家，也是一位成就卓著的教育家。

1998 年，燕国材教授对自己的《教育十论——我对教育问题的一些基本看法》一书进行了修订，系统提出了自己的“教育十论”。这十论，基本上也是燕国材教授关于教育问题的主要观点。

（一）关于教育独立论

1995 年，燕国材教授在《上海教育科研》发表了《教育独立论发微》一文。文章明确提出，传统的教育独立论有两个主要观点：一是主张教育超政治、超党派；二是主张按教育规律办事。在今天的条件下，第一个主张已经行不通了，我们的教育应该在党的领导下，因为，“中国共产党领导的社会主义，其方针政策与一切措施都是为着人民利益的”。因此，只有第二个主张仍然是应该坚持的，那就是：教育有自己独特的规律。我们一定要按教育规律办事，千万不能用政治规律或经济规律来予以取代。教育独立论是与教育先行论、教育多元论、教育主体论相联系的，彼此之间相互制约、相辅相成。在当前推行社会主义市场经济体制的情况下，更应当强调教育的独立性，坚持教育面向市场，反对教育走向市场。

1997 年 6 月，燕国材教授在《上海教育科研》上又发表了《教育独立论再议》，针对刘景升先生与他商榷的文章，对教育独立论再次进行了详细辨析。其中特别提出了如何在教育实践中落实教育独立论的主张。在回顾教育历史之后，他重点提出了落实教育独立论的七条举措：其一，校长只能姓“教”，不能姓“钱”。其二，鼓励校长有自己的办学思想。其三，以人为本，把育人放在学校工作的首位。其四，以学生为主体，全面实施素质教育。其五，以教师为依靠，建设一支高素质的教师队伍。其六，通过培养人使教育为政治、经济服务。其七，完善教育立法，依法办学，依法治教。

（二）关于教育人本论

教育人本论是深化教育改革、提高教育质量的基础。这一教育观点是在我国八十年代改革开放这一特定时代背景下兴起的。它是以马克思主义关于人的本质的学说为指导，融儒家“人本”教育传统与现代人本主义教育思想于一体的一种本土化，即有中国特色的教育思想。

燕国材教授也深度参加了关于人本主义教育思潮的讨论。1995 年左右，他分别在《云梦学刊》和《中小学教育管理》等刊物上发表了《教育人本论刍议》等论文，系统论述了他对人本主义教育的基本思想。他指出，教育人本论的核心思想就是“以人为本”，尊重、理解、关心与相信每一个学生。从这一核心思想出发，教育人本论的基本含义包括三方面的内容：教育即发现人的价值，教育即发挥人的潜能，教育即发展人的个性。

燕国材教授认为，教育人本论不排斥社会本位，二者是相互支持的。任何时代的教育都要受社会政治、经济的制约，也要为一定的社会政治、经济服务。但是，这种服务不是直接的，而是通过培养一定的人才这一中介才能实现其服务的目的。所以，如果片面主张教育社会本位和面向市场，不仅培养不出市场经济需要的人才，而且有可能会培养出“市侩、巧取豪夺者、不尊重他人的狂热拜金主义之徒”。

燕国材教授还具体分析了教育人本论与现代人本主义教育思想的联系与区别。在历史逻辑方面，前者继承了古代儒家的“人本”传统，后者则继承了欧洲文艺复兴时期的人文主义思想。在时代背景方面，前者兴起于20世纪80年代的改革开放时期，后者则兴起于20世纪50年代中期的美国；在哲学思想方面，前者的哲学基础是马克思主义关于人的全面发展学说，后者则是存在主义哲学；在心理学依据方面，前者依据的是心理内化学说，后者依据的是心理潜能理论；在学生观方面，前者主张学生主体论，后者则主张学生中心论；在教师观方面，前者坚持教师的主导作用，后者则认为教师处于辅导者的地位。

（三）关于学生主体论

1993年，燕国材教授在《江西教育科研》第三期、《少先队研究》第五期和《中小学教育管理》第三期等刊物上发表了一组文章，系统阐述了他关于学生主体论的基本思想。

他提出学生主体论是教育人本论的具体化，是深化教育改革、提高教育质量的前提。这一教育观点主张学生是教育过程中的唯一主体。从这一基本思想出发，他认为在教育过程中，必须尊重学生的主体地位，发挥学生的主体作用，调动学生的主体积极性。其中，第一句话是前提，第二句话是目标，第三句话是手段。

在《论学生是教育过程中的唯一主体》一文中，燕国材教授详细讨论了学生主体论与双主体论、学生主体论与教师主导论、学生主体论与心理内化说、学生主体论与IN结合论，以及学生主体论与两个中心论的关系。他指出，在我国教育工作中，比较通行的一种观点是双主体论，即认为在教育过程中，学生是主体，教师也是主体。师生始终是主体对主体（同时主体），或互为主客体。燕国材教授认为这样的提法不符合教育过程的规律。他指出，在教育过程中，只有学生才是唯一的主体，教师只是具有主体性的客体，因为，教育过程中教师与学生的关系，实质上还是外因与内因的关系，客体与主体的关系。所以，燕国材教授认为，坚持学生主体论，不会削弱教师的主导作用，反而会更有效地发挥教师的主导作用，有助于学生的心理内化，有助于调动学生智力因素和非智力因素的积极性。

在《学生主体论》一文中，燕国材教授进一步提出了把学生主体论付诸实践时必须遵守的10项规则：

1. 尊重、理解、关心和相信每一个学生；

2. 使学校、班级、集体充满和谐协调、愉快活泼、乐观向上的气氛；

3. 师生间、同伴间建立起良好的人际关系；

4. 使学生向往学习、乐于学习，把学习视为一种乐事；

5. 学生自己能做的事，放手让学生自己去做，教师切忌包办代替；

6. 让学生成为学校的主人、班级的主人、课堂的主人、一切活动的主人；

7. 要使每一个学生都能获得成功，培养成才；

8. 切实减轻课业负担；

9. 无条件禁止一切侮辱学生人格的语言；

10. 无条件地禁止体罚、变相体罚和一切摧残学生身心健康的措施。

（四）关于心理内化论

心理内化论是学生主体论的具体化，其基本含义是把外部的客体的东西转化为内部的主体的东西，如社会道德转化为个人品德、知识结构转化为认知结构、实际操作转化为智力操作等都是。可以说，内化是教育的目的，内化是教育的方法，内化是教育的过程，内化是教育的结果。在教育过程中，创设外部条件、提出各种要求、制定某些准则等都是必要的，但更为重要的关键是抓心理内化。“外因是条件，内因是根据，外因通过内因而起作用”，这乃是心理内化的理论依据。

燕国材教授关于心理内化论有两篇重要的文章，一篇是发表在《中小学教育管理》1993年第4期上面的《心理内化论》，一篇是发表在《中学教育》

1997 年第 6 期上的《谈谈道德内化问题》。在第一篇文章中，他开宗明义指出，生理上要消化，人吃了食物不消化，那就什么营养都吸收不到；心理上要内化，如果外部要求（道德标准、知识等）不内化，那就什么东西也无从获得。可惜的是，人们只重视身体的消化，而很少关注心理的内化。在这篇文章中，燕国材教授还提出了心理内化论在学校教育中的运用问题。一是精选外部条件，即对影响学生知识、道德、智力内化的外部条件进行精心的选择与安排，重视知识的内在结构，针对学生的特点提出要求等。二是创造教育气氛，即创造一种愉快活泼、和谐协作、积极向上的教育气氛，建立一种互相尊重、理解、关心和信任的人际关系。三是改善内部因素，即注重提高学生主体的心理素质，尤其是注重非智力因素的培养与提高。四是有效开展外化，即把知识运用于实际，把道德规范于行动，把智力操作转化于实际操作，实行内外化的真正结合。

（五）关于 IN 结合论

IN 结合论亦即智力因素（I）与非智力因素（N）结合论，它是心理内化论的具体化，也是深化教育改革、提高教育质量的抓手。它是由三条核心思想与五对十个命题所构成的。前者是，一个目的：尊重学生的主体地位，发挥学生的主体作用，调动学生的主体积极性。一条假设：一般地说，人的智力水平是差不多的，但非智力因素的水平往往差别很大。一个公式：在其他条件基本相同的情况下，A = f（I · N）。后者是，智力对学习起直接作用，非智力因素起间接作用：智力是学习过程的心理结构，非智力因素是心理条件；智力是学习活动的执行——操作系统，非智力因素是动力——调节系统；智力活动本身没有积极性，非智力因素才有积极性；智力活动指导非智力因素，非智力因素主导智力活动。贯彻 IN 结合论，有助于心理内化论与学生主体论的实践。关于燕国材教授的非智力因素理论与实践，在第三部分已经专门讨论，这里不再赘述。

（六）关于智能独立论

智能独立论，确切地说，应为智力与能力相对独立论。即主张智力与能力是两个相对独立的概念，二者既有区别，又有联系。这一智能观是针对西方和前苏联在智能关系问题上的理论提出的。燕国材教授考察了桑代克、斯皮尔曼、凯勒的因素理论和西莱辛格、吉尔福特、阜南的结构学说，发现西方心理学家主张智力包含能力，认为智力是个大概念，能力包括在智力里面，智力是由各种能力组成的；而前苏联心理学家则主张能力包含智力，能力是个大概念，智力是其组成因素的一个方面。针对这两个极端，燕国材教授提出了智能相对独立的理论，正好与西方、前苏联构成“三家鼎立”的局面。

燕国材教授提出，智力属于认识活动的范畴，是保证人们有效认识客观事物的稳固的心理特点的综合；能力则属于实际活动的范畴，是保证人们成功地进行实际活动的稳固的心理特点的综合。智力和能力在组成因素及其结构方面也各不相同，前者主要包括观察力、注意力、记忆力、想象力和思维力，后者主要包括组织能力、创造能力、定向能力、实际操作能力和适应能力。智力更多与知识相联系，能力更多与技能相联系。智力的先天因素相对多一些，能力的后天因素相对多一些。这是智力与能力的区别。两者之间同时有着非常密切的关系，没有一条不可逾越的鸿沟。在一定程度上可以说，智力是能力的基础，能力是智力的表现。

在论述了智力与能力的区别与联系之后，燕国材教授特别指出，坚持中国的智能观，有助于澄清智力与能力两个概念的混淆局面，有助于建立中国化的心理学，有利于发展学生的智力和培养他们的能力。在学校教育的实际工作中，只有看到了智力与能力的不同特点和内在联系，才能因材施教，把握学生成长的内在规律。

燕国材教授提出的智能独立论，与他长期从事中国古代心理学思想研究，善于从中国思想家那里汲取营养有着很大的关系。早在 1983 年，他就在《教育研究》杂志发表了长文《中国古代心理思想中的智力问题》，后来又在《江西师范大学学报》（哲学社会科学版）发表了《中国古代心理思想中的能力问题》，对中国古代的思想家、教育家的智能观进行了全面梳理，全面讨论了智与知、智与能、智与学、智力与人才、智力的个别差异，以及能与智、能与才、能与学、能力与技能、能力的个别差异等问题。

（七）关于素质教育论

从20世纪80年代中期素质教育概念的提出，到1999年第三次全国教育工作会议上以中共中央、国务院的名义发出《中共中央国务院关于深化教育改革全面推进素质教育的决定》，我国关于素质教育的讨论与实践探索前后经历了十余年的时间。期间，燕国材教授不仅高度关注，而且深度参与，体现了作为心理学家和教育家的社会责任感。围绕着素质教育的理论与实践问题，燕国材教授发表了数十篇论文，撰写了多部理论著作，对丰富完善素质教育的理论、推进素质教育的实践，起到了非常重要的作用。

1990年初，燕国材教授在《中小学教育管理》杂志上发表了《向素质教育转轨是深化教育改革的必然趋势》的文章，对素质教育的内涵，素质教育与教育人本论、学生主体论、心理内化论的关系，以及如何培养学生素质促进全面发展进行了全面论述。他在文章中明确指出，素质不应限于心理学所说的自然素质，还应该包括人的社会素质，是人们身体的、政治的、思想的、道德的、业务的、心理的等六个方面一系列稳定特点的综合。素质教育的根本目的，就是全面地提高学生的素质。实施素质教育，就要了解学生的素质水平，明确培养素质的具体目标，发挥学生的主体作用，形成和谐的教育气氛，看到素质的整体结构，注意素质的各自特点。

1995年以后，燕国材教授又先后发表了《素质教育论》《素质教育问题研究》《论素质教育的目的与任务》《论素质教育与基础教育》等一系列理论研究文章，对素质教育的内涵与外延、目标与任务、途径与方法等进行了系统阐述。

首先，燕国材教授论述了素质教育的七个基本特点：一是素质教育的主体性。学生是素质的承担者与体现者，每一个学生都是活生生的主体，具有主动性、积极性与创造性，必须发挥学生的潜能，彰显这种主体性。二是全面性。这种全面性体现在面向全体学生和每个学生的各种素质的全面发展。三是综合性。素质教育的八个方面不是各自孤立的，而是构成为一个素质教育的综合体，实施素质教育必须全面顾及，综合考虑，绝不能顾此失彼、重此轻彼。四是基础性。学生的素质是他们做人的基础、成才的基础和整个民族素质的基础，“一个民族要想永久地独立于世界民族之林，就必须不断地提高其素质水平。而民族素质却是每一个人的素质的综合、凝聚、积淀与升华；不提高每一个人的素质，要想提高民族素质就只能是一句空话。”五是层次性。素质由自然素质、心理素质与社会素质三个层次构成，自然素质是基础层，心理素质是核心层，社会素质是最高层。应该特别重视社会素质，这样才能把学生培养成为真正的人，“大写的人”。六是协同性。协同性表现为内外两个方面，内在的协同性表现为不同素质的和谐发展，外在的协调性表现为家庭、学校、社会的协调一致，不能够“各吹各的号，各唱各的调”。七是成功性。在素质教育中，必须使每一个学生都能获得成功，即保证他们都能达到一定的素质水平。

燕国材教授在《论素质教育的目的与任务》一文中，对素质教育需要处理的两个重要关系进行了深入分析。一是关于素质教育与全面发展教育的关系，燕国材教授认为两者是相辅相成的：全面发展教育是素质教育的途径或方法，素质教育则是全面发展教育的目标或落实。二是关于素质教育与个性教育的关系，燕国材教授认为两者基本上是一致的：进行素质教育，培养学生素质，有助于开展个性教育，发展学生个性；反之亦然。

上述两个关系，在教育实践中就导致两个具体的问题：一是关于“拔尖”培养与大面积丰收的关系问题，二是关于共同要求与承认差别、个别对待的关系问题。燕国材教授主张两者的统一，也就是说，素质教育的前提就是要保证大面积的丰收，保证每一个学生都具备做人的素质，获得一定的成功。同时，也要使一部分“拔尖”的学生在他们自己的优势领域具备更高的素质，获得更大的成功。关键是要让学生在自己的“适应性领域”去发展，把每个学生培养成为“既适合本身特点，又合乎社会需要的有用之才”。

作为在上海工作的心理学家和教育家，燕国材教授也一直关注着身边的教育改革与探索，他不仅关注上海老一辈的教育家段力佩、赵宪初等人素质教育的成功经验，也关注年青一代教育家刘京海等人的素质教育实践。他分别撰写文章研究和介绍他们的素质教育理论与实践，尤其是多次为成功教育鼓与呼。作为燕国材教授的学生，刘京海曾经坦诚自己的成功教育思想受到过燕国材教授非智力因素理论的影响。在纪念燕国材先生从教七十周年学术研讨会上，我曾经亲耳聆听了他讲述的这段往事。燕国材教授在《论素质教育与成功教育》这篇文章中也论述了素质教育与成功教育的内在联系：成功教育是实施素质教育的途径，素质教育是开展成功教育的落实。

燕国材教授还从心理与教育紧密结合的角度，深入探讨了素质教育的不同模式，如主体教育模式、愉快教育模式、情境教育模式、和谐教育模式、互动教育模式、人格教育模式、创造教育模式、健康教育模式、生命教育模式和成功教育模式等。

（八）关于心理教育论

心理教育简称心育，亦可称为心理健康教育、心理素质教育或心理品质教育。作为心理学家和教育家，提出心理教育的理论，并且大力提倡与努力践行，燕国材教授也做了大量卓有成效的工作。

从 20 世纪 90 年代初开始，燕国材教授发表了一系列论文，关注心理教育的问题。其中最早也是奠基性的文章，是发表在 1993 年第 2 期《江西教育科研》杂志上的《关于心理教育的几个问题》。这篇文章在回溯心理教育的历史发展之后，明确指出了它具有积极和消极的两种基本形式。积极形式的目的与要求是培养心理素质，促进全面发展。包括发展学生的智力、能力、非智力因素，让学生掌握心理活动的初步知识，讲究心理卫生、保持心理健康，具备建立和保持良好人际关系的知识和技能，提高心理承受能力、适应急剧变化的社会环境，掌握有效的学习方法，养成良好的学习习惯等。消极形式的目的与要求是，防治心理疾病，保持心理健康。前者是主要的，后者是辅助的。心理教育应当主辅结合，俾使相得益彰。

在这篇文章中，燕国材教授还对心理教育的原则和方法进行了全面论述，这就是一个目的（提高心理素质，促进心理健康），两条原则（智力与非智力因素相结合，积极培养与消极防治相结合），三个结合（心理教育与教学工作、教育工作、课外活动相结合），四项注意（注意尊重学生的主体地位，注意创设良好的教育气氛，注意学生的年龄特征，注意学生的个别差异），五种方法（开设心理常识课，给每个学生以成功的机会与条件，培养学生对前途的希望，建立心理辅导或心理咨询室，培养学生善于自我评价的能力）。

1996 年，燕国材教授在《上海教育科研》第 6 期发表了一篇题为《论心力、心育、心操》的论文，提出了三个颇具创造性的概念。所谓心力，就是心理之力或精神之力，它与身体之力（体力）一样，能够发挥出巨大的力量，产生出伟大的效力。心力与体力并列，组成了人力，而心力又包括智力与非智力两大系统。心育，即心理教育，是一个总的概念，它应当把心理训练、心理辅导、心理咨询和心理治疗等都包括在内。就主要倾向来说，西方偏重于心理辅导与心理咨询等心理教育的消极形式；我们则应当把主要时间与精力用在心理教育的积极形式上，不要重复走西方的老路。《黄帝内经》所说的“不治已病治未病”，这对心理问题来说是同样适用的。最有意思的是“心操”概念，燕国材教授认为，既然有体操，就应该有心操，正如心力相对于体力一样。所谓心操，就是通过对心理的操练、训练、锻炼，以开发心理潜能，促进心理发展，从而提高人的心理素质。在此基础上，他还提出了心操的四条原则与方式，即手脑结合，用舍得当，安排情境和反复使用。

（九）关于德智统一论

关于德智关系亦即德育与智育关系的问题，历来存在着种种不同的看法。归结起来，大致有这么四种，即重智轻德论、重德轻智论、德智对立论与德智统一论。20 世纪 90 年代，燕国材教授通过《一种传统德育模式值得重视》《再谈我国的一种传统德育模式》《关于德智关系的一些看法》《论道德主体性与道德教育》《应重视真善美的教育》等一系列文章，系统全面地论述了他的德智统一论。他明确提出，既不能重智轻德，也不该重德轻智，更要反对德智对立。燕国材教授主张把握德与智、德育与智育的辩证关系，在教育实践中将二者结合起来，使二者互为条件，互为基础，相辅相成，共同提高。

1996 年，燕国材教授在应届学生的“毕业纪念册”上写下了一段让人心潮澎湃的话语：“教育是座传播真善美的神圣殿堂，只有那乐于奉献、勇于开拓的人，才有资格步入这殿堂的巍峨大门，并做出辉煌的业绩。”他在这段题词中勉励自己的学生要为传播真善美的教育事业做出终身的奉献。1997 年，燕国材教授在《中学教育》第 2 期发表了题为《应重视真善美的教育》的文章，系统阐释了他关于真善美教育的思想。在这篇文章中，他提出，一部人类发展史，就是一部真善美与假恶丑矛盾冲突的历史。教育的使命，就是传播真善美，教人求真求善求美，求真就要打假，求善就要除恶，求美就要反丑。在教育的实践中，求真就是要探求真知，坚持真理，拥有真心，培养真人。求善就是要养成善德，锻炼善行，具备善心，培养善人。求美就是要注重美形（仪表美），训练美行（行为美），具有美心（心灵美）和培养美人（美好的人）。从素质教育的角度看，可见德智统一论实质上就是真善美的统一，就是身体素质与政治素质、思想素质、道德素质、心理素质、业务素质的统一发展与提高。德智统一论与素质教育论也是互相支持的。

（十）关于个性教育论

从 20 世纪 80 年代开始，燕国材教授就开始思考个性教育的问题。早在 1986 年，他就明确提出，应该建立世界观核心论的个性论。与此同时，他提出了世界观核心论的个性论的基本含义：世界观是心理结构的最高层次；世界观是个性结构的核心因素；各种个性特征或个性品质都按各自与世界观的联系和关系的程度，依次排列在世界观的周围；世界观与个性特征在统一过程中相互促进、共同发展而逐步形成；个性教育要把世界观教育与个性特征的培养结合起来同时抓，不要时彼时此或时此时彼，也不要重此轻彼或重彼轻此。

燕国材教授分析了世界观的心理结构，认为它是由认识、观点、信念、理想四个基本因素所组成的完整结构。所谓认识，就是通过感知和思维去了解自然现象、社会存在以及人类思维的实质及其发展规律，从而掌握有关这三大领域的最一般的概念体系。所谓观点，就是在认识基础上以判断形式表现出来的，对事物的基本看法、判断和评价。所谓信念，是在一定的观点体系的基础上形成的对自然和社会的一定原理、判断、见解和知识的真实性确信不疑，通常以信心、信任和信仰的形式表现出来。所谓理想，则是在信念体系的基础上对于个人和集体的奋斗目标的追求。

燕国材教授认为，提出以世界观为核心的个性论在理论和实践方面都具有重要的意义。首先，它有助于澄清国内外关于个性问题的种种混乱思想，用“个性 = 世界观核心 + 个性特征”这样一个简洁的公式把复杂的个性体系概括出来了。其次，它是以辩证唯物主义为理论指导建立起来的。再次，它对于改变西方各种牌号的以“自我”为核心的个性论，建设两个高度文明的社会主义强国具有重要价值。最后，对于教育实践具有重要的指导意义，以为教育在一定意义上就是“人的个性培养计划，人的性格的培养计划”（马卡连柯语），有助于培养青年一代的以共产主义世界观为核心的个性品质。

在此基础之上，燕国材教授还对责任心等个性教育中的关键因素进行过比较深入细致的研究，对责任心的具体表现，以及如何培养学生的责任心等问题提出了具体的建议。

应该说，燕国材教授的上述“教育十论”是密切联系、相互渗透的。它们在我国的教育改革中都发挥了或大或小、或多或少的作用。他也多次坦承，这些观点并非都是他个人的独创，而是全国广大教育理论与教育实际工作者共同探索与实践的结晶，不能够贪天功为己有。他也坦诚地写道：“我也不想隐瞒，上述十大教育观点是与国内外的某些有关看法相对立的。而且，在表述时还可能较具体地批评了某种对立的观点。”但是，“真理会越辩越明”。只要我们认真地贯彻“双百”方针，通过讨论是会促进教育理论与实践的发展的。

燕国材教授在教育理论方面还有许多重要的贡献，如他曾经旗帜鲜明地反对教育产业化，批评“Q 泛滥风”等。限于篇幅，难免有不少疏漏之处。容当日后修订补充。

先生之风，山高水长。先生之恩，永生难忘。先生之学问，博大精深。先生之治学，严谨。高山仰止，景行行之。虽不能至，心向往之。三万余言的文章，难免挂一漏万，很难全面概括先生的学术精神与学术成就。借此机会，再次祝燕国材先生健康长寿，永葆学术青春。祝先生开创的中国心理学史学科和非智力因素研究繁荣昌盛，持续发展。祝中国早日建成社会主义现代化教育强国，中华民族伟大复兴的中国梦早日实现。

【作者简介】

朱永新，1958 年生于江苏大丰，现为中国民主促进会中央委员会副主席、全国政协常委兼副秘书长，苏州大学新教育研究院教授，中国教育 30 人论坛成员，新教育实验发起人。1980—1982 年在上海师范大学教育心理学师资班学习，师从燕国材先生研究中国心理学史等。和燕国材教授合作撰写《非智力因素与学习》《现代视野下的中国教育心理学史》等著作。

从非智力因素到社会与情感能力

袁振国

1980年，我从当时的扬州师范学院到上海师范学院进修。当时恢复高考不久，高校与全国的情形一样，百废待兴。上海师大为了培养未来的教育学、心理学教师，举办了“教心班”，从不同学科抽调了一部分同学进入这个班学习教育学、心理学课程。扬州师范派我参加这个班，于是我很荣幸地和当时江苏师院的五位同学一起在这个班学习。这是我进入教育学学科领域的重要转机。在这个班上，很多老师治学的严谨、学而不厌、诲人不倦的精神至今记忆犹新。对我影响最大的老师是燕国材老师。他讲课挥洒自如，烂熟于心，思维缜密，又不断推陈出新，对我产生了很大影响。

第一，爱上了心理学。当时学校派我来学习的主要任务和后来的发展方向是教育学，但由于燕老师心理学的课程深入浅出，与教育的结合特别紧密，我由此爱上了心理学，以至于有很长一段时间把主要精力用在了心理学的学习上。这对于我后来主要从事教育学教学研究也大有裨益。

第二，“标新立异，自圆其说”的创新精神。燕老师经常说的一句话，也是他希望学生做到的是“标新立异，自圆其说”。他总是带着反思、质疑的态度讲授成熟的学问，以热情拥抱的心态介绍新的知识和学说。并且自觉地将新学与旧说结合，把学生们带向探知的海洋。

第三，执着的情怀。燕老师从大学时代起（也许更早）就有追求真理、坚持真理的特质，不随意附和，不轻易放弃。坚持以理服人，以事实说话。这也是他能够开创中国心理学史、非智力因素心理学等重要领域的精神动力。燕老师低调做人，高调做事，浸染其中，如沐春风。

心理学在20世纪50年代末遭到非学术的批判后，就被打入了“冷宫”。改革开放以后心理学很快得到恢复发展。各种心理学流派纷至沓来。也许是他的经历，也许是他的洞见，燕老师没有把精力放在各种流行的心理学流派研究上，而是别开生面地提出了中国心理学史和非智力因素的研究。这两个命题虽都受到了不断的质疑甚至还有嘲讽，但都已经枝繁叶茂，蔚为大观。

在学期间我就参与了燕老师非智力因素与学习的研究，进修结束后依然继续参与了一段时间这一研究的工作。后来虽然不再直接参与研究，但始终关注着这一领域的进展。最近由于工作的原因，与国际经济发展与合作组织（OECD），合作开展社会与情感能力的测评项目，深感燕老师在这一领域的敏感性和超前性。

从心理学到社会学

中国上海在国际学生测量项目（PISA）中连续获得世界第一的骄人成绩，引起世界高度关注，美国、英国等发达国家纷纷来华取经，英国议会通过决议，在4000所学校里试行中国教育模式，以提高他们的教育质量。这有力地证明了中国基础教育的有效和优异。

PISA是以15岁的学生为对象，测评他们数学、科学、阅读的水平，反映的是一个人的认知能力。认知能力是人的素质的重要方面，对人的发展尤其是对一个人的升学具有决定性意义。但认知能力对一个人未来的事业成功和生活幸福有多大关联性呢？是不是考试成绩越好事业就越有成就，生活就越幸福呢？事实并不尽然。很多在各行各业取得卓越成就的人考试成绩和学历并不高，而那些考试成绩优异的人，包括“状元”“学霸”，在社会竞争和生活磨炼的过程中，却会逐渐失去优势，“泯然众人矣”。那么，什么因素对人的事业成功和生活幸福具有更大影响呢？社会的实践和大量的研究表明，是处理社会关系、人际关系的能力，是心态和性格，其实就是非智力因素，现在OECD把它们命名为“社会与情感能力（Social and Emotional Skills）”。

早在100年前，美国心理学家特尔曼就对1500多名超高智商的儿童进行了长时间的跟踪研究。40年后发现，这些人中只有20%的人取得了令人瞩目的成就，60%的人成就平平，还有20%的人流入到了中等以下。可见，认知能力与一个人后来成就的大小并无太大关系。那么主要原因是什么呢？通过对成功人士的访谈研究得出的结论是，以下四种品质是取得成功的关键：有明确的目标和坚持力，谨慎、有进取心，自信不自卑，善于为实现目标不断积累成果。

哈佛大学从1938年开始开展了一项持续了70多年跟踪了724人的关于幸福的研究，2016年发布了《幸福研究报告》。项目负责人说，研究得出的结论是：幸福完全与财富、名声或者拼命工作无关，这项研究得到的最清晰的信息，是良好的关系和心态，是爱的力量，让我们更快乐、更健康、更幸福。

在大量研究的基础上，麻省理工学院的心理学教授提出了五大人格模式。他认为人的非认知特征可以概括为五个维度，每个维度又具有若干要素，这些要素具有积极的和消极的两个方面，并且可以根据人积极和消极性程度，测量一个人的人格得分。这五个维度是，外倾性（extraversion），亲和力（agreeableness），责任心（conscientiousness），情绪稳定性（neuroticism）和开放性（openness）。

得分越高，事业成功和生活幸福的比例越高（参见表1）。

表 1　五大人格测量要素

因 素	低 分	高 分
外倾性	孤独、不合群	喜欢参加集体活动
	安静	健谈
	被动	主动
	缄默	热情
亲和力	多疑	信任
	刻薄	宽容
	无情	心软
	易怒	好脾气
责任心	马虎	认真
	懒惰	勤奋
	杂乱无章	井井有条
	不守时	守时
情绪稳定性	自寻烦恼	冷静
	易激动	平静
	害羞	自在
	感情用事	理性
开放性	刻板	富于想象
	创造性差	创造性强
	遵守习俗	标新立异
	缺乏好奇心	有好奇心

经济合作与发展组织（OECD）对此进行了进一步改造，建构了社会与情感能力的测评框架。这一框架沿用了五大维度但含义更趋合理，包括：任务表现（尽责性）；情绪控制（情绪稳定性）；协作（亲和性）；思想开放（开放性）；与人交往（外向性）。每个维度又确立了不同的测评指标，任务表现

的指标包括成就动机、自我控制、责任感和毅力；情感控制的指标包括抗压、乐观和情绪控制；协作的指标包括同理心、合作与信任；思想开放的指标包括好奇心、创造力和宽容度；与人交往的指标包括活力、果敢和乐群。除了五大维度之外，还有一项“复合能力”，即个人技能不同方面的组合，测评指标包括自信心、元认知和批判性思维等（见图 1）。

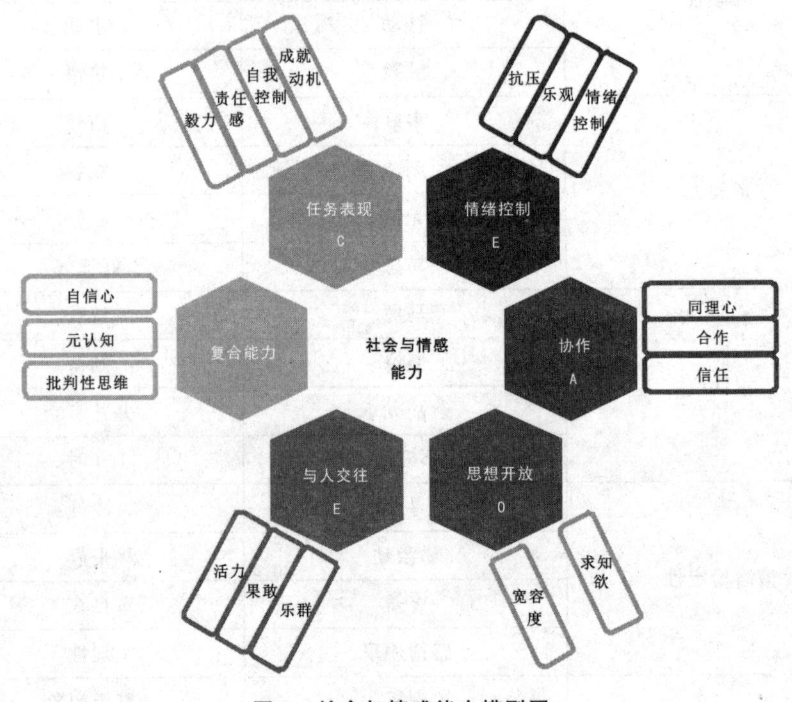

图 1　社会与情感能力模型图

从思辨到科学

社会情感能力与认知能力有一个很大的不同，那就是，认知能力在很大程度上是遗传的，后天改变的空间有限，而社会情感能力主要是后天可习得的，是可以培养的。一般来说，责任心、情绪稳定性、社会性与亲和力等随着年龄增长而提高，与此同时，创造力与外向性却随着年龄增长而下降。成年以后，社会与情感能力渐趋稳定。这就意味着，在儿童早期，社会与情感能力是波动性的，随着年龄的增长，波动性会降低，稳定性增强。社会与情感能力发展的关键时期是儿童与青少年时期，通过有效的教育干预与系统的学习，可以促进孩子的社会与情感能力发展，提升孩子的幸福感与成就动机，创造更美好的生活。

“佩里学前教育项目”（Perry Preschool Program）是干预成功的最好例证。此项目选取了智力发展水平处于85分以下的儿童，对他们进行社会与情感能力的教育干预，教他们如何与别人友好相处，每周开展家访活动，改善亲子关系。此项目进行了两年，并开展实验组与控制组之间的对比研究和持续的跟踪研究，直到这些研究对象到40岁。研究发现，教育干预对这些孩子的认知能力没有产生任何影响，但是极大地提升了他们的社会与情感能力，婚姻更加幸福，家庭关系更加和谐，健康状况更佳，生活质量更高，犯罪率更低。

OECD社会与情感能力课题组开展的一项研究发现，超过20%的调查对象最看重的社会与情感能力是责任感、自信、批评性思维、动机、持久力与创造力。家长最看重孩子的社会与情感能力是乐观、创造力、动机和好奇心。家长认为与孩子幸福与健康相关度较高的社会与情感能力是自我效能、自我控制、乐观和持久力。研究发现，相较于社会经济背景、父母教育与家庭收入因素，社会与情感能力对学生的学业成绩产生更大的影响，好奇心对语文学习效果影响较大，持久力对数学学习效果影响较大，好奇心对科学学习效果影响较大，创造力对艺术学习效果至关重要。在各种多样且多变的社会和经济体中，社会与情感能力的作用和影响越来越重要。无论对于个体还是整个社区和国家来说，都是如此。社会与情感能力发展好的孩子，有更好的学业成绩，在未来有更好的工作与更高的收入，更有可能活得更长，更低的辍学率，更低的实施暴力与犯罪等反社会行为的风险，等等。

PISA项目自开展以来，对促进各国教育质量提高产生了很大的积极作用，但也不断受到批评和质疑，主要的一点就是太注重认知能力，而忽视了非认知能力的影响和培养。对于东方国家来说尤其如此。在不断的反思过程中，OECD 从 2013 年开始了社会与情感能力研究（Study for Social and Emotional Skills，简称 SSES）。旨在促进认知能力和社会情感能力的平衡发展。

2018 年，OECD 在完成了基础研究和工具开发后，开始了国际“社会和情感能力”评估项目。该项目与 PISA 是平行的大型跨国调查项目，着眼于促进青少年非认知领域的发展，旨在测评参与城市和国家的学龄儿童和年轻人的社会和情感能力发展水平以及哪些因素影响了这些能力的发展，并进一步探索如何通过教育实践提升这些能力。除了测评内容与 PISA 测评不同之外，SSES 项目测试对象有所扩展，不仅测评 15 岁的学生，还测评 10 岁的学生，每个国家测评对象不少于 6000 名。目前有 11 个城市和国家参与了该项目（见表 2）。

表 2　参与 SSES 的国家与城市

序号	国家	城市
1	哥伦比亚	波哥大
2	韩国	大邱
3	芬兰	赫尔辛基
4	美国	休斯顿
5	哥伦比亚	马尼萨莱斯
6	俄罗斯	莫斯科
7	加拿大	渥太华
8	意大利	罗马
9	葡萄牙	辛特拉
10	中国	苏州
11	土耳其	安卡拉

此项目要回答的主要问题是：不同年级或年龄孩子的社会与情感能力发展水平有何不同；不同性别与家庭背景孩子的社会与情感能力的差异是什么；哪些社会与情感能力能够预测儿童的成功或幸福；什么样的家庭环境能够促进孩子的社会与情感能力发展（如教养方式和家庭可获得的学习资源）；什么样的学校环境能够促进学生的社会与情感能力发展（如课程内容、教学方法和学校资源）；什么样的社区环境能够促进孩子的社会与情感能力发展（如运动、文化资源与安全）。

社会与情感能力是实现主体目标，与他人合作以及管理情感所涉及的技能。因此，他们在无数日常生活中表现出来。这些技能在人生活的各个阶段中都发挥着作用：例如虽然孩子们在与他人玩耍时被告知哪些行为是合适的，但成年人需要学习在职业环境中团队合作的规则。人们从小就追求目标（例如在玩游戏、解谜时），而这一点在成年后变得越来越重要（例如，在追求学位和工作等方面）。学习正确的表达积极和消极情绪的方法，以及处理压力和挫折是一种终生的追求，尤其是在处理诸如离婚、失业和长期残疾等生活变故时。这些广泛的技能类别（即追求目标、与他人合作和管理情绪）包括一些较低层次的技能结构。

认知能力和社会情感能力是相互联系的，相互影响的。比如像创造性和批判性思维这样的现代社会最为重要的心理特征，就是认知能力和社会与情感能力的结合。创造性，也称为发散性思维，是指创作内容不仅新奇、原创和出乎意料，而且恰当、有用和适用于当前的任务。已经发现它与智力测量以及社会和情感技能有关。有创造力的人倾向于对新的经历更加开放，想象力更强，不那么计较，更冲动，更外向。

批判性思维涉及运用逻辑规则和成本效益分析的能力，从战略上思考并将规则应用于新情况以解决问题。这一技能具有很强的认知能力，它依赖于思考信息、在新的环境中解释信息并在现有知识的基础上找到解决新问题的能力。然而，批判性思维也包含了对新经验开放的方面，如想象力和非常规性。许多现实生活中的情况要求出现更复杂的技能，这些技能包括智力、社会和情感方面的因素。为了了解这些技能，目前的框架包含技能领域的不同方面，并承认不同技能在日常情况下相互作用。

“发展素质教育”的重要突破口

习近平在党的十九大报告中要求：“全面贯彻党的教育方针，落实立德树人根本任务，发展素质教育，推进教育公平，培养德智体美全面发展的社会主义建设者和接班人。”自素质教育概念提出以来，我们一直提出的是“实施素质教育”或“推进素质教育”。十九大报告提出了“发展素质教育”的要求，这里面至少有两层含义：一是在工作上采取更有力的措施，彻底改变“素质教育轰轰烈烈，应试教育扎扎实实”的现象；二是要扩展素质教育的广度，深化素质教育的深度，提升素质教育的高度。在社会变化日益加剧，新兴高科技不断推出、国际竞争更为加剧的背景下，世界充满了不确定性。培养未来人才的应对能力，必须高度重视认知和社会与情感两种能力的培养，保持这两种能力的平衡。对我们来说，社会与情感能力的培养尤其需要强调。社会情感能力的培养可以成为发展素质教育瓶颈的突破口。在普遍提高学生社会情感能力的同时，对教育中的一些突出问题，比如校园欺凌、暴力冲突、心理疾病、自杀等，产生显著的干预效果。

社会与情感能力的培养是一个系统工程。首先是政府、教育行政部门在教育的指导思想、教学内容、教学过程中要贯穿相应的要求和指导意见。OECD虽然各国并不正式要求使用标准化措施评估学生的社会与情感能力，但许多国家和地方司法管辖区为学生的社会与情感能力评估提供了指导方针。评估学生的社会与情感能力通常不是为了学生的晋升或认证，也不是为了教师的评价。相反，评估倾向于以一种形成性的方式进行，以帮助教师和学生确定他们在社会与情感能力方面的优势和劣势。在许多国家，典型的期末评估包括对社会与情感能力的评估。例如，加拿大安大略省为成绩单提供模板，其中“学习技能和工作习惯”与科目的分数分开评估。学生的学习技巧和工作习惯可分为六类：责任心、组织能力、独立工作能力、协作能力、主动性、自我调节能力。教师对每一类学生的评价为“优秀”“良好”“令人满意”和“需要改进”。在1—8年级的成绩单中，报告学生学习技能和工作习惯发展的部分放在报告学生课程预期成绩的部分之前。在9—12年级的成绩单上，有一个空白地方用来写每门学科的学习技能和工作习惯的评语。

社会与情感能力培养要形成合力。学校、家庭、社区和职后培训都应该在提高个体的社会与情感能力方面发挥重要作用。这些技能，连同认知技能，是个人福祉和社会进步的关键要素。社会与情感能力可以在文化和语言边界内可靠地衡量。政策制定者可以使用这些信息来提高他们对技能差距的理解，并更好地设计解决这些问题的政策，而教师和家长可以拓宽孩子的技能需求的概念，并创造积极的学习环境，以提高儿童和社会的生活机会（参见图2）。

华东师范大学教育学部作为OECD社会与情感能力测评项目的唯一中方代表，正在展开与苏州市及十个区的教育部门合作，率先在中国实施。此项目的推进分为三个阶段，2017年是工具研发阶段，2018年是现场试测阶段，2019年是正式试测阶段。2020年向世界公布测评的结果。华东师范大学自实施项目以来，开展了测评工具的本土化工作、考评人员培训、学校抽样以及现场试测工作。2018年11月，华东师范大学与苏州市教育局合作，对苏州全市的10个区县的30所中小学校的1500名学生进行了现场试测，同时对1500名学生家长和858名教师以及30名校长进行了问卷调查。目前正在进行跟踪调查以及数据整理与分类工作，为2019年的正式测评做好准备。相信这一工作将为提高青少年社会与情感能力、发展素质教育提供实证依据和有力的推动作用。

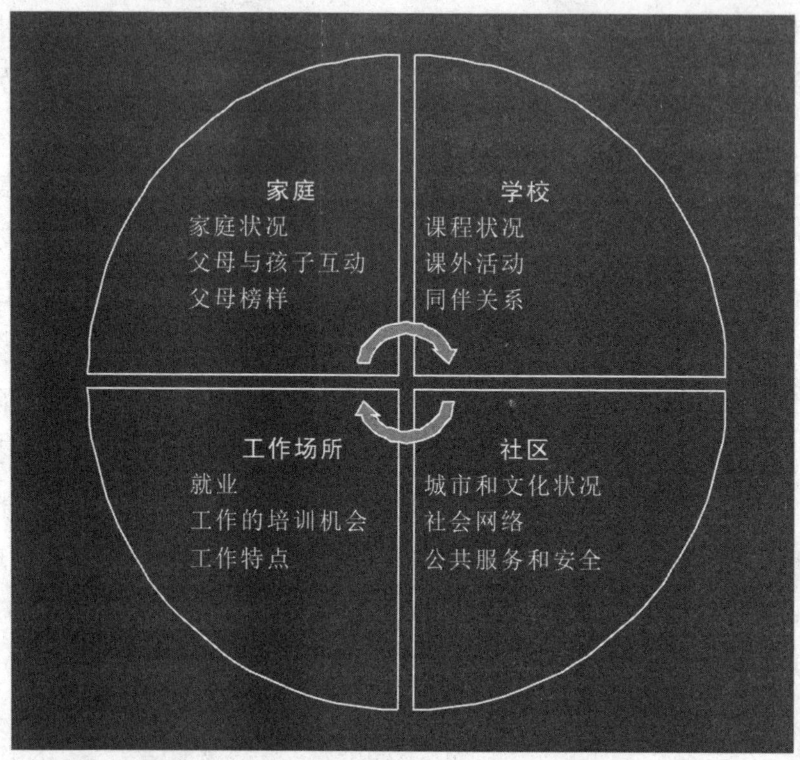

图 2　培养学生社会与情感能力的主体与途径

【作者简介】

袁振国，我国著名教育学者，华东师范大学教育学部主任、终身教授，曾任教育部师范司副司长，社科司副司长，中央教育科学研究所所长，中国教育科学研究院院长，国家教育咨询委员会秘书长。主要研究领域为教育学、教育政策学。

融通古今，服务现实

——用五个“一”解读燕国材教授的学术思想

燕良轼

在燕国材教授90华诞之际，上海师大教育学院组织燕国材教授学术研讨会是非常有意义的。刚才朱永新教授就燕国材教授在中国心理学史方面所做出的贡献，袁振国教授就燕国材教授在非智力因素、素质教育以及教育理论方面的贡献进行了全面系统发言，卢家楣教授则从情感教育与非智力因素的关系，并以几十年与燕国材教授共事的经历做了声情并茂的发言，我很受启发与感动。

我是1981年暑假后作为黑龙江一所地方高校教师到上海师大教管班进修的，我是通过这种方式成为他的学生的。作为他的学生，我是比较特殊的一个，因为他又是我的叔父，所以我是他唯一有血缘关系的学生。当时在教管班听他的教育心理学，偶尔也到上海师大当年所办的师资班听李伯黍、燕国材先生的西方心理学史和中国心理学史。我不想重复上述三位老师的发言，我试图选择几个观测点来解读燕国材先生。我试图用几个“一”理解他、解读他。

一个公式：A＝f（I・N）

要论及燕国材教授的学术贡献，不能不提到他的非智力因素概念及其理论。众所周知，非智力因素是燕国材教授于 1983 年 2 月 11 日《光明日报》发表的《应重视非智力因素的培养》一文在国内首次公开明确地提出的，他不仅明确提出了非智力因素概念而且论及非智力因素培养的重要性问题。一石激起千层浪。该概念不胫而走，很快就引起了全国教育界的强烈反响。之后经过两年的探索，他于 1985 年 9 月又发表《一种新的学习理论的探索》一文，提出了智力（I）与非智力因素（N）结合论的学习理论，简称 IN 结合论。1998 年，他还出版了《学习心理学：IN 结合论取向的研究》一书。在此理论的指导下，他又组建了非智力因素研究组自编"测查问卷"，对非智力因素进行实证研究；并到中小学校中，将之运用于实际的教学（学习）过程，广泛地开展了实践研究。①

他因此也被认可为"非智力因素"的首创者。此后他对非智力因素进行了一系列系统研究，出版了多本专著。在他的倡导和推动下，"非智力因素"成为 1989 年版朱志贤主编的《心理学大辞典》的词条。我以为最能体现他的非智力理论核心的就是他的一个公式：A＝f（I・N）。这个公式的基本含义人们早已耳熟能详，无须解释。我想就这个公式的学术意义和对他个人的意义作些解读：

1. 学术意义

（1）窃得国外的"火"，来煮自己的"肉"

在现代心理学教科书中有很多公式语言的表达。人们熟知的行为主义的 S－R 公式。德裔美国心理学家，拓扑心理学的创始人，实验社会心理学的先

---

① 王小燕，卞军凤. 追根溯源：找寻教育学与心理学结合的契合点——燕国材教授学术思想精髓评述 [J]. 国家教育行政学院学报，2006，(8)：8—15.

驱，格式塔心理学的后期代表人，传播学的奠基人之一，现代社会心理学、组织心理学和应用心理学的创始人，被称为“社会心理学之父”的库尔特·勒温（Kurt Lewin，1890—1947）也是用 B＝f（P E）表达他的群体动力学的理论的；动机期望理论用：激发力量＝效价×期望概率（$M=\sum V \times E$）来表达人们动机产生的原因和强度。赫尔驱力递减学说是用下列公式表达的：

$$SER = K \times D \times V \times J \times sHR - (IR \times sIR) - sOR$$

（其中，E 为反应潜能，K 为诱因动机，D 为内驱力，H 为习惯强度，S 驱力刺激，V 是刺激强度的动力机制，J 反应阈限，I 抑制潜能，sOR 为波动机制）

在心理学中这样的公式还有很多，但是由中国人自己提出的却寥寥无几。燕国材教授应该是最早采用这种思维方式建构自己理论的中国心理学家，这种理论自信、文化自信的精神是值得我们学习的。这种“窃得别国的火来，煮自己的肉”的精神就是鲁迅说的“拿来主义”。心理学研究不应该拒绝西方或其他民族的一切方法，无论什么方法、什么思维方式，只要对我们的研究有利，只要能够解决我们的实际问题都应当及时吸收到我们的研究中来，但“火”可以是别人的，“肉”却应当是自己的，也就是说，我们可以吸收全人类一切先进的理论、方法来解决中国人的现实心理问题，在充分研究的基础上，设法建构自己的理论，即所谓“开宗立派”。燕国材教授将他的 IN 结合学习论概括为三条核心思想：即一个目的：尊重学习者的主体地位，发挥学习者的主体作用，调动学习者的主体积极性。一条假设：一般地说，人的智力水平差别不大，但非智力因素水平差别很大。一个公式：在其他条件相同的情况下，A＝f（I·N）。这一公式的基本内涵是，假定客观条件（E）大致相同，则学习的成功（A）是由智力因素（I）与非智力因素（N）共同来决定的。从理论上看，这个公式克服了西方三大学习理论派别在处理学习变量（影响学习的因素）方面的片面性；从实践上来说，该公式为教育教学改革提供了心理学依据。通过多年研究，他将 IN 结合论的实质概括十个命题，在此不一一赘述。众所周知，行为主义学习理论认为人类一切行为都是由刺激（S）—反应（R）构成的，在刺激和反应之间不存在任何中间过程或中介变量。因此学习者的学习动力不可能来自有机体内，他们只能将学习的动力归结为外在的强化。这种情况直到班杜拉才有所改变，班杜拉提出了自我强化、自我效能感等观点。认知主义也是如此，他们更多强调学习者的认知加工过程，比如加涅的认知加工模型，强调瞬时记忆、短时记忆和长时记忆在学习中的作用，对学习动力问题仅仅假设了一个“预期”而已。在他的八阶段学习论中也只有“预期”，对应的教学事件是“告知学习目标，激发动机”。[①] 对学习复杂的动力系统问题只是简单地归结为学习动机，对情感、意志、性格、道德、健康、环境等等视而不见。布鲁姆的目标分类学习理论，虽然将学习目标划分为认知领域、情感领域和动作技能领域，也关注到情感以及毅力在学习动力中的作用，但是：第一，他本人并未研究情感领域的问题；第二，他是将学习动力问题与学习操作加工分割开来进行考查的；第三，除了认知目标领域探讨较为成功，在其他两个领域都不甚成功。总之，无论是西方的行为主义学习理论还是认知主义学习理论都未系统探讨学习的动力系统问题，要么简单将其归结为“预期”或动机，要么归结为情感或毅力，人本主义学习理论虽然重视人格在心理与行为中所起的作用，但是他们对学习的操作或加工领域重视不够。燕国材教授的 IN 结合学习理论中智力因素 I 属于学习的操作或加工系统（加涅称之为“执行系统”），而 N 则是动力系统，比起加涅仅仅将动力系统归结“预期”，比起布鲁姆仅仅将动力系统归结为情感，比起行为主义仅仅将动力归结为“强化”，其内容要丰富得多系统得多。这可以说是中国学者自己创立的学习理论。

目前中国心理学当下的发展态势却很令人担忧，许多中国的心理学研究者在用西方心理学“火”非常卖力地来替西方心理学“煮”肉。中国社会有

---

① 燕良轼主编. 教育心理学——理论、实践与应用［M］. 杭州：浙江教育出版社，2016：181.

那样多的现实心理问题期待我们心理工作者去解决，可是我们的学者却在忙于为西方的理论、方法找证据，这导致我们的心理学研究至今鲜有能被世界心理学界公认的理论和心理学大家，我们至今还没有像皮亚杰、弗洛伊德、维果斯基那样的心理学大师出现。从这一点看起来，燕国材的研究精神是可贵的，他贵就贵在他利用现代心理学家普遍使用的思维方式，扎扎实实地研究中国问题，具体地说是研究中国的基础教育问题，独立地提出中国的“非智力因素”概念，并建构出自己的学习理论。只有当这种精神成为中国学术界的主流精神时，中国学者的原创性水平才能真正提高。

(2) 非智力因素具有较高的生态化效应

非智力因素概念及其理论的提出，不是燕国材教授坐在书斋中杜撰出来的，而是他在深入了解当代中国教育现实的基础上提出的，因此这个概念一经提出，就得到广大一线教师，尤其是中小学教师和实际工作者积极回应。不夸张地说，自中华人民共和国成立以来，由中国学者自己提出的概念在中国基础教育领域影响之大，一个是非智力因素，一个是素质教育，后者因有政府的推动，成为中国教育界一个原创性的风景，而非智力因素及其 IN 结合学习理论则完全由学者、中小学自发开展研究与实践而流行概念与理论。由此可见非智力因素绝不仅是一个书斋中的概念，而是具有较高生态化的概念，它在相当一个时期代表了中国中小学教育者的心声，提出教育实践领域中的真问题，并在全国范围内几十所中小学、幼儿园设立“非智力因素”实践教学基地，为切实推进我国素质教育做出了重要的贡献。非智力因素概念及理论是在举国上下都沉浸在开发智力、培养能力的氛围中发现的新问题，该理论成功地解决了中小学存在重视智力，轻视学生性格养成以及品德培养的问题，弥补了以往学习理论不足，改变了西方学习理论将学习的加工系统与动力系统分离的现象。

(3) 引发中国心理学界与当代教育史上一次学术争鸣，对繁荣学术起到促进作用记得希尔加德在评价桑代克时曾说，在学术领域，批评是最高的奖赏。中国心理学历史上有过三次影响较大的学术争鸣。张耀翔在《中国心理学的发展史略》中将其称为“论战”，据其记载：“民国以来共开展心理论战三次：（一）心灵论战。参加者有陈大齐、陈独秀、易乙玄等，在《新青年》发表。（二）本能论战。参加者有郭任远、李石岑、严暨澄等，在《东方》《教育杂志》及《学灯》发表。（三）测验论战。参加者有张师石、陆并谦等，在《学灯》发表。”① 这几次争鸣客观上都对中国心理学发展起到了促进作用。但是几次争鸣都发生在中华人民共和国成立前，而在20世纪80年代末90年代初在中国心理学界和教育界掀起的非智力因素的争鸣其影响面更大，讨论得更为充分。自燕国材教授提出非智力因素概念后，在中国学术界产生了广泛而热烈的讨论，有众多学者参与了这次学术争鸣。这应当算中国心理学史上第四次学术争鸣，按张耀翔的说法是“论战”。其中参与学者之多，影响面之广是前三次学术争鸣无法比拟的。其中参与的刊物有《华东师范大学学报》（教育科学版）、《江西教育科研》《上海师范大学学报》（教育科学版）、《争鸣》等。我本人也参与了这场学术争鸣。这一争鸣从客观上起到促进学术繁荣的作用。这场讨论使人们对非智力因素及其理论的认识更加深化。从争鸣中人们才发现，原来西方现代心理学中也有非智力因素的观点。美国心理学家亚历山大（W. P. Alexander）在1935年所发表的《具体智力与抽象智力》一文中就提出“非智力因素”的概念；1950年韦克斯勒（D. Wechsler）在《美国心理学家》杂志上发表《认知的，欲求的和非智力的智力》一文，专门探讨了非智力问题。近年来学者们又查到我国著名教育心理学家廖世承先生20世纪20年代在美国布朗大学所撰写的博士论文就是以非智力因素为题目的。通过这次学术争鸣，不仅证明非智力因素是一个科学概念，而且证明中国“非智力因素”与西方心理学界有不同的理解。在西方心理学界，非智力因素仅

---

① 燕国材，朱永新. 现代视野内的中国教育心理观［M］. 上海：上海教育出版社，1991：253.

仅是一个学术概念，是一个从属于智力的概念，这个概念也没有对西方教育界产生什么大的影响。而燕国材教授提出的非智力因素概念，却是一个与智力并列的独立概念，并在教育界不胫而走，产生了重要影响。西方非智力因素的概念并没有形成系统的理论体系，而燕国材提出非智力因素概念却形成了三个核心思想，一个公式，十个命题，是一个系统的理论建构。燕国材的研究告诉我们，面对西方心理学，中国学者完全不应自卑，中国学者有能力提出自己独树一帜的理论。

2. 个人价值

我们从很多发明创造的历史故事中可以发现，许多发明创造都与研究者个人经历或个性密切相关，甚至可以说，真正的创造是创造者对自我的发现与建构。发明创造的过程是创造者寻找自我、发现自我、建构自我的过程。赫尔之所以用“假设——演绎”体系来表达他的新行为主义理论，与他早年在阿尔玛学院学习数学和工程学有密切关系。他在1942年出版的《行为的原理》一书中，用定量和演绎的方法建立了一套公设（17个公设）体系，这些公设大多用数学方式来表述的。他自信这套公设能够说明有关学习与动机的问题。多元智力理论家霍华德·加登纳（Harward Gardener）所以创立多元智力理论是与自己在小学三四年级时经常在韦氏智力测验中获得较差成绩密切相关，他由此发现韦氏智力测验不能测量到人的创造能力和实践能力，最后立志改变这种评定智力的规则。燕国材教授之所以提出IN结合的学习理论也是如此。IN结合论也可以看作是他自己几十年读书、研究的体悟与亲证。可以说，他本人就是IN结合论的受益者。据我父亲回忆，燕国材教授早年在桃源县读小学时，因为家庭困难，他与我父亲都没有从小学一年级读起，而是在读了短暂的私塾之后，比他年长三岁的我的父亲是直接从小学四年级读起，而他则是直接从小学五年级读起，其目的是为了节省读书费用。他小学只读了一年就考入了桃源县的简易乡村师范学校。他在中学时代就因学习成绩和表现突出而担任桃源一中学生会主席，并以学生身份被选为桃源县第一届人大代表，出席中华人民共和国成立后桃源县第一届人民代表大会。在我们的家族中，叔叔从小就表现得很有才气、聪明，因为家庭贫困，他也很刻苦很用功，这种刻苦用功他保持了一生，即使在被错划为“右派”的20多年里，在“文革”期间，他从未间断读书学习，所以“文革”结束恢复名誉以后，他能很快脱颖而出，一系列的专著和文章问世，这些都表明他从非智力因素中所得到的收益。他从自己的学习经历中确证了IN学习理论。

一本专著:《先秦心理思想研究》

燕国材教授从青年时代就立下要干一番事业的志向。在中学时代十四五岁就开始陆续发表诗文，在北京师范大学教育系读本科期间就在《文汇报》发表长篇文章，以致《文汇报》的记者误认为他是北师大教授，其时他只是教育系大二的学生。大学毕业参加工作没多久就出版《马卡连柯的教育思想》。他一生中出版了50余部著作，在各类刊物发表500余篇文章。内容涉及理论心理学、中国心理学史、非智力因素、素质教育、教育管理等各个方面。我在此仅围绕他的《先秦心理思想研究》发表我一点看法。《先秦心理思想研究》是1981年由湖南教育出版社出版。这部书是改革开放后第一本系统研究中国心理学史的专著。对中国心理学史的学科建设具有始创之功。众所周知，早在20世纪20年代，我国就有学者研究中国心理学思想史。1922年景昌极《中国心理学大纲》、梁启超《佛教心理学浅测》、程俊英《中国古代学者论人性的善恶》《汉魏时代之心理测验》、金抟《孟荀贾谊董仲舒之性说》；1923年林昭音的《墨翟心理学之研究》、汪震《戴震的心理学》、徐谧棠《中国古代心理学》；1924年汪震《王阳明心理学》；1926年余家菊《中国古代心理学思想》、1931年万家淑《关尹子之心理思想》等。1940年张耀翔《中国心理学的发展史略》，系统阐述了中国古代心理学思想内容及其价值，提出了发展中国心理学的九条建议。其中包括“发扬中国固有心理学，尤指处世心理学，斯对世界斯学有所贡献”。此后曹日昌于1954年在《心理学通讯》第5期发表了《中国心理学历史遗产的研究方法问题》，但由于种种原因，对中国古代心理学思想的研究收效甚微，我国著名心理学家潘菽在“文革”劳动改造之余写出数十万字的《心理学简札》，其中有70余篇设计涉及中国心理学思想的研究，但此书的正式出版已经是1984年。所以说真正以个人的一己之力按照历史年代系统研究中国古代心理学思想的就是燕国材先生。当时一些忧国忧民的学者唯恐中国古代心理学研究出自外国学者之手，看到燕国材先生写出了中国人自己的心理学思想史著作都非常兴奋。此书出版后成为10年中心理学界影响最大10本专著之一，也受到国际心理学界的重视。一花引来百花开，他本人也一发不可收拾，陆续出版《汉魏六朝心理思想研究》(1984)、《唐宋心理思想研究》(1987)、《明清心理思想研究》(1988)，组成一个研究系列。此后他又陆续出版了《现代视野内的中国教育心理观》(1991)，在台湾东华书局和浙江教育出版社出版《中国心理学史》(1996)，主编了《心理学史》(中国卷，2004)、中外心理学比较史（第一卷）。他还主编了《中国心理学史资料选编》(4卷)，中国大百科全书《中国心理学史》分册。他还在潘菽、高觉敷两位著名心理学家的领导下，参与编写潘菽、高觉敷共同主编的《中国古代心理学思想研究》(江西人民出版社出版，1983)，被视为中国心理学史学科第一部较全面系统的学术专著和统编大学教材。这也是中国心理学会成立60年后仅有的一本关于我国古代心理学思想研究论集。潘菽任顾问，高觉敷任主编，燕国材、杨鑫辉任副主编的《中国心理学史》是我国第一部《中国心理学史》部编教材（1986)，这也被视为中国心理学史学科正式建立的最主要标志。他是潘菽、高觉敷领导下中国心理学史研究的专家共同体的主要成员之一。他是中国心理学史成为一门独立学科的创建者之一。他也是最早（1986）在国内招收中国心理学史方向研究生导师之一。上海师范大学、江西师范大学和河北师范大学先后招收和培养中国心理学史硕士生。在此请允许我引述一段我的《中国心理学研究的继承与创新》

里的一段话："我们不能不为以潘菽、高觉敷、燕国材、杨鑫辉、赵莉如等为代表的老一辈心理学家在中国心理学史研究中取得的骄人成就而自豪。正是他们这一代人，怀揣着建立中国人自己心理学的梦想，在浩瀚的传统文化典籍中，'焚膏油以继晷，恒兀兀以穷年'，梳理出中国心理学史基本轮廓与体系，使中国心理学史终于成为心理学大家庭中的一个成员。"①

历史是一个民族的集体记忆。历史之所以值得研究就在于它需要对已经过去的事实不断赋予新意义、新价值。梁启超说："历史的目的在于将过去的真事实予以新意义或新价值，以供现代人活动之资鉴。"历史需要新注意、新事实、新联系、新改正、新估价（《中国历史研究法》，1988），燕国材教授的《先秦心理思想研究》中有这样几个特点，这几个特点为后面的研究奠定了基础和确定了方向：

第一，他将建立中国人自己的心理学体系作为研究目标。因此他不是为研究历史而研究历史，而是与许多老一辈心理学家一样以建立中国人自己的心理学体系为己任的。在《先秦心理思想史》的序言中他就写道："作为一个有数千年文化传统的社会主义大国，随着四个现代化事业蓬勃发展，有必要也完全有可能建立中国的心理学，或使心理学中国化。"② 第二，倡导中国心理学史研究应坚持科学精神与人文精神的结合。第三，坚持本土化特色与国际视野的融合。第四，明确心理学史研究的对象、范围、途径与方法。第一次明确划分心理学思想和哲学思想、社会政治思想、伦理思想、逻辑思想和教育思想的界限，为中国心理学史研究方法论体系的建构明确了方向。总之，《先秦心理思想研究》是燕国材教授几十年从事学术研究的一个学术标志，也是他后面许多学术成果的一个里程碑式的标志，也是中国古代心理学史研究的一个标志，也是他原创性科研成果的一个重要标志。

---

① 燕良轼. 中国心理学史研究的继承与创新［J］. 载《南京师大学报》（社会科学版），2014（5）：118－125.

② 燕国材. 先秦心理思想研究［M］. 长沙：湖南人民出版社，1980：12.

一句箴言：标新立异，自圆其说

创新是一个民族的灵魂，创新也是一个学者的灵魂。古今中外那些千古流芳的思想家、科学家、艺术家无不都因自己的创造而名垂青史。《北史·祖莹传》："作文须自出机杼，成一家风骨。"唐宋八大家之一的韩愈就非常重视创造性。他要求人们勤与思、博与专的最终目的，就是要达到"抒意立言，自成一家新语"（《进学解》）。他鼓励学习者不要蹈常习故，"与世沉浮"，而要"深探力取"，"能自树立"，打破老框框，发扬革故创新的精神。他特别反对"踵常途之促促，窥陈编以盗窃"那种钻在故纸堆里拾人牙慧的人。韩愈自己在这方面起到表率作用。他吸收了《春秋》内容的严谨、《左传》的文辞华美、《易经》的奇变有法、《诗经》的理纯文丽等各尽奇妙的方法，从而创造出内容精深博大、文辞波澜壮阔的文章，成为"文起八代之衰"的一代巨匠。[①] 宋代大文豪苏东坡常以"自是一家"引以为自豪。明末清初文学家、戏剧家李渔倡导诗词创作与欣赏的核心理念就是"三新"，即"意新""语新""字句新"。

燕国材教授在研究与写作中坚持"标新立异，自圆其说"的观点显然是对中国传统创新精神的继承与发扬。"标新立异"就如胡适所说的"大胆假设"，就是"自出机杼"；"自圆其说"，就是胡适所说的"小心求证"，就是"自成一家新语"。他还引用清代历史学家的话说"代不数人，人不数言"的观点。其意是说，在人类历史上真正能够名留青史的人物每个时代不过数人，历史的天空最灿烂的就是那么几颗星，而即使这些能够青史留名的人物经常被人提起的也不过几句话（"数言"）。可见创造、创新之重要。他认为，就是写一篇科普文章都应当有自己的新意，都应当有前人没有的见解与观点。

---

① 燕国材. 先秦心理思想研究［M］. 长沙：湖南人民出版社，1980：12.

“标新立异”体现了他的创新精神，是其治学之灵魂；“自圆其说”是科学求证精神。这句箴言表明他一方面注重大胆创新，另一方面体现了他严谨的治学态度。

我从青年时代就跟随燕国材教授学习，因为是叔侄关系见面请教和讨论的机会也相对多一些，所以他的这种治学态度与精神对我思维方式和文章写作有很大影响。在他的思想影响下，我虽愚钝，但还是努力试图追求在自己论文中要有新意，要有自己独立的见解，没有自己观点的文章尽量不写。我的这种追求的确取得了一点成效。现仅就几篇有点代表性文章及其观点加以表述：1999 年我发表了《精神节约论：〈道德经〉心理学思想研究》，我受到马赫与阿芬那留斯“思维费力最小原则”与“思维经济原则”的启发，将《道德经》心理学思想的核心概括为“精神节约”，我认为从心理学角度看，这是《道德经》最富逼真度的命题，至少它是我的独到见解，与任何学者的研究都不重复。“标新立异，自圆其说”对我的学术胆量提升起很大作用。在这种精神鼓舞下，我于 2011 年在第 5 期《心理科学》上发表了《中国理论心理学的原创性反思》，对当前中国心理学研究中缺乏原创性问题提出较为尖锐的批评，此文在发表时被列为纪念中国心理学会成立 90 周年首篇文章，并加了编者按。2013 年第 5 期《心理科学》发表我的《差序公正与差序关怀：中国人道德取向中集体偏见》，后《中国社会科学》详摘时将题目改为《中国人道德取向中差序公正与差序关怀》。受到费孝通“差序格局”概念的启发，我将中国传统道德取向定位于“差序公正”与“差序关怀”，至少是一家之言。2018 年第 5 期，《新华文摘》详摘了我的《教育要聚焦于青少年的人性成长》，我认为当前青少年出现的很多问题，是因为教育更多关注他们的知识、能力，而对他们的人性教育有所忽略，甚至出现知识的学习伤害人性的现象，提出教育要从是非心、羞耻心、恻隐心（同情心与怜悯心）、宽恕心、孝敬心、诚信心、感恩心、责任心八个方面提升青少年的人性水平。

我的这些见解的获得，都是受到燕国材教授“标新立异，自圆其说”精神的启发而获得的一点感悟，虽然不足与大学问同日而语，但毕竟是自己的一得之见，敝帚自珍。

一个概念：素质教育

在20世纪80年代末90年代初，中国大陆的教育界掀起了素质教育理论与实践探索的热潮，燕国材教授在素质教育的理论探讨中也做出了自己的贡献：他从1990年2月16日《解放日报》发表《论素质教育》一文起，陆续在各种刊物发表论文20余篇，并出版《素质教育论》《素质教育概论》两本专著，同时还主编出版《素质教育概论》《身体素质教育论》《心理素质教育论》《社会素质教育论》和《创造素质教育论》的五本“素质教育论丛书”。面对众多素质教育的主张，燕国材教授以其独特而系统的观点被公认为是素质教育理论的重要倡导者和推进者。首先，他规范了素质与素质教育的性质、分类和结构。他认为，素质是人们先天具有与后天习得的一系列特点和品质的综合。可分为三类八种。三类是身体素质、心理素质、社会素质，而创新素质则是这三类素质相当发展甚至高度发展的集中体现，但不是与这三类素质平行的另一类素质。八种是：身体素质、心理素质、政治素质、思想素质、道德素质、业务素质、审美素质、劳技素质。他还论证了素质教育的支持理论：教育人本论是实施素质教育的基础，学生主体论是实施素质教育的前提，心理内化论是实施素质教育的关键，IN结合论是实施素质教育的抓手。在此基础上，他考察了素质教育的六种模式：成功教育、愉快教育、情境教育、主体教育、和谐教育、创造教育等。针对实际，他还提出了素质教育的五条原则：主体性原则、激励性原则、和谐性原则、发展性原则、成功性原则。以及实施素质教育的“五化”：素质教育规律化、素质教育人本化、素质教育课程化、素质教育活动化、素质教育行为化。①

随着素质教育的理论探索与实践的影响越来越大，波及的范围越来越广，在学术界就出现了有关“素质教育”概念发明权的问题讨论。当我从一篇文章中读到某位学者认为燕国材教授是“素质教育”概念的提出者后，曾向他询问，素质教育概念究竟是国内哪位学者提出的，燕国材本人头脑十分清醒，明确表示，素质概念是当时国家教委副主任柳斌先生率先提出的，发明权应当是柳斌先生的，自己只是素质教育的倡导者和推动者之一。由此可见，燕国材教授作为一个学者的实事求是的精神，是谁先提出的就是谁提出了，不能在荣誉面前贪天之功为己有。这才是一个学者正确的科学态度。但这并没有妨碍他在素质教育理论的探讨中发挥自己的作用，建构自己独特的理论体系。

一个启示：来自王国维的“心育”

在心理学应用领域，心理健康教育多年来最受人瞩目，无论是高端学者还是一线的实际工作者。在国内许多学者都对此做出了贡献。燕国材教授也以其所独特占有的思想资源和视角对这一领域给予关注。他受王国维“心育”思想的启示对心理教育发表了许多独到见解。王国维在《论教育之宗旨》有这样的观点：“教育之宗旨何在？在使人成为完全之人物而已。何为完全之人物？谓人之能力无不发达调和是也。人之能力分为内外二者：一曰身体之能力，一曰精神之能力。发达其身体而萎缩其精神，或发达其精神而罢弊其身体，皆非所谓完全者也。完全之人物，精神与身体不可谓不调和之发达。而精神中又分为三部：智力、感情及意志是也。对此三者而有真善美之理想，真者智力之理想，美者感情之理想，善者意志之理想也。完全之人物不可不

① 王小燕，卞军凤. 追根溯源：找寻教育学与心理学结合的契合点——燕国材教授学术思想精髓评述［J］. 国家教育行政学院学报，2006：（8）：8—15.

具备真善美之三德，欲达此理想，于是教育之事起。教育之事亦分三部：智育、德育（意志）、美育（情育）是也。”① 首先，王国维将人的能力概括为内外两种，即身体能力和精神能力。精神能力就是心理能力，可以简称为“心力”。第二，精神能力即“心力”又包括智力（认知）、感情（情感）及意志三个方面。因此教育也以智育（培养认知）、美育（培养情感）、德育（培养意志）相应对。第三，一个“完全之人”（全面发展之人），应当身体能力与精神能力，即体力与心力和谐发展之人，用王国维的话说就是身体能力与精神能力二者的“调和之发达”，二者有一方面“萎缩”都不能成为“完全之人”。燕国材教授是以他深厚的国学功底参与20世纪80年代对于心理教育问题讨论的，因此在当时西方的“积极心理学”尚未介绍到中国来的背景下，他已经认识到：心理教育不能只局限在对有问题或有某些心理障碍的少数人实施的教育，而是要面向没有心理疾病或障碍的多数人而展开的。他在《关于心理教育的几个问题》等多篇文章中都表达了这样的观点：心理教育主要有两种形式：一是培养心理素质，促进心理健康；一是解决心理问题，保持心理健康。并认为前者是积极的，主导的，后者是消极的，辅助的。在心理教育中必须二者主辅结合，才能相得益彰。他同时主张，心理教育应当成为全面发展教育的有机组成部分，没有心理教育（“心育”）的全面发展，教育是不完整的，而且也不可能收到应有的效果。

我们认为任何思想的产生都有其思想资源做后盾的，中国传统文化应当是中国文化学者一个重要的、取之不竭、用之不尽的思想资源宝库，作为一个中国学者切莫忽视这个思想资源宝库。这是燕国材教授给我们的重要启示。他的“心理教育”的许多观点因受到古代思想家，尤其是王国维思想的启示，他也给了我们这些后来者很大启示。

以上五个方面有一个共同特点：燕国材教授很注重原创性，不人云亦云，

---

① 燕国材，朱永新. 现代视野内的中国教育心理观［M］. 上海：上海教育出版社，1991：233－234.

他在以上每一个方面都有自己独立的思考和深刻见解，甚至建构出独树一帜的理论体系。我相信他的许多观点一定有许多值得商榷的地方，他的理论体系也并非尽善尽美，但是他的那种“标新立异，自圆其说”的探索精神，那种“咬定青山不放松”的价值追求精神，那种融通古今、服务现实的精神是作为一个学者最宝贵的精神。

以上是我用五个“一”作为观测点，对我的叔叔燕国材教授的学术思想与成就所做的一点不成熟的点评与解读，或许有爱屋及乌的溢美之词，但好在我们的文化传统中就有“内举不避亲，外举不避仇”的古训，只要我本着实事求是的原则，就会得到各位的理解，即使在解读的过程中有不当或错误，也会得到善意的批评和指正。在此之前我从未写过任何研究燕国材先生的文章，第一次命笔可能不知所云，尚望各位海涵。

在此我非常感谢上海师大的各位领导对燕国材教授多年的关怀！

感谢上海师大教育科学院全体师生多年来对燕国材先生的关心！

感谢为此次会议的举行付出艰辛劳动的各位！

感谢来自各地的燕国材教授的学生和朋友！

感谢与会的所有来宾！

感谢！感谢！说不尽的感谢！

在燕国材教授90华诞之际，我作为他的侄子、学生，谨以此文表达我对他的衷心的祝福，祝他老人家健康长寿！唯愿君寿超彭祖，二度耄耋再庆生！

【作者简介】

燕良轼，男，博士，湖南师范大学教育科学学院心理学系教授，博士生导师。兼任湖南师范大学文化心理与行为研究中心主任，中国心理学会质性专业委员会副主任，《中国临床心理学杂志》编委。湖南省心理学会副理事长，长沙市心理学会理事长。

第二辑

燕师论道

谈谈学习心理的几个问题

燕国材

学习心理是教育心理学的一个重要组成部分。它不是研究学习什么，或应该学习什么，而是研究如何学习。其具体内容主要为：什么是学习？学习是如何进行的？怎样才能促进学习？在教育工作中，组织学生学习是一项基本任务。学习与教学可以说是同一事物的两个不同侧面：从教师来说是教学；从学生来说便是学习。因此，学习心理与教学心理实质上是一致的。现仅就学习心理的几个一般性问题，谈谈自己的一些看法。不妥之处，尚祈指正。

一、什么是学习

学习这两个字是孔子首先联在一起讲的。他曾说："学而时习之，不亦说（悦）乎？"① 但尚未组成一个复合词。

《礼记·月令》篇中有"鹰乃学习"一语，这可能是学习二字结合在一起的真正来源。但这里的学习二字仍然是两个词。"鹰乃学习"是说小鹰在学着飞翔，根本不是说小鹰在学习别的什么。

① 《论语·学而》。

总之，在我国古代，学与习两个字总是分开说的。一般说来，古代所讲的学，其基本涵义是获得知识、技能。但它有时指接受感性知识与书本知识，同思、行相对称，有时兼有思的涵义。古代所讲的习，其基本涵义是巩固知识、技能。但它一般有三种涵义：一是温习，二是实习，三是练习；有时还兼有行的意思。它相当于我们今天所说的复习巩固、练习应用。这样看来，所谓学习，实际上是我国古代学、思、习、行的总称，而学——思——习——行的过程，也就是学习的过程。

学习有广、狭二义。按照心理学系统论的观点来看，从最广义的到最狭义的学习，至少有四个层次。

最广义的学习是指人和动物在生活过程中获得个体的行为经验的过程。如果根据巴甫洛夫学说，凡是能建立条件反射的有机体，就有学习行为。它是动物和人类有机体生活中的普遍现象。可见，最广义的学习包括动物的学习和人类的学习。

次一级的广义学习指人类的学习而言。它相对于动物的学习来说，具有几个显著的特点：一是人类的学习，除了获得个体的经验以外，还要掌握几千年来人类所积累的社会历史经验，即科学文化知识。二是人类的学习，总是在改造客观世界的劳动过程中，在同其他人们的交往的过程中进行的，它是通过语言的中介作用掌握人类历史经验的过程。三是人类的学习，乃是一种自觉的、积极的、主动的过程。人类的学习包括学校中的学习和日常活动中的学习。

再次一级的学习指学生的学习。学生的学习是在教师的指导之下，有目的、有计划、有组织、有系统地进行的，其内容大致可以分为三个方面：一是知识和技能的获得与形成；二是智力和能力的发展与培养；三是思想认识、道德品质和行为习惯的培养和提高。荀子说：“君子博学而日参省乎己，则知明而行无过矣。”[①] 这里所说的“知明”和“行无过”，显然是就学生学习的全部内容来讲的。

最狭义的学习专指知识和技能的获得和形成，以及智力和能力的发展和培养而言。我们的学习心理，主要是指这种学习说的。

二、学习的过程

从人类的学习来看，学习过程与人的认识过程基本上是一致的。

列宁说：“由生动的直观到抽象的思维，并从抽象的思维到实践，这就是认识真理，认识客观实在的辩证的途径。”[②] 人的学习也是由感性认识到理性认识，再应用到实践中去。但就学生的学习来说，它除掉具备认识过程的一般性质外，还具有这么几个特点：第一，它所掌握的是现成的知识，而不是去发现新的知识；第二，它必须运用有效的方法去巩固记忆，从而在已有知识的基础上去获得新的知识；第三，它是在教师和成人的指导下进行的，这样就可以减少摸索，少走甚至不走弯路。

学习又是一个艰苦的脑力劳动过程。乌申斯基早就指出了这一点。我国近代著名学者王国维在《人间词话》中，用古人词作中的名句，说明学习必须经历的“三境界”，对我们很有启发意义。

“昨夜西风凋碧树。独上高楼，望尽天涯路。”是第一境界。比喻人未进入学习以前，看到学海无边，知也无涯，不知从何学起。

“衣带渐宽终不悔，为伊消得人憔悴。”是第二境界。比喻人进入学习以后，为了能有所收获，有所进步，刻苦努力，在所不顾。

“众里寻她千百度，蓦然回首，那人却在灯火阑珊处。”是第三境界。比

---

① 《荀子·劝学篇》。

② 列宁. 哲学笔记·黑格尔逻辑学一书摘要［M］. 人民出版社，1956 年第 1 版，第 155 页。

喻人经过刻苦学习之后，取得了很大的成效，豁然开朗，乐也何如！

学习确实是一个由不知到知、由知之甚少到知之甚多的过程。只有那勤奋学习、刻苦钻研、锲而不舍、一往直前的人，才能取得学习的效果，达到学习的目的。

学习的具体过程，根据我国先秦儒家的观点，可以分为立志、博学、审问、慎思、明辨、时习、笃行等七个阶段。现结合前述学、思、习、行四个阶段，并联系现代心理学所说的感知、理解、巩固、应用四个阶段，可将学习的过程列表如下：

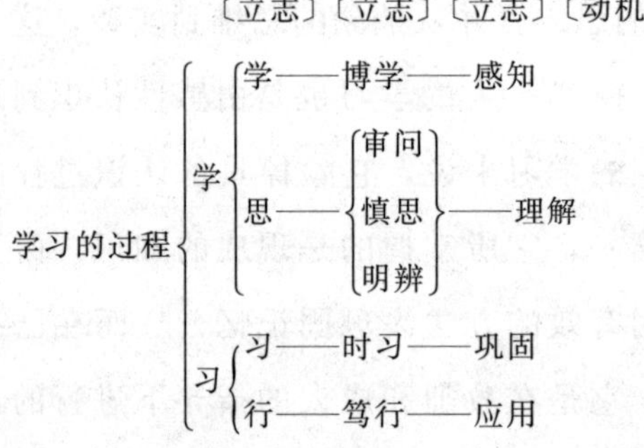

三、学习的原则

（一）积极主动

积极主动就是在学习中要发挥心理的能动作用，使全部心理活动处于高度的积极状态。我国古代许多教育家都很重视这一原则。例如，孔子提倡“好学乐学”，孟子倡导“深造自得”，荀子鼓励“锲而不舍”，等等，都含有这层意思。

学习为什么要贯彻积极主动的原则呢？这主要是由人的学习的基本特点所决定的。前面说过，人的学习是一个自觉的、积极的、主动的过程。因此，学生不应当单纯地是学习过程的客体，消极被动地去接受知识，而应当成为学习过程的主体，积极主动地去探求知识。只有这样，才能以较高速度和难度去掌握科学知识，不断地提高学习质量。

怎样贯彻积极主动的学习原则呢？主要的就是要做到如下几点：

激发动机。学习活动总是从一定的动机出发，并指向于一定的目的。学习动机就是直接推动学生进行学习的心理动因。要提高学生的学习效率，单纯靠延长课时，搞“题海战术”，不是好方法，只有激发学生的学习动机，才能调动其学习的积极性和主动性。我国古代学者所强调的“学习须是立志”，“立志不定，如何读书？”（均朱熹语）等，也就是这个意思。学习动机是非常复杂的，其分类也很多。但归纳起来，不外乎外在动机和内在动机。外在动机是在外在条件（如分数、竞赛、父母的奖励等）的影响下所产生的，这种动机的“内驱力”不大，也不持久。内在动机是由内部条件（如需要、求知欲、兴趣爱好、责任心等）转化而来的，它的“内驱力”较大，也比较巩固持久。这两种动机在一定的条件下可以互相转化。教师要善于掌握这种转化规律，在适当利用外在动机的基础上，把学生的外在动机转化为内在动机。

明确目的。所谓明确目的，就是确立定向基础。无论进行什么活动，都必须定向，学习活动也不能例外，而所谓确立定向，对学习来说，就是在学习活动展开之前，学习进程及其结果便以表象的形式存在于学习者的头脑之中了。

端正态度。主要指要虚心学习，即抱着“知之为知之，不知为不知”① 的态度；要不耻下问，甚至于要“以能问于不能，以多问于寡”②。

培养兴趣。兴趣有直接的和间接的，有外在的和内在的。一个具有浓厚兴趣的学生，他就会津津有味、乐不知疲地进行学习。所以孔子提出：“知之者不如好之者，好之者不如乐之者。”③

---

① 《论语·为政》。

② 《论语·泰伯》。

③ 《论语·雍也》。

使全部心理活动积极化。不仅认识活动要处于积极状态，情感活动和意志活动也要处于积极状态。脱离心理活动的积极状态，来谈论学习的积极性、主动性，那只是一句空话。心理活动积极化具体包括：注意集中、感知认真、想象活跃、思维积极、记忆巩固、情感充沛、意志坚强。而这些也就是有效学习的主观条件。

（二）循序渐进

循序渐进就是按照科学知识的体系和学习者的智能条件，有系统有步骤地进行学习。在我国，这一原则是宋代著名教育家朱熹首先明确提出来的。他说：读书必须“字求其训，句索其旨，未得乎前，则不敢求其后，未通乎此，则不敢志乎彼，如是循序而渐进焉，则意定理明，而无疎易凌躐之患矣。”[①] 他并且还以“升阶”“登山”“登塔”为喻，生动形象地说明了这个“循序而有常，致一而不懈”[②] 的道理。

学习为什么必须遵循循序渐进的原则呢？这主要的有三点：1. 任何一门科学知识都有它的严密的逻辑体系。这个体系一般地说，就是由简到繁、由浅入深。学习时就必须按照科学知识本身的系统，按部就班，循序渐进，才能把它真正学到手。2. 人的认识活动具有一定的规律性。这个规律一般地说，就是由表及里、由具体到抽象，由感性到理性。学习时就必须依照认识活动本身的规律，逐步深入、循序渐进，才能使学习获得成功。3. 人的大脑皮层形成暂时联系也具有一定的系统性。这个系统一般地说，就是由单一的暂时联系到多级的暂时联系，再到复杂的联系系统，在已有暂时联系的基础上去建立新的联系，并把新的联系纳入已有的暂时联系系统之中。学习也必须遵循这一规律。

怎样循序渐进地进行学习呢？1. 打好基础。老子说：“九层之台，起于

---

① 《朱子大全·读书之要》。

② 《学规类编》。

累土；千里之行，始于足下”[①]。学习任何一门科学知识，都必须从“双基”学起，打下扎实的基础。正如古人所云：“大抵有基方筑室，未闻无址忽成岑。”2. 逐渐积累。荀子说：“跬步而不休，跛鳖千里，累土而不辍，丘山崇成”[②]；反之，“不积跬步，无以至千里；不积小流，无以成江海”[③]。学问确实是一点一滴地积累起来的。3. 新旧联系。孔子说：“温故而知新”[④]。学习任何一门科学知识，都必须在已有的知识基础上去学习新的知识，并把新的知识纳入已有知识系统之中，这样新旧联系，系统学习，就能收到预期的学习效果。

（三）熟读精思

熟读精思就是遵循记忆与思维结合的规律进行学习。这一原则也是朱熹所明确提出的。他说：“大抵观书须先熟读，使其言皆若出于吾之口；继以精思，使其意皆若出于吾之心，然后可以有得尔。”[⑤]

学习为什么要遵循熟读精思的原则呢？这主要是因为：记忆和思维本是密切联系、相辅相成的。一方面，记忆是思维的基础，没有记忆，思维便会是无源之水；另一方面，思维是记忆的条件，没有思维，记忆只能是呆读死记。在学习中，只要读得熟，自然思得精，只要思得精，自然读得熟。可是，国外有两个学派；联结派（桑代克——斯金纳）强调记忆，忽视思维；认知派（格式塔——布鲁纳）强调思维，忽视记忆。很明显，两派都带有片面性。早在八百年前，朱熹就提出了熟读精思这一原则，把思维和记忆结合了起来，这难道还不足以使我们感到自豪吗？

---

① 《老子》六十四章。

② 《荀子·修身篇》。

③ 《荀子·劝学篇》。

④ 《论语·为政》。

⑤ 《朱子大全·读书之要》。

怎样贯彻熟读精思的原则呢？1. 加强复习，巩固所得知识；如果随读随忘，空空如也，结果等于不学。2. 加深理解，理解所学知识；如果囫囵吞枣，死记硬背，结果也等于不学。3. 在复习的基础上进行理解，在理解的参与下进行复习。

（四）博专结合

博专结合就是按照博学和精研相互联合、彼此促进的规律进行学习。这一原则也早已提出。例如，孟子就发表过很好的意见："博学而详说之，将以反说约也。"[①] 又说："守约而施博者，善道也。"[②] 可见他是主张由博返约、由约返博的。

学习为什么要博专结合呢？这是由于：第一，各门科学知识是密切联系的，它们相互交错，彼此渗透，你中有我，我中有你。所以要提倡文科学点理，理科学点文；一个知识面很窄的人是不大可能成为专家的。以科学和技术为例，19 世纪以前二者互不联系；20 世纪 30 年代以来，情况发生了激剧的变化，产生了科学的"技术化"和技术的"科学化"。现代科学技术发展的这一特点，对科技人才的知识结构提出了新的要求。不仅如此，自然科学和社会科学也进行嫁接，科学上，"到处是连理枝，到处是嫁接果"。第二，为了解决"生也有涯，知也无涯"的矛盾，又必须而且只能对某一方面进行深入的钻研。所以，在学习中，我们既要学有专长，又要广泛涉猎；既要专精，又要博览；既要精通一门学科，又要研究相邻学科。一句话，我们应当把广博与专精结合起来，在博的基础上去专，在专的要求下去博，不博不专，不专不博，博而后专，专而后博，博专结合，相辅相成。这就是博与专的辩证法。

怎样贯彻博专结合的原则呢？一是广读；一是精读。广读就是博览群书。

---

① 《孟子·离娄下》。

② 《孟子·尽心下》。

它需要理解而不重强记。它贵于范围大而失于肤浅。精读就是选择一两本书，慢咽细嚼，读深读透。它需要理解和强记。它贵于深入而失于范围狭窄。我们为了贯彻博专结合的原则，就必须把广读和精读结合起来。

(五) 知行统一

知行统一就是在学习中把理论和实际联系起来。关于知和行的关系，我国古代有许多学者都从不同角度论证过。如朱熹说："为学之实，固在践履，苟徒知而不行，诚与不学无异。然欲行而未明于理，则所践履者，又未知其果为何事也。"① 理论联系实际是马克思列宁主义的学风。如果单纯强调理论，不要实际，那就有可能成为教条主义者；反之，如果单纯强调实际，不要理论，那就有可能成为经验主义者。

学习为什么必须贯彻知行统一的原则呢？首先，这一原则反映了辩证唯物认识论的总规律。毛泽东同志说："实践、认识、再实践、再认识，这种形式，循环往复以至无穷，而实践和认识之每一循环的内容，都比较地进到了高一级的程度。这就是辩证唯物论的全部认识论，这就是辩证唯物论的知行统一观。"② 其次，贯彻这一原则，才能获得完全的知识。

学习中怎样贯彻知行统一的原则呢？首先要重视理论知识、书本知识的学习。在这一点上，赞可夫提出的"理论知识起指导作用的原则"，布鲁纳强调的"知识结构"，根舍因主张的"范例教学"，等等，都很有启发意义。其次，要重视理论知识于实际的应用。毛泽东同志说："对于马克思主义的理论，要能够精通它，应用它，精通的目的全在于应用。"③ 不仅学习马列主义的目的是这样，学习其他各门科学目的也是这样。最后要积极参加各种实践活动。

---

① 朱熹：《答曹元可书》。

② 毛泽东：《实践论》。

③ 毛泽东：《改造我们的学习》。

四、学习的方法

（一）模仿法

模仿法就是按照一定的模式去进行学习的方法。这一方法往往被教育工作者和教育心理学家所忽视，说它是有害于创造性的方法。其实，模仿法在很多方面都是有作用的。

模仿可以是有意的、主动的，也可以是无意的、被动的。“当一个人怀着今后尽力以同样或类似方式行动的意图去注意观察另一个人的行为时，他就是在进行有意的模仿”。“当一个人‘偶然学到’另一个人的作风或行为而没有意识到他是在这样做的时候，他就是在进行不自主模仿。”①

模仿又可以是重复性的，也可以是创造性的。如果一个人在模仿过程中，老是亦步亦趋，依样画葫芦，这便是重复性的模仿。我国古代邯郸学步的故事便是个典型。重复性的模仿确实有害于创造性的活动。如果一个人在模仿过程中，能够开动脑筋，别出心裁，做到“不取亦取，虽师勿师”（清袁枚语），这便是创造性的模仿。只有这样，才能“青出于蓝而胜于蓝”。我们应当在重复性模仿的基础上，尽可能多地进行创造性的模仿。

有很多学习，在很大程度上都是自觉地或不自觉地通过模仿来进行的。例如，语言的学习、技能的形成、临帖书写、模仿作文等等都离不开模仿。单纯重复别人的思维模式，当然不能学会独立的、创造性的思维，但是有助于独立的、创造性思维的某些品质和行为，却是可以被人模仿和效法的。模仿在养成道德品质和行为习惯上的意义更为显著。墨子说：“染于苍则苍，染

---

① 【美】华尔特·毕·科勒涅克著，陈云清译. 学习方法及其在教育上的应用［M］. 辽宁教育科学研究所等印（内部发行），第 19 页。

于黄则黄，近朱者赤，近墨者黑。”[①] 便含有此种意思。

正因为模仿有如此重大的意义，所以教师就应当注意示范和榜样。

（二）试误法

试误法又叫尝试错误法，为美国心理学家桑代克所首创。他用对动物的实验证明：在学习过程中，最初总要经历一些错误的尝试动作，以后随着不断的反复，错误的动作逐渐减少，成功的动作逐渐增多，最后便完全获得成功。其学习理论称为尝试错误说。

有人拼命反对试误法，认为人的学习是有意识、有目的的，承认试误学习的存在，就等于把人动物化。其实，在人的学习中，试误也是比较广泛存在着的。学习语言，形成技能往往都需要有一个试误的过程。特别是在解决复杂的、困难的问题时更是如此。众所周知，解决难题的过程的核心是提出和验证假说。所谓假说是指一种预感或者一种深思熟虑的猜测，这显然带有很大的尝试性。据此，我们认为，把学习全部归结为尝试错误是不对的；但完全否认尝试错误的存在也是不对的。

正因为学习中有试误存在，而且它也有一定的作用，因此，教师就一方面应当鼓励学生开动脑筋，大胆假设，小心求证；另一方面，也要加强指导，帮助他们缩短试误的过程，以收事半功倍之效。

（三）发现法

发现法为美国心理学家布鲁纳所倡导。在他看来，“发展不限于那种寻求人类尚未知晓之事物的行为，正确地说，发现包括用自己的头脑亲自获得知识的一切形式。”[②] 关于发现法，日本大桥正夫所作的界说是很有意义的。他

① 《墨子·所染编》。

② 布鲁纳著，邵瑞珍译. 发现的行为［M］，载《外国教育资料》（华东师范大学，内部发行），1978 年第 5 期。

写道："发现学习就是以培养探究性思维的方法为目标，以基本教材为内容，使学生通过再发现的步骤来进行学习。"① 这个界说，从目标、内容和方法三个方面对发现学习作了简单而明确的分析。

发现法又称"解决问题法"。它从儿童好奇、好问、好动的特点出发，在教师的启发引导下，围绕着一定的问题，依据教材和教师提供的材料，通过学生积极的思维活动，亲自探究和主动发现，产生新的领悟，从而得出相应的结论。从心理学的角度来分析，发现法有四个方面的好处：1. 能够发挥智力的潜力；2. 能够培养内在动机；3. 能够学会发现的试探法：4. 能够巩固记忆。

发现法是在教师或成人的指导之下进行的。其一般步骤是：1. 提出和明确使学生感兴趣的问题。也可置学生于一定的情境之中使之产生问题。这是引起探究思维的第一步。2. 把这些问题分解为若干需要回答的疑问，使学生体验到某种程度的不确定性，以便激起探究，明确发现的目标或中心。3. 提出解决疑问的各种可能的假设或答案，以便引导学生思考的方向，推测出各种答案。4. 协助学生搜集和组织可资下断语的有关资料，尽可能提供发现的依据。5. 组织学生仔细审查这些资料，从而得出应有的结论。6. 引导学生用分析思维去证实结论，对假设或答案从理论和实践上进行检验、补充和修正，最后使问题得到解决。

（四）SQ3R 法

据美国人哈里·马多克斯说，一种在美国大专院校行之有效，有助于系统学习的方法叫作 SQ3R 法。代表：纵览（Survey）、提问（Question）、阅读（Read）、背诵（Recite）、复习（Revise）。

1. 纵览。纵览就是先尽量弄清所读书本的目的之所在，阅读作者的序

---

① 大桥正夫著，钟启泉译. 教育心理学［M］. 上海教育出版社 1980 年版，第 56 页。

言，仔细查看目录和索引表，阅读各章的提要或小结（如果有的话），迅速浏览一下全书，以便对全书概貌有一个了解。

2. 提问。浏览自己准备细读的那些章节时，要认真琢磨书中的某些观点，并且把它和已掌握的有关观点相对比、相联系，要随手记下所想到的问题。

3. 阅读。通常要求读得慢而透彻。要把各章节中的大小标题牢记在脑子里。没有大小标题的，自己应当概括地予以写出。

4. 背诵。不是指逐字逐句的复诵或默记，而是能在理解的基础上，把有关章节的中心思想能提纲挈领地复述出来，当然也可以把某些极其重要的东西背诵出来。

5. 复习。需要长时间保留在记忆中的材料必须反复学习。

（五）HOT

苏联很重视“HOT”，几乎把它制度化了。所谓 HOT，系为“劳动科学组织”的俄语字母缩写。它的内涵主要为：

一定的作息制度；

学习和休息的合理安排；

容易的和困难的作业的适当交替；

学习场所的布置；

学习用品放在固定的地方；

一切必要的卫生措施，等等。

原发表于《上海师范学院学报（哲学社会科学版）》1971 年第 1 期

为什么要重视非智力因素？应重视非智力因素的培养

燕国材

近几年来，我国教育界对发展学生智力的问题特别重视，这是完全必要的，但是关于培养学生非智力因素的问题，却未引起应有的注意。现仅就管见所及，提出一些看法。

什么是非智力因素

非智力因素这个概念，顾名思义，是相对于智力因素来说的。关于智力因素，现在一般都认为包含这五个方面，即注意力、观察力、想象力、思维力、记忆力。可见，凡是智力因素以外的一切心理因素，都可以称为非智力因素，这是就其广义来说的。从狭义来说，我们认为，非智力因素主要指情感、意志、性格而言。很显然，这三种非智力因素在学生的学习中都起着很重要的作用。

情感能直接转化为学习动机，成为激励学生学习的内在动力，如果学生具有高度的学习热情，就会津津有味、不知疲倦地进行学习，从而大大地提高学习效果。

意志在学生掌握知识过程中的积极作用也是显而易见的，马克思说：“在科学上没有平坦的大道，只有不畏劳苦沿着陡峭山路攀登的人，才有希望达到光辉的顶点。”如果学生具有坚强的意志，就会在学习上苦下功夫、锲而不舍，从而有效地提高学习的质量。

性格在学生学习中的作用更为突出。因为性格是个性特征中的核心特征，是支配一个人的个性的那些心理特征的独特结合，它对学生的学习起深刻的影响。

成功=智力因素+非智力因素

古今中外，大量的事实表明：在其他条件相等的情况下，一个人的成功=智力因素+非智力因素。我们常常可以看到这样的情况：一个智力水平很高的人，如果他的非智力因素没有得到很好的发展，往往不会有多大的成就；反之，即使一个智力水平中等的人，如果他的非智力因素得到了很好的发展，也会取得很大的成功。我国一位甲骨文专家的两个学生的成就情况正好能说明这个问题。其中一个学生很聪明，另一个学生智力水平属于中等，但智力水平中等的这个学生知道自己的短处，学习比较努力，结果在我国古文字学方面，成为国内屈指可数的著名专家之一，那个聪明的学生却终生默默无闻。

国外许多有关的心理研究也证明：智力水平相同（至少中等以上）的两个人，一个人勤奋，自信心强，富有革新精神等，那他将会获得较大的进步与提高；反之，另一个懒惰，缺乏自信，喜欢墨守成规等，那他将难以取得大的进步。

古往今来，国内外许多著名的学者、科学家，除掉他们具有较高的智力水平（有的智力可能还是中常水平）以外，还由于他们有着热烈的情感、坚强的意志、独立自主的性格。无怪乎当有人向爱因斯坦请教成功的秘诀时，他写下了这样的公式：A＝X＋Y＋Z（A代表成功，X代表艰苦的劳动，Y

代表正确的方向，Z代表少说废话）。法国化学家、细菌学家、近代微生物学奠基人巴斯德说：“告诉你使我达到目标的奥妙吧，我唯一的力量就是我的坚持精神。”爱迪生认为，创造发明只要求一分的灵感，但必须付出九十九分的血汗，这“血汗”是属于非智力的，是人的坚强意志和性格的表现。

必须重视培养非智力因素

综上所述，在学校中，我们既要注意发展学生的智力，同时，又要重视培养学生的非智力因素。只有当这两方面都得到了较好的培养和发展时，才能保证多出人才。

对智力水平较高的学生，也要注意发展他们的非智力因素。常见的情况是：有些智力水平较高的学生，因为学习好、反应快，于是教师就对他们要求不严，甚至放任不管，久而久之，他们的非智力因素不但未能得到培养，反而会因不用而废弃了。结果，他们以后的发展平平庸庸。

对智力水平一般甚至较差的学生，更要重视培养他们的非智力因素。有的教师以为，对于这一类学生，只需抓智力的发展，不必抓非智力因素的培养。有的教师甚至认为，这一类学生抓学习都来不及，还抓什么非智力因素的培养和发展呢？这种看法是不对头的，正因为这类学生学习不好，就更需要注意发展和培养他们的非智力因素。

教师还要特别重视培养女孩子的非智力因素。众所周知，在中学阶段（一般是初三以后），有些女孩子的学习成绩落后于男孩子。其原因很可能就在于女孩子的非智力因素诸如坚持性、顽强性、自信心、进取心等较男孩子要差一些，因此，在教育工作中，我们在发展女孩子智力的同时，要特别注意她们的非智力因素的培养。

原发表于《光明日报》1983年2月11日版

再论凯洛夫《教育学》属于传统教育思想范畴

——与陈炳文、肖云瑞二同志商榷

燕国材

拙作《凯洛夫〈教育学〉属于传统教育思想范畴》（载《教育研究》1988年第6期。以下简称《一论》）发表后，受到了陈炳文、肖云瑞二同志的关注，并写了与我商榷的文章（二文均载《课程·教材·教法》1988年第1期。以下简称陈文、肖文或二文），使我高兴之余，并非常感激。我一向认为，一篇文章发表后，如果既没有人表示赞同，也没有人撰文商榷，有如石投大海，无声无息，那不是一件好事，至少也表明这篇文章没有产生什么影响。现拙作《一论》居然受到了陈、肖二同志的青睐，真是高山流水，怎么不令我“受宠若惊”、喜不自胜呢？同时，拜读二文之后，使我很受启发。这也就表明，在学术界展开“百家争鸣”是十分必要的。我现在即本着此种精神再谈几点想法，一以对二篇“商榷”进行商榷，一以向陈、肖二同志请教。

一、应当区分传统教育思想和现代教育思想

陈文说：“教育是有规律可循的，教育学就是反映教育规律的学问。只要它反映了教育规律，就毋须用什么传统现代来划分界限。”其言下之意显然

是，凯洛夫《教育学》（恕我仍这么讲。实际上，这个在我国已通行三十多年的简称是合理的，因为是主编负责制嘛！）是反映了教育规律的，怎能还玩什么划分传统现代的花样，而把它划归传统教育思想范畴呢？看来这是一个首先必须辨明的问题。

我以为，划分传统教育思想和现代教育思想是十分必要的，不能认为教育学反映教育规律就予以否认。因为教育思想反映教育规律，不是一下子就能完成的，它往往要经过一个相当长期的探索和发现的过程。在这个过程中，由于主客观条件的种种原因，有的教育思想可能没有反映什么教育规律；有的可能没有正确地反映教育规律；有的对教育规律的反映可能是片面的；有的对教育规律的反映可能缺乏深刻性，如此等等，不一而足。我以为，凡是主张划分传统、现代的人，一般都是以对教育规律的反映水平为依据的。就主要倾向说，传统教育思想对教育规律的反映是比较片面的、肤浅的，而现代教育思想对教育规律的反映则是比较全面的、深刻的。

在这里，我想仅就区分传统、现代的标志问题谈一些看法。从时间看，传统教育思想与现代教育思想是两个相对的概念。现在仍然有人认为，赫尔巴特及其以前的教育思想属传统的，赫氏后即自杜威以来的教育思想属现代的。我以为，这是把时间标志绝对化了。众所周知，时间是相对的，如相对于今天讲的昨天，它相对于前天讲则是今天了。同理，自杜威以来的教育思想，它相对于赫氏及其以前的传统教育思想属现代的，但它相对于五十年代以来反映现代社会变革与现代科学技术成就的教育思想讲，又应当划归于传统教育思想的范畴了。

我还以为，划分传统现代不应当单纯以时间为标志，还应当看它们的实质，这后者甚至是主要的。据此，从时间看，凡是古代的、近代的教育思想都属于传统的，只有现代的教育思想才是非传统的。从实质来说，凡是反映现代社会变革与现代科学技术成就的教育思想是现代的，而未曾反映的教育思想则是传统的，甚至五十年代以来的教育思想，只要它没有反映现代社会变革与现代科学技术成就，则也应划归为传统教育思想的范畴。如果同意我的这个看法的话，那么肖文所指责的“把在他（指维果茨基——引者）身后出现的东西（指凯洛夫《教育学》）称做传统的，而把他生前的东西（指‘最近发展区’概念——引者）看作现代的”就不难理解了。

如果我的上述看法可以成立的话，那么，对我国的现实来说，所谓传统教育思想，主要包含三个方面，即古代的传统教育思想、近代的传统教育思想、现代的传统教育思想（如凯洛夫《教育学》）。古代的传统教育思想主要是土生土长的，对今天的教育事业影响很大；后二者主要是“舶来品”，对今天的教育事业仍很有影响。结合时间和实质两个标志来看，在粉碎“四人帮”之前，我国教育思想的主要倾向是传统的，只是在这之后，特别是十一届三中全会以来，才标志着我国的教育思想开始自觉地反映现代社会变革与现代科学技术成就，因此也才自觉地开始由传统教育思想转向现代教育思想。

传统教育思想与现代教育思想虽然有如上的区别，但二者却又是有一定的联系和关系的。第一，现代教育思想虽然是现代社会变革、现代科学技术成就的反映，但它绝不是从天而降、凭空产生的，它只有在一定的传统教育思想的基础上才能产生和形成。也就是说，如果没有传统教育思想的长期发展，就不可能有现代教育思想。例如，正是由于传统教育思想中有片面强调教师作用或抹杀教师作用的争论，才使现代教育思想形成了关于教师作用的正确观点。可以说，现代教育思想在很大程度上，乃是从传统教育思想的争论中并受其启示而形成起来的。第二，传统教育思想与现代教育思想的关系，除掉这种启示作用外，还可以一分为三，即有这么三种情况：一种是有些传统教育思想可以直接继承，成为现代教育思想的组成因素。如我国古代的启发诱导、因材施教、学思结合、博专统一等都可以这么说。二种是有些传统教育思想可以部分地继承下来，即要剔除其糟粕，吸取其精华，如化性起伪、引蔽习染、循序渐进，以及接受式教学、教师主导作用、儿童中心论等都可以这么说。三种是有些传统教育思想与现代教育思想格格不入，完全不能继承，如注入式教学、呆读死记，以及严酷纪律、施行体罚等都可以这么说。总之，传统教育思想不都是陈腐的，有些至今仍有生气、活力，没有陈腐，陈腐的传统教育思想当然必须批判，但非陈腐的传统教育思想却应当予以继承。我甚至认为，只有把现代教育思想植于中国传统教育思想的土壤之中，它才有可能生根、开花、结果，从而形成具有中国特色的现代教育思想。

二、应当肯定凯洛夫《教育学》属于传统教育思想

拙作《一论》是一篇短文，中心思想只是讨论凯洛夫《教育学》的性质，即它是属于传统教育思想，还是属于现代教育思想？根本不讨论如何对待传统教育思想、如何对待哺育了我们三十多年的凯洛夫《教育学》问题。我在《一论》中，从标题到内容都只是要明确肯定凯洛夫《教育学》属于传统教育思想；但理所当然地未对如何对待的问题表示自己的意见。遗憾的是，二文在与我商榷时，却更换了讨论的主题（即凯洛夫《教育学》是不是属于传统教育思想?），而自以为是地拿出对待传统教育思想、对待凯洛夫《教育学》的正确意见，指责我说法“不确切”、态度“轻率”“不严肃”、滥用贬词、“说法过于主观武断，不够实事求是”，等等。好像我对如何对待传统教育思想和凯洛夫《教育学》的问题，真的是一窍不通。如果陈、肖二同志真的这么看的话，那岂不是也“过于主观武断，不够实事求是”了吗？

常识告诉我们，讨论任何问题，双方都不能偷换主题。因此，我以为还是要回到凯洛夫《教育学》是否属于传统教育思想的主题上来，才能进行讨论。在这个问题上，我的观点是十分明确的。可惜的是，二文却没有明确表态。不仅如此，从二文的字里行间来看，陈、肖二同志是反对把凯洛夫《教育学》划归为传统教育思想的，甚至还因我肯定凯洛夫《教育学》属于传统教育思想而感到十分恼火、十分痛心。谓予不信，请看二文的原文如下：

陈文说：“对待传统教育思想，应当取其精华，弃其糟粕。这才是我们对待教育遗产的正确态度。苏联《教育学》是按照这个方针办事的。请问，我们轻率地给他戴上一顶传统教育思想的帽子，又有什么意义呢?”肖文亦云：燕文“给以凯洛夫为总主编的《教育学》扣上一个‘传统教育思想’范畴的帽子而加以全盘否定，我认为是不妥当的。”——很明显，二文的言下之意是，凯洛夫《教育学》根本不属于传统教育思想的范畴，这个帽子是你燕某人给它扣上的，而且还是“轻率地”给它戴上的，因而既无“什么意义”，而且也是“不妥当的”。

陈文云：“苏联《教育学》的作者们完全抛弃了夸美纽斯的上述观点（指‘自然适应性’——引者），而是另辟蹊径，力图从马列主义的有关理论中寻找依据。”肖文亦说：“可以说，这本书反映了苏联50年代中期的教育现状和教育思想，是十月革命胜利以后苏联四十年教育经验的总结。”——很明显，二文的意思是说，凯洛夫《教育学》是一本马列主义的教育学，是一本社会主义的教育学，它有“非常精彩的辩证观点”（陈文），它曾使“苏联教育取得巨大成就”（肖文），你燕某人怎能如此胆大包天，给它扣上一顶传统教育思想的帽子呢?

二文中类似上述的言论还有一些，恕不一一摘录。据此看来，可以归结为一句话，即陈、肖二同志是反对把凯洛夫《教育学》划入传统教育思想范畴的。与此相反，我则要再一次肯定，必须把凯洛夫《教育学》划入传统教育思想范畴，以符合其本来面目。我以为，这乃是我与陈、肖二同志的根本分歧之所在。至于在如何实事求是地对待传统教育思想和凯洛夫《教育学》的问题上，可能是“英雄所见略同”的，不可能一个是那么“高明”，而另一个却那么“愚笨”。关于此，除前面讲过一些外，我在后面还会再讲几句的。

现在的问题是，肯定凯洛夫《教育学》属于传统教育思想有何根据？否定这一点又有何根据？我在《一论》中，主要是从“三宗遗产”“三条理论”和“三个口号”等九个方面来判定凯洛夫《教育学》属于传统教育思想范畴的。自以为这些分析颇为击中要害，大体上也是正确的，无须再赘一词。这里要特别强调的是，判断任何一个事物的性质，都只需抓它的主要倾向，细枝末节完全可以抛开，判断凯洛夫《教育学》的性质也不能例外。谁都知道，凯洛夫《教育学》是现时代的，是十月革命后的出版物，它在阐述问题时也确实“力图从马列主义的有关理论中寻找依据”（陈文），但这些并未导致它改变传统教育思想的性质，谁又能说它从“三宗遗产”中继承下来的东西，它提出的“三条理论”和“三个口号”等属于主要倾向的东西，最终摆脱了传统教育思想的桎梏呢？

谁都承认，虽然凯洛夫《教育学》属于传统教育思想，但它正如所有的传统教育思想一样，确也有一些“精华”的东西值得吸取、值得借鉴；由于后来居上，凯洛夫《教育学》值得吸取和借鉴的东西还可能多一些。我以为，从“三宗遗产”中继承来的某些东西就不必也不可以完全抹杀。比如，“乌申斯基与凯洛夫关于学生是教育对象的观点，并非是绝对错误的，他们从生理上与心理上去了解学生的观点也有可取之处。”（《一论》）又如，从夸美纽斯那儿继承来的五大教学原则也可以这么说；我只是认为不能作为原则提，但在教学中还是需要顾及的、甚至是可以派上用场的。正如《一论》所说：“在我看来，教学中适当的巩固还是需要的，但不能把它作为一条原则。”同样，在教学中，调动学生的积极性、顾及学生的接受能力、适当地运用直观方式、考虑知识的系统性等也都是需要的，但也不能把它们作为原则来提。我肯定“三条理论”属于传统教育思想，但也不是主张教学与学生的认识过程无关，不是主张学校不必设什么课程，而回到经验课程论的老路上去，不是主张教师毫无作用，而只能以儿童为中心。同样，我肯定“三个口号”属于传统教育思想，但也不是主张知识不要了，不是主张废除教科书，不是主张学生完全不必听教师的话。肖文说：“难道我们今天写教育学著作就一点也不能借鉴历史遗产吗？”“教学怎能不考虑学生的接受能力呢？”赞科夫“不也是强调系统科学知识的学习吗？”这些振振有词的质问，实质上都是不值一答的。因为即使我“不学无术”到何种田地，都是不可能如此考虑问题的。但是，必须指出，无论凯洛夫《教育学》有多少值得吸取和借鉴之处，也不管陈、肖二同志列举出多少优点而把它打扮成马列主义的和社会主义的《教育学》，都是无法改变它所固有的传统教育思想性质的。这可能还不是我个人的看法，而很可能是教育界不少同志的共同看法。当然，我这么说，并不是完全否认凯洛夫《教育学》具有某些马列主义的和社会主义的色彩。

传统教育思想不是一成不变的，它经历了一个长期的而且是“否定的否定”的发展过程。按照我的理解，它大概经历了三个阶段，即古代传统教育思想，如我国的孔子、古希腊的柏拉图、古罗马的昆体良等的教育思想便是；近代传统教育思想，如夸美纽斯、乌申斯基、赫尔巴特等的教育思想便是；现代传统教育思想，这个阶段的情况较复杂，有杜威的教育思想，永恒主义和要素主义的教育思想，凯洛夫《教育学》的教育思想也包括在内。这三个发展阶段在所谓“三中心”的问题上表现得特别突出。正如肖文所指出的，传统教育的“三中心”是以传授书本知识为中心，以教师为中心，以课堂教学为中心。这里要补充的是，肖文所说的传统教育应是以赫尔巴特为典型代表的近代传统教育思想，同时，这“三中心”实质上是从古代传统教育思想中继承下来的，当然也有一些发展，特别是随着班级授课制的确立，以课堂教学为中心这一点较之古代更为完备。又正如肖文所指出的，时间推移到现代后，杜威提出以“进步教育”来取代“传统教育”。“进步教育”与“传统教育”针锋相对，提出以获取直接经验为中心，以儿童为中心，以活动教学为中心。这里也要补充的是以杜威为代表的“进步教育”或“现代教育”，其实应称为现代传统教育，同时，杜威在反对赫尔巴特传统教育思想方面是起了一定的进步作用的，但因他只不过是把“三中心”从一个极端推向了另一个极端，所以仍是一种传统教育思想。而凯洛夫《教育学》呢？它从当时苏联的现实出发，又提出了与杜威“三中心”恰恰相反的“三中心”，即以传授系统知识为中心，以教师为中心，以课堂教学为中心。（参阅王晋堂等著：

《教学论在中学的应用》，光明日报出版社 1987 年版，第 14 页）凯洛夫《教育学》在反对杜威“三中心”方面也起了积极的进步的作用，但它却又回复（当然不是简单的回复）到古代和近代的传统教育思想的路子上去了。当然，我这样说，并不是要把凯洛夫《教育学》与老的传统教育思想等同起来。历史的辩证法告诉我们杜威“三中心”否定赫尔巴特“三中心”，凯洛夫“三中心”又否定杜威“三中心”，很明显地形成了一种合乎“否定的否定”的辩证规律的逻辑，而这每一次的否定都不是原地踏步，乃是螺旋式的上升。但很可惜，万变不离其宗，凯洛夫《教育学》最终未能跳出“传统教育思想”这个如来佛的手掌心。这是我们这些吃凯洛夫《教育学》奶汁长大的人们（包括我自己）所感到遗憾的，但又有什么办法呢？当然，陈、肖二同志还可以这么说，凯洛夫《教育学》虽然也讲传统的“三中心”，但它不是一点也不讲课外活动和校外活动，不是一点也不讲学生的主体地位，不是“一点也不重视发展智力和能力”（肖文），那怎么能“把《教育学》笼而统之地划入‘传统教育思想’范畴”（肖文）呢？我说，此理差矣！如果不是就某种教育思想的主要倾向立论，而是从其次要的片言只语中去找论据，那就可以把任何一种教育思想说成是现代教育思想。比如，让我按照二文的逻辑去办，那我就可以以《论语》的片言只语为论据，把孔子打扮成具有现代教育思想的教育家。而果真如此的话，我想教育界的同志（包括陈、肖二同志在内）也是不会赞同的。

三、应当如何正确地对待传统教育思想

二文都一致指责我把“传统教育思想”用作贬词。如陈文云：“燕文是把‘传统教育’作贬词用的。是不是‘传统教育’和‘现代教育’之间有一道不可逾越的鸿沟呢？我看是没有的。所以对‘传统教育’一词不宜滥用，作为贬义词用，更要慎重。”肖文更扩大范围地指出：“目前有的同志在批判‘传

统教育思想’时，把它当成似乎是教育工作的万恶之源，是陈腐落后的代名词，古今中外，谁的教育思想要是被扣上‘传统教育思想’的帽子，就非打倒不可。燕文就是这样对待‘传统教育思想’并把《教育学》笼而统之地划入‘传统教育思想’范畴的”。在拙作《一论》中，只是论证凯洛夫《教育学》属于传统教育思想，并无片言只语说传统教育思想是贬义词，“是教育工作的万恶之源，是陈腐落后的代名词”，“非打倒不可”。其实，把传统教育思想如此看待的不是我，而正是陈、肖二同志自己，试问，如果二位不把传统教育思想视作贬义词，那为什么一看到《一论》把凯洛夫《教育学》划入传统教育思想范畴，就如此这般地不痛快呢？如果二位不是把传统教育思想看作“陈腐落后的代名词”，那为什么一接触到我对凯洛夫《教育学》属于传统教育思想范畴的评价，就要说我是“轻率地给他戴上一顶传统教育思想的帽子”（须知，把传统教育思想看作“帽子”，这是典型的贬义用法）呢？甚至还要如此这般地火冒三丈呢？陈文云：“读了燕国材同志《凯洛夫〈教育学〉属于传统教育思想范畴》一文，不免令人有一种凡是经过‘文化大革命’的人都会有的感想。”试问，陈同志如果不是把传统教育思想看作贬义词，看作是“教育工作的万恶之源”，那怎么会产生“凡是经过‘文化大革命’的人都会有的感想”呢？

二文也一致指责我不能正确地对待历史遗产、对待传统教育思想、对待凯洛夫《教育学》。如陈文云：“在教育科学研究中，对教育遗产中的精华要吸收，对教育遗产中的糟粕要抛弃。换言之，传统教育思想中，既有我们必须吸收的精华，又有我们必须抛弃的糟粕。对待传统教育思想，应当取其精华，弃其糟粕。这才是我们对待教育遗产的正确态度。”肖文亦说：“‘传统’并不全是坏东西。‘革命传统’‘优良传统’‘光荣传统’等都是我们要继承的。‘传统教育’里也有革命的、优良的、正确的东西，是要继承的。不能把‘传统教育’统统当成陈腐落后的东西，一概打倒。”我在《一论》中除了论证凯洛夫《教育学》属于传统教育思想外，能找得出片言只语在说“传统”

"全是坏东西""传统教育"全是"陈腐落后的东西"而要"一概打倒"吗?同时要指出的是，陈、肖二同志在此关于对待传统教育思想的正确态度的谈论，是尽人皆知、毫无新意的。现在，既然二文回避凯洛夫《教育学》是否属于传统教育思想的主题，而硬要讨论如何正确对待传统教育思想的问题，那我也就不得不接受这个挑战。在这个问题上，我的核心思想是：必须历史地、科学地、现实地对待传统教育思想。

为什么？那也就容许我讲一些尽人皆知的话吧！

任何一种传统教育思想（包括凯洛夫《教育学》，下同）都总是在一定的历史条件之下产生的，都对当时的教育实践，乃至历史进程、社会发展有不同性质的影响。因此，我们考察传统教育思想时，就要把它放在一定的历史背景上。所谓历史地对待，就是要看某种传统教育思想在当时历史条件下所起的作用，即要考察它的历史价值。一般说来，传统教育思想的这种作用，不外乎积极的和消极的两个方面。如果某种传统教育思想在历史上曾经起过积极作用，我们就应当予以肯定，反之，某种传统教育思想在当时是起消极作用的，我们就应当否定它。如果我们不是历史地对待传统教育思想，就可能出现这么两种情况：一是全盘肯定，即对传统教育思想采取食古不化的态度，一是全盘否定，即对传统教育思想采取虚无主义的态度。这两种极端相反的态度，显然都是不对的。我们必须历史地对待传统教育思想，即肯定它应当肯定的东西，而否定它应当否定的东西，具体的问题具体地分析，绝不应一股脑儿地不加区别。

任何一种传统教育思想都可能反映一定的教育现象及其规律。因此，我们考察传统教育思想时，就要看它对教育现象及其规律所反映的程度，即要考察它的科学价值。这也就是所谓科学地对待传统教育思想的基本涵义。一般说来，传统教育思想对教育现象及其规律所反映的程度，不外乎正确的反映与不正确的反映两个方面。如果某种传统教育思想在当时是正确地或部分正确地反映了某种客观规律，我们就应当全部地或部分地肯定它；反之，如果某种传统教育思想在当时是不正确地反映了某种客观规律，我们就应当对它予以否定。如果我们不是科学地对待传统教育思想，也可能会出现这么两种情况：一是因人兴言，甚至把某种传统教育思想现代化，赋予它根本就没有的内涵；一是因人废言，甚至把某种传统教育思想中的一些合理的东西也一笔抹杀。这两种根本不同的态度，也显然都是非科学的。我们必须科学地对待传统教育思想，既不无原则地拔高它，把它捧上三十三重天，也不无原则地苛求它，把它贬入十八层地狱。

任何一种传统教育思想都会与当前的教育现实有这样或那样的联系，都会对现实教育产生一定的影响。因此，我们考察传统教育思想时，就要看它对当前的教育现实所产生的作用如何，即考察它的现实价值。这也就是现实地对待传统教育思想的基本涵义。一般地说，传统教育思想对现实教育的作用，也可能有积极的和消极的两种情况。如果某种传统教育思想对现实教育起积极的作用，那就应当肯定它；反之，如果某种传统教育思想对现实教育的作用是消极的，那就应当对它予以否定。如果我们不是现实地对待传统教育思想，也难免会产生这么两种情况：一是为传统而传统，即不考虑某种传统教育思想对现实教育是否有用，而是为研究它而研究它；一是改传统为现代，即为了使某种传统教育思想对现实教育能产生积极的影响，总是改变它的历史面貌以适合现代的需要。这两种根本不同的态度，也显然都是不正确的。我们应当现实地对待传统教育思想，即把现实作为一把尺子，以确定某种传统教育思想的现实价值。上述正确对待传统教育思想应有态度的三个方面是密切联系的，而且三者之间还具有一种错综复杂的关系。我以为，在肯定凯洛夫《教育学》属于传统教育思想范畴的前提下，则这种态度也同样适用于对待凯洛夫《教育学》。遗憾的是，陈、肖二同志既不认为凯洛夫《教育学》属于传统教育思想范畴，却又大谈要“正确对待‘传统教育思想’和历史遗产”。这对于问题的讨论与解决究竟有什么意义呢？何况，通观二文，根本就找不到陈、肖二同志关于“正确对待”的原则性意见的片言只语。这就不得不使我要再一次地向陈、肖二同志请教一声：你们到底是否承认凯洛夫《教育学》属于传统教育思想范畴？

四、应当就凯洛夫《教育学》的性质展开“争鸣”

凯洛夫《教育学》的性质，即它是否属于传统教育思想范畴的问题应当展开讨论。真理会越辩越明。我正是本着这种想法，当读到陈、肖二文之后，便立即撰写《再论凯洛夫〈教育学〉属传统教育思想范畴》一文于 1988 年 2 月寄给《课程·教材·教法》杂志。但拙稿寄去后，却如石沉大海。而且在这个过程中，我还给该刊编辑部写了几封信，要求他们发表拙稿或将拙稿退回；同时还两次派人去编辑部向他们讨回稿件，但他们总是不予理睬。今年 4 月 20 日我在上海市政协会议的大会发言中，还就此事来说明“我国尚未形成‘百家争鸣’的风气”。会后，我又给该刊主编写信要求退回稿件。费了这么大的周折，总算如愿以偿了：于 5 月 9 日收到了该刊编辑部的退稿，真令我感激不已。

事情到此本应该结束了。但读了该刊编辑部的退稿信后，却又不得不再讲几句话。从来信看，他们曾收到一些参与讨论的文章，但似乎是出于“爱护我”的目的，而不准备发表了。现将来信引述如下：

“您的大作在《教育研究》发表后，我刊陆续收到一些文章，其中有两篇是上海同志的来稿。他们把您的论点同‘文革’中‘上海大批判写作组’写的批判凯洛夫的文章中的论点一一作了对比，并且注明出处——均见上海市出版革命组编辑出版的《彻底批判凯洛夫》，《造反文选》（1970 年 3 月版）。我们这里没有那本东西，不能断定来稿所述是否属实，所以就没有发表。”

“这些评论大作的来稿，我们限于篇幅，只发表了肖、陈二位同志的文章，其他文章就不准备发表了。”

“肖、陈二位的文章主要是针对您在《教育研究》上的文章发表了一些见解，可您寄来的文章和那篇文章不大一样，所以就不准备发表了。”

本来可以展开一场热烈讨论的好时机，却这么轻易地被“不准备发表”五字诀断送了。可惜呀可惜！但亡羊补牢，为时未晚。我国的教育理论界太沉寂了，还是请该刊省点篇幅把那些“与燕国材商榷”的文章发表吧！特别是上海同志写的两篇把“论点一一作了对比”的文章更应当发表出来，让读者有所了解。至于说因我的“再论”与“一论”“不大一样，所以就不准备发表”，是站不住脚的。事实是，两篇拙作都是肯定凯洛夫《教育学》属于传统教育思想范畴，怎么会“不大一样”呢？还顺便说说，该刊所发表的两篇文章，一篇是外稿，一篇是内稿，而且是经过安排的，根本不全是自发的来稿。我的“再论”之所以不予以发表，其秘密也就在此。明眼人一看便知，燕国材的文章是发表在《教育研究》上的，而与之“商榷”的文章却发表在《课程·教材·教法》上，且同期两篇，声势颇大；但等燕写出“再商榷”的文章后，却又不予理睬，草草收场了。这种不平等待人的作风，岂不是有点儿“此地无银三百两”的味道么？

总之，为了深化教育改革，就凯洛夫《教育学》展开一场讨论是十分必要的。我衷心地期待着！

原发表于《上海师范大学学报》1989 年第 3 期

论非智力因素概念的科学性、实效性和不可替代性

——与马兆掌同志“商榷”的商榷

燕国材

马兆掌同志《关于“非智力因素”概念的科学性问题的商榷》（载本刊1992年第1期。简称马文。以下引文未注明出处者，均见该文）一文拜读后，令我十分高兴。一是马文肯定了非智力因素概念是由我首先公开提出的，“有一定的功绩”。对此，请允许我表示衷心的感谢。二是马文提出了一些颇值得探讨的问题，迫使我对非智力因素概念作进一步的思考。真理是会越辩越明的；我深信，相互讨论对推动科学发展肯定会有莫大的好处。正是本着这一精神，我写下了这篇文字，以与马兆掌同志商榷，并就教于心理学界和教育界的理论工作者和实际工作者。

一、论非智力因素概念的科学性

根据我的体会，马文的核心思想是，肯定非智力因素“不能作为科学的概念”。其理由是，非智力因素是个“负概念”，而“逻辑学的常识告诉我们”，“负概念所能担负的使命，除了表明它以‘不具有与它相对的正概念的内涵作为自己的内涵’之外，它对于自己所标志的对象的正面肯定性的内涵

是无法揭示的”。所以，非智力因素只能是一个“没有确定的内涵或无法界定内涵的貌似概念的名词，是不能作为科学的概念的”。

马文的这一论断果真能成立吗？回答只能是否定的。

逻辑学的常识也告诉我们，概念确有正概念（肯定概念）与负概念（否定概念）之分。前者反映具有某种属性的事物，后者则反映不具有某种属性的事物；且两者是相互依存的，并往往构成为一种矛盾关系，即组成为一对矛盾概念。那么，什么是矛盾概念呢？“如果一个属概念下的两个种概念中的一个种概念的种差，仅仅是对另一个种概念的种差的否定，也就是说这两个概念是同一属概念下的一个肯定概念和一个否定概念，那么这两个概念就是矛盾概念。”“矛盾概念的外延之和是等于它的属概念的全部外延的。”① 我所说的智力与非智力因素就正是这么两个矛盾概念。即是说，智力是正概念，非智力因素是负概念，这两个矛盾的种概念的属概念则是“心理”。

由这看来，负概念同正概念一样，都是有权存在的。也就是说，不仅是正概念可以“作为科学的概念”，而且负概念也绝非“貌似概念的名词”。正因为如此，许多科学都提出了一些负概念以组成本门科学的概念体系，谓予不信，请看如下的一串数字：

> 《中国大百科全书·机械工程》分卷，带“非”字头的负概念，共有11个；《宗教》分卷有4个；《外国文学》分卷有2个；《环境科学》分卷有6个；《心理学词典》（林传鼎等主编）有8个；《航空、航天》分卷有11个；《简明心理学百科全书》（荆其诚主编）有12个；《力学》分卷有43个；；《教育辞典》（张焕庭主编）有6个；要特别指出的是，其中还收录了“非智力因素”这一概念，《天文学》分卷有16个；《新闻出版》分卷有6个。

---

① 杭州大学等十院校《逻辑学》编写组，逻辑学［M］. 甘肃人民出版社，1980：26.

以上所举，仅是荦荦大端。就我所掌握的资料来看，各门科学中带“非”字头的所谓负概念，至少有2500个。如果按照马文的负概念“不能作为科学的概念”的意见，那么，各门科学总共数以千计的负概念，岂不是都要给“枪毙”掉吗？

那么，马文为什么如此胆大呢？其实在我看来，不是马文胆大，而是它的“失足”。其失足处何在呢？大概是它把负概念同“定义项，除非必要，不应包括负概念”的定义规则混淆起来了。这条定义规则告诉我们“负概念是表示事物不具有某种属性，知道了事物不具有某种属性，并不能使我们知道事物具有某种属性。因此，如果定义项中包含了负概念，那么，定义项只能表示被定义项不具有某种属性，而不能表示被定义项具有某种属性。这样，定义项就没有能尽揭示事物的特有属性与揭示概念内涵的作用。”① 这段话很明确地告诉我们，不能用负概念去下定义；如果用负概念下定义，“那么，定义项就不能表示被定义项具有某种属性”，亦即“定义项就没有能尽揭示事物的特有属性与揭示概念内涵的作用。”很遗憾，如此明白如昼的关于这一定义规则的说明，却被马文偷换成“负概念的逻辑特征决定其无法揭示它所代表的对象的正面肯定性的内涵”，并进一步从“不能用负概念下定义”引申出不能有负概念的可笑结论。

马文从这个结论出发，断言我“在提出‘非智力因素’及后来发表的文章中，始终未能界定这一‘概念’的内涵。”并引用了我所写文章中的两段话来加以证明。马文还以略带讥讽的口吻说：“此种情况的存在，非无能也，是不能也。这是由负概念的逻辑特征客观地决定的。”

然则，马文的这一论断有多大的真实性与可靠性呢？回答也只能是否定的。

凡是认真地分析过我的有关文章和著作而不是断章取义的话，就会发现，

① 金岳霖主编《形式逻辑》，人民出版社1979年版，第55页。

我不“仅仅是划分和罗列‘非智力因素’概念的外延”，而且也揭示了“它所代表的对象的正面肯定性的内涵”。仅举三例如下：

一例是，我曾不止一次地说，人生在世界上，总是担负着两大任务，即认识客观世界和改造客观世界。要完成前一项任务，人就必须有认识活动；认识活动在认识客观世界的过程中，会逐步形成一系列稳定的心理特点，这就是智力。要完成后一项任务，人就必须有意向活动（西方称为非认知。这又是一个负概念）；意向活动在改造客观世界的过程中，也会逐步地形成一系列稳定的心理特点，这就是非智力因素。请看，我在这里对非智力因素的阐释与表述，不就是揭示了“它所代表的对象的正面肯定性的内涵”吗？

二例是，我在智力与非智力因素的区别方面，曾提出这么几个特点：智力属于理性范畴，非智力因素属于非理性（这也是一个通行的负概念）范畴；智力由观察力等五种因素组成；非智力因素由动机等五种因素组成；智力的诸因素组成一定的完整结构，非智力诸因素没有组成一定的完整结构；智力诸因素相互促进和相互促退的关系一般是必然的，非智力诸因素的相互促进和相互促退的关系一般是非必然的；智力基本上属于认识活动范畴，起认识作用，非智力因素属于意向活动范畴，起意向作用；智力属于活动中的操作系统，非智力因素属于活动中的调节系统；智力构成学习过程的心理结构，非智力因素构成学习过程的心理条件，等等。请看，这里在与智力对比中关于非智力因素性质的七点归纳，不也是揭示了“它所代表的对象的正面肯定性的内涵”吗？

三例是，关于非智力因素的功能，我曾把它归纳为动力、定向、引导、维持、调节和强化等六个方面。并认为，这些功能是统一的，对非智力诸因素都适用；同时，这些作用在活动中要贯彻始终，即使是动机，也不能把它的作用仅局限在活动的开始。请看，我关于非智力因素的功能的归纳与表述，难道不是从一个侧面对“它所代表的对象的正面肯定性的内涵”的揭示吗？

还应当指出的是，我关于非智力因素三个层次的观点，是确切地规定了这一负概念的外延的。这一点马文也是承认的，只不过是它用了这样的说法“划分和罗列（了）‘非智力因素’概念的外延”。既然承认我揭示了非智力因素概念的外延，那就应当承认我在一定的程度上也揭示了这一负概念的内涵。因为逻辑学的常识告诉我们，概念的内涵与外延是相互制约的，“明确了概念的外延，有助于明确概念的内涵；明确概念的内涵，也有助于明确概念的外延。”① 一句话，凡是外延明确的概念，其内涵是可以揭示出来的。可见，非智力因素概念的外延既然明确了，那就不能断言这个负概念“没有确定的内涵或无法界定其内涵”。

综上所述，不难看出，负概念不只反映不具有某种属性的事物，而且也能从正面反映它所代表的对象的内涵，对非智力因素等一切负概念都可以这么说。如果我的这个看法正确的话，那么，马文关于非智力因素概念“不科学”或“不够科学”的论断，则是难以成立的。相反地，应当承认非智力因素概念同其他所有负概念一样，都是科学的概念，绝对不容许借口它是负概念而把它排斥在心理学的大门之外。“青山遮不住，毕竟东流去”。随着科学文化事业的发展，负概念与日增长的趋势是不可阻挡的。

二、论非智力因素概念的实效性

非智力因素概念于1983年初提出之后，不胫而走，“以较快的速度流行开了”，经广大教育实际工作者认可并采纳之后，“在一定程度上提高了教学效果”。这是客观事实，马文也不得不予以承认。非智力因素这一提法为什么会“被许多人作为‘新的科学概念’来接受”呢？马文的回答是：“由于它的新颖性效应的吸引作用。”

马文的这一解释是否能自圆其说呢？我看是说明不了问题的。

① 杭州大学等十院校《逻辑学》编写组：《逻辑学》，第12页。

如果肯定非智力因素是靠其所谓“新颖性效应”来起的作用，那么，这样一些情况又如何解释？即“新颖性效应”只能蒙骗人们于一时，为什么非智力因素概念却能“吸引”人们十来年呢？非智力因素概念对人们的“吸引作用”的势头，正在方兴未艾，这又如何解释？非智力因素概念在教育工作乃至其他各项工作中，必将产生深远的影响，这又怎么能用所谓“新颖性效应”来解释呢？马文提出的“价值心理活动或价值心理因素”这一正概念够“新颖”的了，在某种意义上比非智力因素还要新颖，那能否保证它也产生“新颖性效应”并较长时期地盛而不衰呢？

这样看来，用“新颖性效应”来解释非智力因素概念的重大积极影响是行不通的；只有另找原因或依据，才可能得出合乎客观实际的结论。然则，非智力因素概念到底为什么会被“许多人作为‘新的科学概念’来接受”呢？我以为只能在这一概念的实效性上去寻找依据或原因。

实践是检验真理的唯一标准。非智力因素经过我国80年代初期以来整十年教育改革实践的考验，证明它具有实效性，所以它就日益深入人心，为人们乐意地去接受。

非智力因素的实效性是与其科学性分不开的；如果它是一个非科学的概念，就不可能产生实效。关于非智力因素概念的科学性已如前述。这里只就其实效性作些分析。非智力因素概念的实效性主要反映在如下几个方面。

首先，非智力因素在1983年的提出不是偶然的。在某种意义上，这一概念的提出，乃是中华人民共和国成立以来我国教育理论与实践发展的必然结果。即是说，我国教育的发展，好不容易奏完了三部曲：第一部曲为强调掌握知识。从1949年至1978年，大概奏了30年。第二部曲为重视发展智力。这是实行改革开放给教育改革所带来的积极成果，从1978年至1982年，大概奏了4年。第三部曲为加强非智力因素的培养。这是由于发觉只重视发展智力这一片面性所产生的消极作用后而提出的，从1983年起开始奏这一部曲。这就表明，非智力因素的提出，是重视发展智力这一教育实践的必然结果。如果我国的教育没有出现发展智力的阶段，或者说，只重视发展智力而未能暴露出什么弱点和消极作用，那么，非智力因素概念是不可能提出的，即使提出了，由于时机和条件的不成熟，也是不会产生如此偌大的“效应”的。可见，非智力因素在内涵、外延以及功能上，是作为智力的互补概念而提出的，亦即非智力因素与智力是天生而就的一对矛盾概念。正因为如此，所以它一经提出，便产生了强大的生命力，而且，它的这种“以较快的速度流行开”去的“效应”，说老实话，也是我自己所始料未及的。很明显，这就是由于它的实效性得到了充分的发挥。

其次，马文在强调非智力因素具有“新颖性效应的吸引作用”的同时，又不得不承认这一概念“有语言简明的特点以及外延的指谓明确”。我以为，这后一方面就正是非智力因素概念所固有的实效性的表现。正是这种实效性，才“使我国的教育界和心理学界的理论工作者和实际工作者对之产生浓厚的兴趣，实际教育工作者也确实在这种浓厚兴趣推动下，比较注意在实际的教育工作中抓紧了对学生的动机、兴趣、情感、意志、性格等心理因素的影响，在一定程度上提高了教学效果。”其实，非智力因素对教育工作的这种积极影响，是依靠其实效性所取得的，并非什么“新颖性效应”的结果。因为靠“新颖性效应”只能取得短期的成效，必须依靠非智力因素概念的实效性，才能使其产生比较持久的影响和“效应”。

这里要指出的是，马文在肯定非智力因素概念对提高教学效果的作用之后，又在“但是”之后作了这么一段文章“‘非智力因素’概念的新颖性效应吸引所起的作用，以及广大教育工作者抓紧认识性心理因素以外的其他心理因素培养所取得的效果，并不能证明‘非智力因素’这一概念的科学性。”马文的这一段话值得我们注意的主要之点是，它提出了“认识性心理因素以外的其他心理因素”一语，并未由于抓紧对这些“心理因素培养所取得的效果”，不能算在非智力因素概念的头上。请问，马文所说的“认识性心理因素以外的其他心理因素”指何而言呢？说来说去还不就是非认知因素，亦即动机、兴趣、情感、意志等心理因素罢了。这些心理因素客观存在，不容抹杀，只是马文把它们统称为“价值心理活动或价值心理因素”，我则把它们统称为非智力因素。可见绕了半天圈子，马文所说的“抓紧认识性心理因素以外的其他心理因素培养”，实质上就是抓紧了对非智力因素的培养；既然抓紧非智力因素培养取得了效果，就应当把这个“功绩”记在非智力因素概念的头上，也就足以证明“这一概念的科学性”。

最后，与上一点相联系的是，判断一个概念或一种理论是否科学的标准是什么？按照马文的观点来看，其标准是看该概念属于正概念，还是负概念？在马文看来，只有正概念才是科学的，而负概念则是不科学的。并且断言，“以为负概念的表达形式可以用在一切科学概念的表达上，非在科学性上闹出大笑话不可。”所以马文就主张采用“价值心理活动或价值心理因素”这一正概念，而主张取消非智力因素这个负概念。我以为，根据逻辑学的常识，凡是属概念之中包含有两个相互对立的种概念，就可以用两个矛盾概念亦即两个正、负概念来表达。“如果不是从逻辑上这样来认识问题，以为负概念的表达形式”可以一律取消，那也是“非在科学性上闹出大笑话不可的”。

这样看来，判断一个概念是否具有科学性的标准，不在于它是否为正概念或负概念。我以为，正概念未必就科学，如马文提出的“价值心理活动”就是（关于此点，本文第三部分要详加论述），而负概念就未必不科学，如心理学通行的无意识（unconsciousness，亦可译作非意识）就是。因此，在我看来，判断一个概念是否科学的标准之一，应当是它的实效性。就是说，一个概念或一种理论，如果能在较长时期内产生持续的积极效果，就应当肯定它是科学的。如果一个概念或一种理论根本没有什么实效甚至产生负作用，那么，怎能把它说成是科学的呢？而且，即使再好的概念或理论，如果脱离实际，毫无积极的社会效果，那也只能把它束之高阁。如前所述，非智力因素概念具有很明显的实效性，那就表明这个概念具有科学性。一般地说，具有科学性的概念，才会显示出其实效性；同时，显示出实效性的概念，也才会具有科学性。试想，离开概念的实效性而奢谈它的科学性，又怎么能谈得清楚呢？

综上所述，马文说非智力因素概念由于其“新颖性效应”而产生作用的观点是站不住脚的；其实，这一概念是因其具有实效性才显示出一定的威力。最终表明，凡是与特定的正概念相对应的负概念，不仅是科学的，而且还会永葆其美妙之青春。

三、论非智力因素的不可替代性

非智力因素概念提出并受到许多人的特别青睐与强烈反响之后，便有人提出了另外的概念来取而代之。就我所知，主要有三次亦即三个概念可能是此种意思。现略作分析如下：

第一次是有人提出了非智力心理因素概念。其理由是，如果提非智力因素，不加入“心理”二字，很可能被人把这个概念的外延无限制地扩大，以至于将所有的客观因素都包括了进去。我以为，这种担心是可以理解的，但却是不必要的。因为我们所讨论的是心理范围内的问题，而不涉及心理范围外的别的什么对象。这用逻辑学的话说，就叫作在一个“论域”中所划分或讨论的两个正、负概念，就不会怕人误解而把负概念的外延漫无边际地扩大。当然，加上“心理”二字也并非绝对不行，只是非智力因素加了“心理”二字，那么，与之相对应的智力因素也应当加上“心理”二字，变为智力心理因素。而这样一来，两个概念就不够简洁了。因此，我以为还是以不加上“心理”二字为好。

第二次是有人提出了非智力个性心理特征概念。我以为，这个新概念颇值得商榷。从个性心理学来说，非智力个性心理特征肯定应指气质、性格而言。这是一个负概念。而与其相对应的正概念则是智力个性心理特征。那智力个性心理特征指何而言呢？自然是指智力。这样一来，所谓智力个性心理特征就是智力，显然令人有叠床架屋之感。因此，我以为，非智力个性心理特征这一概念是不足取的；而且，它的外延与内涵同非智力因素的外延与内涵并非一致，又怎么能用它来取代非智力因素概念呢？

第三次就是马文提出的“价值心理活动或价值心理因素”。我以为，这个概念最需要商榷。为了说明问题，先让我们引述马文的两段话：

“人的心理活动或心理因素，除感觉、知觉、记忆、想象、思维这些认识性心理因素之外的几乎所有的心理因素，都是人的需要与客观对象的相互关系派生或缘起的。既然如此，笔者认为抓住这一共性，则可以把这些心理活动或心理因素概括为价值心理活动或价值心理因素。之所以提出此议，是因为‘价值’这个哲学概念，正是客体与主体需要之间构成满足关系的反映，它的科学性是早由马克思揭示了的。”

“既然‘价值’这一概念的准确含义是‘客体满足主体需要的关系的反映’，那么，把与需要紧密联系并且由客体满足主体需要而发生的个体欲望、动机、兴趣、情感、意志、态度等心理活动或心理因素，概括为‘价值心理活动’或‘价值心理因素’，在科学上也是准确的。这样，把人的心理因素用‘认识性心理因素’和‘价值性心理因素’的划分，代替‘智力因素’和‘非智力因素’的划分，是否更科学一些。”

上述这两段话说明了一些什么问题呢？其说明又是否能站得住脚呢？

第一，马文认为，除它所称作的“认识性心理因素之外的几乎所有的心理因素，都是人的需要与客观对象的相互关系所派生或缘起的”，所以“把这些心理活动或心理因素概括为价值心理活动或价值心理因素”。心理学的常识告诉我们，需要是人的一切心理活动或心理因素赖以发生、发展和形成的基础，不仅“认识性心理因素之外”“所有心理因素”与需要有关，“是人的需要与客观对象的相互关系派生或缘起”，同时，人的认识性心理因素也莫不如此。所以，既然把前者概括为“价值心理活动或价值心理因素”，那么，对于后者也要作如此的概括才好，又何必厚彼而薄此呢？更值得指出的是，如果说“价值心理活动或价值心理因素”是“抓住”了它化表的那些心理因素的“共性”，因而是科学的话，那么，马文所谓的“认识性心理因素”就没有抓住由“需要与客观对象的相互关系派生或缘起”这一“共性”，因而就是不科学的了。反之，如果肯定“认识性心理因素”概念是科学的话，那么，“价值心理活动或价值心理因素”概念就是不科学的了。正如鱼与熊掌，“两者不可得兼”也。

第二，马文认为，“因为‘价值’这个哲学概念”，“它的科学性是早由马克思揭示了的”，所以，它就由此而推论出，以“价值”而命名的“价值心理活动或价值心理因素”概念也就是科学的。这真是一种奇怪的逻辑，这是在拿虎皮作大旗。“价值”概念固然是科学的，但马文却用之不当，概括得不对，怎么能保证其所谓的“价值心理活动或价值心理因素”概念也是科学的呢？

第三，马文认为，用“价值性心理因素”概念，代替“非智力因素”概念，“是否更科学一些”。如前所述，“价值性心理因素”概念是不科学的，而非智力因素概念却是科学的。果如此，那怎么能用不科学的概念去代替科学的概念呢？

第四，马文把“人的心理因素”划分为“认识性心理因素”和“价值心理因素”，而这两个概念的矛盾关系看不清楚，两者外延的和是否等于“人的心理因素”的外延之和也未能显示出来；但我把人的心理划分了智力与非智力因素，在矛盾关系等方面都显示得一清二楚。从这个意义来说，“价值心理因素”也是不科学的，而非智力因素概念却是科学的。既然如此，用不科学的概念去取代科学的概念，又怎么可以呢？

第五，马文所谓的“价值心理因素”，是一个不说不清楚、越说越糊涂的概念；尽管马文在其第三部分中解释了一大通，还是令人难以把握。而我所说的非智力因素概念则具有“语言简明的特点以及外延的指谓明确”，用这么一句话即“智力因素以外的一切心理因素总称为非智力因素”，就让人们将这个概念把握住了。马文说："用负概念来表达一个科学的概念，尽管看上去思维很经济，但在实际上，这种'经济的思维'，必然走向科学性的反面。"看来这段话是毫无根据可言的。相反地，反对"经济思维"，而把概念说得玄乎其玄的非经济思维（恕我又用了一个负概念），就不见得不会"走向科学性的反面"。

综上所述，非智力因素概念以其科学性与实用性为基础，必然会产生一种不可替代性。正如马文所说，"最权威的就是广大教育工作者的教育实践本身。"十年来，广大教育工作者一般都倾向于采用非智力因素概念，便足以说明其不可替代性这一点。

假的非科学的必然会短命，真的科学的会长命百岁。我是深深地相信这一点的！

原发表于《华东师范大学学报（教育科学版）》1992 年第 4 期

我在智力和非智力因素领域的探索与追求

燕国材

20世纪50年代初期，我就读于北京师范大学教育系。当时，我对两门主要课程——教育学与心理学——虽然谈不上有什么研究，但对二者的学习都是相当认真与勤奋的。现仅就这两方面的学习心得与收获，特别是我对智力与非智力因素的探索，做一些概括或小结。这可能对我自己是必要的与有益的，对广大读者也许会提供某些参考。在此，我恳请海内外广大读者不吝指正。

一、规范智力因素

智力是个有长期发展历史的科学概念，古今中外有许多思想家、教育家对这个概念的内涵与外延，进行过广泛的探讨与深入的研究，提出了某些有价值的观点，并做出了多种不同的规范。

就智力概念及其与能力的关系来说，大致可以划分为三种基本观点，即欧美的观点、苏俄（苏联、俄罗斯）的观点与中国的观点。这三种观点对智力的研究都做出了其应有的贡献，但比较而言，我认为中国古代的智力观做出的成绩是最为突出的，很值得我们骄傲与自豪！

西方形形色色的智力观，可以统称为包容说。它主张智力是由多种能力组成的，无论因素说还是结构说都持此种观点。前者认为，智力由若干因素组成，它们是机械的结合，未构成为完整的整本；后者则认为，智力是若干因素的有机结合，各因素组成为完整的结构。因素说的代表人物为美国心理学家桑代克（E. L. Thorndike）。他认为智力由多种特殊能力所组成，并将其界定为是从真理和事实的观点出发，在正确反应中所获得的能力。结构说则认为，智力是由若干因素构成的完整的结构，并由此发展出二维结构说、三维结构说与层次结构说。

二维结构说以美国心理学家施莱辛格（L. M. Schlesinger）、格特曼（L. Guttman）为代表，认为智力由两个不同方面（“二维”）的因素所组成：第一维包括计数能力、言语能力、形状和空间知觉；第二维包括两种基本能力（规则应用能力、规则推理能力）和学校的各种学业测验成绩。三维结构说以美国心理学家吉尔福特（J. P. Guilford）为代表。他认为智力由“三维”组成：第一维是智力活动的过程（操作），包括认知、记忆、发散思维、聚敛思维和评价五种成分；第二维为智力活动的内容，包括图形、符号、语义和行为四种成分；第三维是智力活动的产物，包括单元、类别、关系、系统、变换、蕴涵六种成分。这三个维度组合起来（5×4×6），可以有 120 种智力因素，这是他在 1957 年时的看法。1971 年，他把内容维度中的图形改为视觉与听觉，使其增为五项。于是，智力的组成因素便变为 5×5×6=150 种。1988 年，他又将操作维度中的记忆区分为短时记忆与长时记忆，使其由五项变为六项；产物维度仍为六项，但取消系统项，补入应用项。这样，智力结构的组成因素便增加到 5×6×6=180 种。层次结构说以英国心理学家阜南（P. E. Vernon）为代表。他认为智力由各种不同层次的因素所构成：最高层次为智力的一般因素；第二层次为两大因素群，即言语和教育的能力倾向，以及操作和机械的能力倾向；第三层次为几个小因素群；第四层次为各种特殊能力。

俄罗斯（还有苏联）的智力观，尽管也有多种多样的看法，但就其总的倾向说，可统称为从属说。其基本含义是，能力是个上位概念、种概念，而智力则从属于能力，是下位概念、属概念，是能力一个方面的组成因素，可称为一般能力。这一观点又有三种变式。第一种变式，即能力包含一般能力（智力）与特殊能力；第二种变式，即能力由一般能力、智力与特殊能力三部分组成，智力是其中的一种独立成分；第三种变式，即能力由一般能力与特殊能力组成，而其中的一般能力又包括认识能力（即智力）与活动能力（如音乐、绘画、舞蹈等）两个方面。20 世纪 50 年代至 80 年代，这种从属说一直占据统治地位，至今可能还存在着一定的影响。

我国的智力观，尽管也有种种不同的说法，但以智力与能力的关系为基点，可以把它统称为独立说，即认为智力与能力是两个相对独立的概念，二者既有区别，又有联系。这个观念在 2500 年前的我国古代即已存在。如孔子虽然没有明确地指出这一点，但实际上他是如此地看待智力与能力的。他指出某个学生可以“闻一知十”，有的学生可以当财务官或外交使节，就显然是就其智力或能力来认定的。荀子则进一步明确地规范了智力与能力的含义及其关系。如他曾写道：“所以知之在人者谓之知，知有所合谓之智。所以能之在人者谓之能，能有所合谓之能。”（《荀子・正名》）意思是说，人生来具有的认知能力叫作“知”，这种能力必须与外在事物相接触且将它们如实地反映在心灵中，才能真正地认识它们，从而产生知识并将其积累与贯通起来。这是就其前句话的意思说的。其后句话是说，人生来具有的活动力量叫作“能”，这是天生的一种自然条件，还不能作用于客观环境，从而转化成真正的活动能力；它必须与外在事物相碰撞并真正地产生作用，才能合理地适应与改造自然，如愿地变革与推进社会的发展。荀子的这一智能独立论的思想，不只是在古代影响深远，在现代仍具有极强的生命力。

我自觉地继承了我国古代的智能独立论思想，并力求予以发扬；但由于自己才疏学浅，常常感到心有余而力不足。虽然如此，我还是尽可能付出了绵薄之力的。在对智力问题的探讨中，我主要做了两件事情，兹略述如下。

一是规范智力的内涵。前面曾就此做过分析与概括，在此不再赘述。在我看来，所谓智力，就是人的认知活动在观察与思考外在事物的过程中，表现出来的一系列稳定的认知特点与品质的综合。同时，在与之相对应的非智力因素的参与下，在其所固有的积极性的推动下，智力的积极性也被充分地调动了起来。

二是确定了智力因素的外延。前面也已指出，无论欧美或苏俄，其智力的外延也是形形色色的。我则独立地提出了国内心理学界业已认定的智力五因素说，即肯定智力由五种认知因素构成。这是：（1）注意力，它是智力活动的警卫与组织维持者，正由于注意的积极参与，人们的智力活动才得以顺利而有效地产生、发展与形成。（2）观察力，它是智力活动的门户与源泉，正是凭借观察力，外界的信息才能源源不断地输入到人们的头脑之中，丰富了人们的内在心灵。（3）记忆力，它是智力活动的仓库与基础，人们正是由于记忆的积极活动，才得以使客观的外部的知识结构转化为主体的内部的认知结构。（4）想象力，它是智力活动的翅膀与富有创造性的重要条件，人们正是凭借想象的这种作用，方能够如矫健的雄鹰，一飞冲天，翱翔万里，并以其敏锐的目光，搜索着人世间的一切珍奇异宝。（5）思维力，它是智力活动的核心与方法，人们正是通过思维的积极活动，才能够把借由观察与想象等所获得的丰富的感性知识，转化并上升为系统的理性知识。

二、定性非智力因素

“非智力因素”这个概念，是笔者于1983年初提出来的。是年2月11日，我在《光明日报》上发表了《应重视培养非智力因素》一文，着重讨论了三个问题：什么是非智力因素，成功＝智力因素＋非智力因素，必须重视培养非智力因素。此后，我对这个问题一直在探索，不仅发表了一系列的文章，还出版了好几本专著与论文集。在这个过程中，我主要做了以下两件事情。

（一）规范非智力因素的内涵

这个概念提出之后，一石击破水中天，在国内教育界引起了很大的反响，当时教育的热点便很快地转到培养非智力因素上来。众所周知，中华人民共和国建立之后，在当时“一边倒”路线与政策的指引下，我国的教育也全盘地向苏联老大哥学习。具体地说，教育理论上就是学习凯洛夫的《教育学》，心理学方向则向吉普洛夫的《心理学》请教。以我的母校北京师范大学教育系为例，当时的教育学与心理学两门主课，都由苏联教育专家授课；而且这两门课程不只学生要听，教师也要听。

顺便说说，20 世纪 80 年代初，有学者曾指出，“非智力因素”这个概念早在 1935 年就由美国心理学家亚历山大提了出来，1940 年，美国心理学家吉尔福特也采纳了这一概念，并将它运用到自己的研究与论著中。当时几乎所有人都信以为真，我也未能幸免，而且在为我国权威的汉语辞书《辞海》（1999 年版）撰写“非智力因素”词条时，还论述到了这一点。这显然是以讹传讹，应当加以订正。就我后来掌握的材料看，此前的中国心理学史上是没有这个概念的，汉语系统中也没有；而西方心理学与英语系统中，则至今仍未见到这个概念的影子。

在非智力因素的内涵方面，我给它提出了两个“定义”式的说明。一个是，智力因素以外的所有心理因素，归结起来都是非智力因素。众所周知，人的心理因素是形形色色、多种多样的，但在某种意义上，可以一分为二，即归结为智力因素与非智力因素；“不入于杨，则入于墨”，第三种归宿是没有的。另一个是，在改造客观世界的过程中，人的意向过程逐步形成起来的一系列稳定的心理特点与品质，即可以归结为非智力因素（亦可以称之为非认知因素），这是按照我国现代心理学大师、理论心理学的提出者与奠基者潘菽先生的有关理论来探索的。众所周知，潘先生持心理学二分法的观点（但他并不否定心理学的三分法），把人的心理因素划分为认知与意向两大系列。在此观点的指引下，并“扬弃”传统心理学的有关意见，我将“认知”规范为人在认识客观世界的过程中，逐步形成起来的一系列稳定的心理特点与品质，总称为认知因素，也就是智力因素；而人在改造客观世界的过程中，逐步形成的一系列稳定的心理特点与品质，则称为非认知因素，也就是非智力因素。同时，我将前者归结为五个因素，即注意力、观察力、想象力、思维力与记忆力；后者也包括五个因素，即动机、兴趣、情感、意志与性格。

在上述对智力与非智力因素探讨的基础上，我又构建了智力与非智力因素结合论的学习理论，简称 IN 结合论，以便与西方学习理论相对应，并与其区别开来。两方有众多的学习理论，虽然见仁见智，瑕瑜互见，但大致可以区分为三大体系或派别，即联结派、认知派与人本派。

（二）提出了非智力因素

同讨论智力问题一样，也是就非智力因素的内涵与外延两方面都进行了思考与探索。对于这一方面的问题，我将在下面分开加以研究。

关于非智力因素的内涵，我是从两个方面来予以阐释的。首先，与智力因素相对应，我认为凡是智力因素以外的所有心理因素，都可以总称为非智力因素。由于这一系列心理因素包罗众多，难以一一予以列举，为醒目起见，我曾将它划分为三个层次来进行考察。

一是广义的非智力因素。正如上面所说，除智力所包含的五个心理因素之外，其余的一切心理因素，都可以总括地称之为非智力因素。还可以从另一个角度说，即人的意向活动，在适应与改造外在世界的过程中所形成的一系列稳定的心理特点与品质，也都可以综合地对它们做如此的称谓。这两种说法都有些笼统，不便于人们把握，所以便提出从狭义的角度去进行思考。

二是狭义的非智力因素。从这点考虑，我曾将它的外延确定为五个因素：

动机、兴趣、情感、意志与性格。它们在非智力因素中都各自独立地发挥着不同的作用。概括而又简单地说：动机起动力的作用；兴趣起定向的作用；情感对有关活动加以调控，可行则行、可止则止，这是调节作用的体现，当行则行、当止则止，则体现为它的控制功能；意志参与其活动，则可以使这种活动坚持下去，即谚语所云："不到黄河心不死，不上长城心不甘"，在这种活动中，性格则可以充分地发挥其独立作用，不会依附于外部条件，而完全受它们的限制，也不会一切受旁人的摆布，而完全丢失了自己应有的合理主见。

第三个层次为具体的非智力因素，主要包含12个因素，即成就动机、求知欲望、学习热情、自尊心、自信心、好胜心、责任感、义务感、荣誉感、自制性、坚持性与独立性。顺便指出，非智力因素及其三个层次的分析，都是以非智力因素在学习活动中的作用来立论的。

在上述对智力因素与非智力因素两方面进行分析之后，还必须就非智力因素与智力因素的区别与关系，以及在此基础上构建的所谓学习理论来进行分析。以下拟将这两个问题与上述两个问题，并列起来进行阐述。

三、非智力因素与智力的区别

对于这个较复杂的问题，我曾将它分解为三个层次来进行探索与论述。第一个层次为广义的即上面提及的智力因素以外的所有心理因素的总称。至于智力与非智力因素的区别，我曾将其分解为如下三对共六个命题。现仅将其略做分析如下。

第一对命题：智力属于认识活动范畴，起认识作用；非智力因素属于意向活动范畴，起意向作用。也就是说，在认识客观世界的过程中所形成起来的一系列稳定的心理特点与品质，就叫作智力因素；而在改造客观世界的过程中所积累起来的一系列稳定的心理特点与品质，就称之为非智力因素。这就很明显，与认识相联系的智力，自然属于认识范畴，起认识作用，即凭借智力因素，以了解客观事物的规律；而非智力因素与意向相联系，自然属于意向范畴，起意向作用，即通过它可以对待、处理与改造外部世界。

第二对命题：智力没有积极性，非智力因素才有积极性。非智力因素具有七大功能，即动力、定向、引导、推进、维持、调控与强化。非智力因素，就是这七大功能的集中体现；而智力没有这些功能，自然无什么积极性可言。这就正如太阳与月亮一样，前者会发光，而后者本身是没有光的，月亮的光来自太阳。

第三对命题：智力比较稳定，非智力因素的波动性较大。众所周知，我国自孔子以来，就一直将人的智力划分为三个层次，即上智、中人与下愚；现代心理学亦将其区别为超常、中等与低常三个等级。须知这两种划分是不约而同的，可见在这一点上，我国古代的心理学思想与现代科学心理学的有关知识是不分轩轾的。

四、非智力因素与智力的关系

在这一方面，我也是将两者的关系归纳为几对命题来考察的。研究表明，这种关系可以归结为三对六个命题。兹略做分析如下。

第一对命题：智力活动促进非智力因素，非智力因素也促进智力活动。正如前面所说，智力本身是无所谓积极性的，只有当非智力因素参与到智力活动中之后，智力的积极性才会被调动并发挥出来；而非智力因素也正是由于参与智力活动，其积极性才被充分地调动而发挥出来。

第二对命题：智力活动指导非智力因素，非智力因素主导智力活动。在此必须指出，“主导”与“指导”虽只有一字之差，但其含义却很值得注意。即是说，通过智力活动，可以了解并把握非智力因素的基本特点与活动规律，这就有助于调动非智力因素的积极性，来为智力活动服务，而非智力因素也正是在服务智力活动的过程中，其特点得到了巩固与改善，其作用得到了充分的发挥与提升。

第三对命题：智力可以转化、补充非智力因素的某些特点与品质，而非智力因素可以补偿智力的某些弱点。正如成语所云，“勤能补拙”，“笨鸟先飞”。一个智力水平差一些的学习者，只要他好学、乐学并勤学，就一定可以学习得很好。

五、IN 结合论

这一独特的学习理论，其基本含义除上面的分析外，还有三条核心思想值得考查。现略述如下。

一个目的。这是此学习理论的第一条核心思想。其基本含义是，尊重学生的主体地位，发挥其主体作用，调动其主体积极性。20 世纪 80 年代初期，在就这个问题展开“百家争鸣”式讨论的过程中，有学者曾从马克思主义的“人是主体”的观点出发，提出了所谓的“双主体论”，即认为在教学过程中，教师与学生都是主体，二者可以同时或轮流发挥作用，在这一方面，不可以重教师、轻学生，也不可以反其道而行之。这在理论上自然是站得住脚的。但我们所讨论的问题，不是作为人的教师与学生谁是主体的问题，而是从处理教师与学生关系的这个基本点出发，来考查并确定这一问题的性质。我们据此而认为，在教学过程中，学生是唯一的内因，主体是与内因相联系的；而教师则处于客体的地位，他们始终发挥着帮助学生的内因得以转化的作用，即教师发挥了外因的功能。

一条假设。这是 IN 结合论的第二条核心思想。其基本含义是，一般地说，人的智力水平是差不多的，但其非智力因素的水平却差别很大。心理学研究告诉我们，除居于少数的超常、低常两种类型以外，绝大多数人的智力水平都是差不多的。对应于智力测验成绩，一般人的 IQ 都在 100 分左右，只有极少数人的 IQ 在 100 分以上，或在 70 分以下。应当指出，早在 2500 年前，我国古代著名教育家、世界领先的文化巨人孔子，就提出了上智、中人和下愚三种类型。必须强调指出，这三科智力类型与现代心理学所划分的三类型，完全是一一对应的。这是我国古代的心理学思想对世界心理学发展所做出的无可替代的贡献。我们应当引以为骄傲与自豪！

一个公式。这是在结合论的第三条核心思想。其基本含义是，在客观条件基本相同的情况下，A＝f（I·N）。这里的 A、I、N 三者，都取自与其相应的三个英语单词的头一个字母。具体地说 A 表示成功，I 代表智力，N 标志非智力因素。大家都知道，影响智力活动及其发展的客观条件是很多的，故在此公式中用“基本相同”来加以限制。据此，这个公式的基本含义就可以表述为，假定影响学习活动（甚至可以说一切活动）的客观条件大致差不多的话，那么学习的效率与效果（可以合起来简称为“双效”）则由人的智力与非智力因素的活动及其关系的水平来加以限制。

最后，顺便谈一下我对素质教育定义的看法。如大家所知道的，素质本来是心理学的一个概念，指人们与生俱来的特别是神经系统与大脑的一系列生理的、心理的与社会性的特点与品质，现在却将它的外延无限地扩大化，使它成了一个无所不包的综合性概念。教育界与心理学界就曾有学者当面对我提出过如此的质疑。我当时就曾直截了当地做了这样的回答：“任何一个科学概念都会有其一定的‘本义’与‘衍义’，不止社会科学如此，自然科学也莫能例外。如果我们仍死死地守住素质的本义不放，不让它越雷池半步，那么，我国教育事业的发展，就只能是原地踏步，寸步难行了。我们认为，素质教育的提出，实施与全面推进，是中国教育对世界教育发展的重大推动与贡献，因为古今中外任何民族与国家的教育，都是为了发展与提高整个民族，全体人民的素质，只不过是各自对素质及其教育的要求与标准有所不一样而已。”

原发表于《中国教育科学》2019 年 5 月第 2 卷第 3 期

关于“中国古代心理思想史”研究的几个问题

——“中国古代心理思想史”研究之一

燕国材

对于“中国古代心理思想史”（以下简称“心愤史”）的研究，据我们所知，中华人民共和国成立前没有认真进行；中华人民共和国成立后也未受到应有的重视。研究人员寥寥无几，发表的研究成果为数甚少，根本没有系统的专门著作，可以说还是一片尚待开垦的处女地。现在，我们就“心理史”研究中的几个问题谈一些看法。管窥蠡测，错误在所难免；抛砖引玉，尚望同志指正。

一、中国古代到底有没有心理思想

中华人民共和国成立前后，研究“心理史”的成绩之所以如此之差，其原因固然很多；但我们认为，这是与如何对待中国古代心理思想的态度有重大关系的。中华人民共和国成立以前，我国第一部汉译的心理学书籍，即王国维翻译的《心理学概论》(Outlines of Psychology) 于一九〇七年出版之后，嗣后西方资产阶级的主要心理学派别的重要著作，几乎都陆续地被译介了过来。这样便造成了一种印象：心理学是“舶来品”，中国土生土长的心理思想是没有的，或者是少乎其少的。中华人民共和国成立以后，自一九五二年赵壁如同志翻译的苏联普通中等学校心理学教科书，即吉普洛夫著的《心理学》一书出版之后，苏联许多的重要心理学著作也被陆续地译介了过来。这样也就使人只知这个洛夫、斯越，那个安娜、洛娃，而不知中国古代还有什么心理思想存在。试问，在这样的情况下，对于中国古代的心理思想又哪会有更多的人去问津呢？这显然是一种不正常的现象。

那么，中国古代到底有没有心理思想呢？

回答是肯定的。这里，我们以举例的方式从几个方面来回答这一问题；至于全面而系统的回答，则打算在今后的研究中来逐步解决。

首先，从文化典籍来说。中国是一个历史悠久、文化灿烂的国家。“在中华民族的开化史上……有许多伟大的思想家、科学家、发明家、政治家、军事家、文学家和艺术家，有丰富的文化典籍。……中国是世界文明发达最早的国家之一，中国已有了将近四千年的有文字可考的历史。”① 在文化典籍方面，真是浩如烟海。单拿清代中叶编辑的一套《四库全书》来说吧。它把书籍分为经、史、子、集四大类。“经”是封建时代认为经典性的书，它包括十类。“史”是关于历史的著作，它包括十五类。“子”是古代学者自成一家之言的个人或集体所著的书，它包括十四类。“集”是汇编诗文词曲之类而成的书，它包括五类。《四库全书》著录的书有三千四百七十种，七万九千一百十八卷。此外还有存目书六千八百十九种，九万四千零三十四卷。这些书远没有包括前人留传下来的典籍的全部。试问，在这样浩瀚的典籍中，怎么会没有丰富的心理思想的材料呢？据我们的初步研究，中国古代的心理思想，主要包括在“经”和“子”两类典籍中；但在“集”类甚至“史”类的典籍中，也有一些片断的材料。例如，晋朝陶渊明的《形影神》诗通篇论述形神关系，是以后范缜《神灭论》这篇探讨形神关系问题的重要心理文献的先导。在战

① 《毛泽东选集》第二卷，人民出版社，1971 年横排本普及版，第 585—586 页。

国时期的一部编年体史书《宣传》中，就有相当丰富的病理心理思想的材料。

其次，从著名人物来说。自春秋后期的孔子至清代中期的戴震，其间有许多著名的学者、思想家，在心理思想方面都提出了一些很重要的见解。例如，先秦时期的孔子，对差异心理、学习心理、德育心理和教师心理等构成教育心理学内容的几个主要方面都有过一些有益的思想。嗣后，孟子从唯心主义方面发展了孔子的心理思想，提出了“性善说”和“求放心”等一些心理观点；荀子则从唯物主义方面发展了孔子的心理思想，提出了“性恶说”和“虚壹而静”等一些心理观点。两汉魏晋南北朝时期的董仲舒，继续发展孔子心理思想的唯心主义方面，提出了“性三品”的反动学说；王充、范缜等思想家，则继承荀子的唯物主义的心理思想，进一步更加科学地解决了形神关系和心物关系等心理思想的根本问题。隋唐两宋时期，涌现出了一批很有作为的思想家。例如，韩愈的教师心理思想、张载的普通心理思想、朱熹的读书法，等等，都是很有价值的。元明清时期，王守仁的“致良知”说把孟子的“良知良能”的唯心主义心理观点发展到了高峰。王夫之和戴震则把我国古代的唯物主义心理思想发展到了高峰。

再次，从心理的内涵来说。众所周知，普通心理学包括知、情、意、个性等四个方面。我国古代的思想家，对这四个方面都做过较系统的研究。例如，在“知”的方面，墨家就完整地提出过认识过程的心理观点。在“情”的方面，关于“情”的产生和分类的问题，很多见解至今仍有一定的参考价值。在“意”的方面，我国古代许多思想家都很重视“心”的能动性的研究。在“个性”方面，关于才能、兴趣、气质、性格等心理特点都有相当丰富的材料。还有在学习心理、德育心理、教师心理等方面，我国古代学者所作的研究则是更称独步了。在这里，我们更要特别提出的是关于“人性”问题的研究，从孔子的“性相近、习相远”说，一直到王夫之的“性日生日成”论，历代的思想家几乎都探讨过这个问题，并得出了一些在教育上很有价值的结论。此外，甚至在儿童心理和病理心理方面，我们也可以找到一些有意义的材料。

其次，从文献资料来说。我国古代论述心理思想的文献资料也是相当丰富的。这除了大量的材料散见于各著名思想家的主要著作外，也还有一些独立的篇章，甚至于整个一部书都是阐述心理思想的。例如，据有人研究，《墨子》书中的《经上》百条，其中自第二十一条三十三条，系统地阐明了心理思想。[①] 荀子的《劝学篇》《解蔽篇》《正名篇》《性恶篇》便是论述学习心理、认识过程、逻辑思维和人的本性等心理问题的重要文献。王符《潜夫论》中的《梦列篇》是一篇用唯物主义观点解释梦的重要篇章。范缜的《神灭论》是我国古代解决形神关系这一心理问题的光辉著作。更值得注意的是，公元三世纪魏国的刘邵写了一部《人物记》，系统地总结了我国古代关于心理鉴定的理论和经验。一九三七年美国人 J. K. Shryock 把这部著作编译成一本书，题为《人类能力的研究》（*The study of human ability*），在美国东方学社出版。[②]

最后，从争论的问题来说。在我国古代，有许多思想家曾就一些心理问题展开过激烈的争论。例如，先秦时期关于“生知”和“学知”、“内求”与“外铄”的争论，关于人性善恶问题的争论，一直延续了两千多年，两汉魏晋南北朝时期关于形神关系、才性关系问题的争论以及关于心理鉴定的探讨，对心理思想的发展都起过积极的作用。隋唐两宋和元明清时期关于“心”的问题的争论，又进一步探讨了形神关系和心物关系这两个心理思想的根本问题。此外，在梦、欲等问题上，我国古代也展开过各种思想的斗争。

从上面的简短的分析中，完全可以看出，我国古代的心理思想是相当丰富、相当完整、相当系统的。当然，它同现代心理学比较起来，在内容方面是初步的，在方法方面基本上是思辨性质的。

如上所述，我们对待中国古代的心理思想就应当采取这样的态度：一方

---

① 参阅詹剑峰《墨家的形式逻辑》. 湖北人民出版社，1956 年版，第 171－172 页。

② 参阅林传鼎《唐宋以来三十四个历史人物心理特质的估计》，1939 年。

面反对“虚无缥缈”的虚无主义，一方面反对“食古不化”的复古主义。虚无主义者以为中国事事不如外人，外国的月亮也比中国的圆。在心理思想方面，认为它是“舶来品”，在我国古代根本没有什么东西。复古主义者以为老子天下第一，外国不过是“东夷西戎南蛮北狄”之邦。在心理思想方面，认为中国古代的心理思想可以与外国现代的心理思想媲美，甚至还要先进。另外还有一种错误的想法，即虽然肯定中国古代有点心理思想，但在基本上却持否定的态度，如说：“中国之心理发达史与西欧情形略同，百家而后汉晋无心理可言；唐虽有研究心理者，然多带有宗教色彩，直至宋儒出，心理学始成问题。自宋迄今，无大进步，仅王学及‘儒而逃禅者’偶一论之要为无系统之学。”① 我们反对这三种错误的倾向，就应当全面地系统地分析研究中国古代的心理思想，对它作出合乎历史本来面目的正确评价。

二、“心理史”研究的对象和范围

肯定中国古代有心理思想存在之后，我们就可以进一步确定“心理史”研究的对象和范围了。

任何事物都包含有其自身的特殊矛盾。对于这种特殊矛盾的研究，就是关于这种事物的科学的内容；而这种特殊矛盾的本身也就是关于这种事物的科学的研究对象。正如毛泽东同志所说：“科学研究的区分，就是根据科学对象所具有的特殊的矛盾性。因此，对于某一现象的领域所特有的矛盾性，就构成某一门科学的对象。”②

那么，作为“中国古代心理思想”这一事物的特殊矛盾是什么呢？

我们说，“心理史”，顾名思义就是研究在“中国”这个空间内和“古代”

---

① 陆志韦、吴定良：《心理学史》，载《心理杂志选存》，张耀祥编，一九四三年二月再版。

② 《毛泽东选集》第一卷，人民出版社，1971 年横排本普及版，第 284 页。

这个时间内的心理思想发展的历史；而它就是我们研究的对象。但是，这一种提法尚未揭示出“中国古代心理思想”这一事物的内在的特殊矛盾性，因而有些失之于抽象而笼统。

我们认为，中国古代心理思想的特殊矛盾就是唯物主义心理观同唯心主义心理观的斗争、辩证的心理观同形而上学心理观的斗争。这样，我们便可进一步具体地规定：“心理史”就是研究中国古代唯物主义心理观同唯心主义心理观、辩证的心理观同形而上学心理观斗争的历史；而它也就是我们研究的对象。但是，这一提法带有客观主义的性质，没有表明出研究者应有的立场，因而仍不免有些失之于抽象而笼统。

我们认为，无论作什么研究工作，都必须坚持马列主义和毛泽东思想。这样，我们就要明确地表明自己的立场和观点，即支持唯物主义和辩证法，反对唯心主义和形而上学。这样，我们就要更进一步更加具体地规定：“心理史”就是研究中国古代唯物主义心理观战胜唯心主义心理观、辩证的心理观战胜形而上学心理观的历史，而它也就是我们研究的对象。

也许有人会问，把“心理史”的研究对象作如此之规定，是不是意味着在“心理史”中只须研究唯物主义的和辩证的心理观，而不必研究唯心主义的和形而上学的心理观了呢？

我们认为并非如此。在“心理史”中，首要的或主要的是研究唯物主义的或辩证的心理观；因为它是我国现在的科学心理学所直接继承和吸取的理论与材料。

我们认为，在“心理史”中，也不应忽视对唯心主义的和形而上学的心理观的研究；因为就其整个体系来说固然是反科学的，甚至是反动的，但在其个别方面，却也存在着某些合理的内核，可以为我们批判继承，为我们批判吸收。例如，孟子的“心之官则思，思则得之，不思则不得也”① 的命题，

---

① 《墨子·经上》。

说明了作为思维器官的心的作用，说明了独立思考和理性认识的重要性，就应当加以肯定。

我们认为，在“心理史”中，如果只研究唯物主义的和辩证的心理观，不研究唯心主义的和形而上学的心理观，就不能把前者发展历史的来龙去脉弄清楚；因为在历史上，唯物主义的和辩证的心理观也从唯心主义的和形而上学的心理观那里继承和吸收了某些有益的东西。例如，荀子关于“心”的一些概念和判断就是从宋尹学派那里吸收来的。

也许有人还会问，把“心理史”的研究对象作如此之规定，这与中国哲学史的研究对象不是没有多大区别了吗？

我们认为大致如此。

这是因为，在中国古代没有独立的心理思想体系，当然更谈不到有独立的心理科学了。心理思想是从属于哲学思想的，心理思想的材料是与哲学思想的材料交织在一起的。因此，哲学史上的唯物主义与唯心主义、辩证法与形而上学两条路线的斗争，就必然要给心理思想的发展打上不可磨灭的烙印。其实，即使当十九世纪后期心理学成为一门独立的学科之后，它的发展史仍然是一部唯物主义同唯心主义，辩证法同形而上学斗争的历史。这是不以人们意志为转移的客观规律。当然，我们如此说，并不是要取消古代的心理思想的发展史，而是为了把心理思想的发展史从哲学思想的发展史中相对地独立出来。

在我国古代，心理思想的材料不仅与哲学思想的材料交织在一起，而且也与社会政治思想、伦理思想和教育思想等材料交织在一起。如果我们对于这些材料不进行认真的分析研究，是很难确定它们到底属于哪一种科学思想的。其中，甚至于有些材料可以表述几种不同的科学思想，这就更需要我们从不同的角度去进行分析了。

由此看来，我们只确定“心理史”的研究对象就不够了，还必须进一步确定它的研究范围。而要确定“心理史”的研究范围，主要的不在于明确它应当研究哪些问题，而只要划分它和哲学思想、社会政治思想、伦理思想以及教育思想的界限就行了。当然，这些界限的划分只能是相对的。但即使如此，明确这些界限之后，“心理史”研究的范围也就自然明确了。

（一）要划分心理思想和哲学思想的界限。我们认为，心理思想和哲学思想界限不清的主要之点是在两个问题上：一是本体论方面，即世界到底是什么东西？意识对物质、思维对存在的关系如何？一是认识论方面，即世界到底可不可以认识？人是怎样认识这个世界的？前一个问题表现在心理思想上，又具体化为两个方面：一是神与形即心与身、心理与生理的关系问题，一是心与物即心须由物引起还是由形自生的问题。以中国古代为例，凡是一般回答道与器、理与气、心与物这两个方面谁是第一性、谁是第二性的问题的材料，就属于哲学思想的范围；凡是回答神与形、心与物谁产生谁、谁引起谁，谁反映谁的问题的材料，就属于心理思想的范围。因此，如果我们的这个想法能成立的话，那么，范缜的《神灭论》就应当是一篇重要的心理文献，而不是一篇哲学文献了。

认识论的问题表现在心理思想上，就是感知、想象、思维、记忆等的具体化，而不是一般地研究认识与实践、感性认识与理性认识的关系。例如，墨子的“三表法”就属于哲学思想的范围，而他的“知，材也”“虑，求也”“知，接也”“恕（古智字），明也”等四条“经”①，就应当属于心理思想的范围。又如，荀子的“不闻不若闻之，闻之不若见之，见之不若知之，知之不若行之”的论断，② 就属于哲学思想的范围，而他的“虚壹而静”以及关于错觉的论述，就应当属于心理思想的范围。

（二）要划分心理思想和社会政治思想的界限。我国古代有许多思想家，为了解决当时社会政治方面所暴露出来的一些矛盾，总是站在本阶级的立场上，用唯心主义的或朴素唯物主义的观点，探讨了许多问题。例如，关于性、

---

① 《荀子·儒效篇》。

② 《论语·子罕篇》。又《宪问篇》作“仁者不忧，知者不惑，勇者不惧。”

情、欲、才等问题的争论便是这样。他们探讨这些问题的出发点，一般是从社会政治方面着眼，其目的在于替剥削、统治者出谋献策：如何改造人的本性？如何控制人的情欲？如何利用人的才能？以便他们更有效地进行剥削和统治。但是，在探讨这些问题的过程中，他们又都自觉地或不自觉地涉及了一系列的心理思想，如性、情、欲、才怎样发生？它们之间的关系如何？它们的发展规律是什么？等等。我们认为，后面的这一些问题，显然就应当划归“心理史”去研究。

（三）要划分心理思想和伦理思想的界限。在我国古代有许多道德概念，由于解释有种种的不同，根据这一解释可以把它划归伦理史，根据另一解释却又可以把它划归“心理史”。这种情况既在同一个思想家的著作中有所反映，也在不同思想家的著作中有所表现。前者如，孔子的“智、仁、勇”，一般是属于道德范畴的，但当他解释为“知者不惑，仁者不忧，勇者不惧”①的时候，就应当属于心理范畴了。后者如，荀子把“勇”区分为“上勇”“中勇”和“下勇”以及对它们的界说，② 显然是伦理史研究的对象；而墨家把“勇”定义为“志之所以敢也”，③ 则显然是“心理史”研究的对象了。

（四）要划分心理思想和教育思想的界限。在我国古代，学习心理的思想是相当丰富的，这可以算是一个特点。但这种思想往往是和教育思想互相渗透在一起的，其中最难划分之处是学习的过程和方法。其实，这种难于区分的矛盾不仅在“心理史”中存在，即使在现代心理的研究中也是存在的。因此，这就更需要我们加以注意。划分的原则一般是，凡是对学习的过程和方法所作的心理分析的材料，属于“心理史”；凡是对学习的过程和方法所作的教育分析的材料，属于教育思想史。例如，《中庸》关于学习的五个步骤的论述和朱熹的读书法等，就是“心理史”所要研究的对象。

---

① 《荀子·性恶篇》。

② 《墨子·经上》。

③ 《荀子·解蔽篇》。

写到这里，我们还要重复地说一遍，即上述四个方面的界限的划分只是相对的，不是绝对的。凡是认为应当划入“心理史”研究的材料，哲学史、社会政治思想史、伦理史和教育史还是可以利用的；同样，凡是应当划入哲学史、社会政治思想史、伦理史或教育史的材料，“心理史”也可以利用。在实际研究中，如果一定要来个井水不犯河水，那恐怕是行不通的。

三、“心理史”研究的目的和意义

在党中央的领导下，我国正在实现工作重点的转移。第五届人大二次会议上的《政府工作报告》指出：“当前以及今后相当长一个历史时期，我们的主要任务，就是有系统、有计划地进行社会主义现代化建设”。而“安定团结地发展现代化建设，这是我国各民族全体人民的根本利益，是全国的大局，是当前和今后一个相当长的历史时期内的最大的政治。”因此，当前我国的各项科学研究工作，都应当面对这个最大的政治。即是说，当前以及今后相当长一个历史时期内，不论我们从事何种科学研究，都应当把实现四个现代化作为自己的目的。“心理史”的研究自然不能例外。具体来说：

第一，研究“心理史”，可以提高我们的爱国主义和民族自豪感。过去，当我们谈到心理思想时，总觉得它是“舶来品”。宁称希腊三哲，不言孔、墨、孟、荀，宁讲阿维森纳，不说张载、王安石。其实不然，我国古代不仅在科学技术、文学艺术等方面，对人类有重大的贡献，即使在心理思想上也不例外，同样是值得我们自豪的。例如，在错觉方面，荀子就较系统地分析了多种错觉及其发生的原因，其中如“厌（压）目而视之，视一以为两”，带有实验的性质，可与亚里士多德错觉观媲美，并应称为荀氏错觉。又如，在心理与脑的关系方面，清代名医王清任根据他自己对尸体的解剖和大脑病理的临床研究，在其所著《医林改错》一书中，明确地提出了“灵机、记性不在心在脑”的观点。这一观点比十七世纪法国二元论者笛卡儿的脑反射要彻底得多。他的《医林改错·脑髓说》于一八三〇年问世，比俄国大生理学家谢切诺夫于一八六三年发表的《脑的反射》的论文早三十多年。其他例证还很多。只要我们认真研究，便不难发掘出很多宝贵的心理思想，足以与外国争妍斗艳。

第二，研究“心理史”，可以丰富心理学的教学内容。过去我们讲授哲学，可以引用些中国哲学史的材料，讲授教育学，也可以充实点中国教育史的内容。可是讲授心理学时，则只能一味地讲外国的，中国的半点也没有。这种不正常的现象必须予以改变。我们认为，在讲授心理学的各章各节时，都有“心理史”的材料可以充实进去，以丰富心理学的教学内容。例如，在讲授心理学的基本观点时，就可以分析荀子“形具神生”和“精合感应”的有关论述；在讲授色觉问题时，就可以介绍清代郑复光编制的“颜色混合关系图”；在情感章，《关尹子》所谓“情，波也；心，流也；性，水也”的这一界说，与现代心理学威廉·詹姆士所谓的“意识流”名异而实同，就很值得介绍。在意志章，《墨子》所谓“志行，为也”的这一论点，与现代心理学的所谓意志行动颇相近，也很值得阐述。其他如戴德《大戴记·观人》、刘邵《人物志·八观》，以及诸葛亮的《心书·识人性》等，对了解和鉴定人的心理都有很大的意义。“心理史”不仅可以丰富普通心理学的教学内容，对教育心理学（特别是其中的学习心理）、医学心理学和儿童心理学的教学内容，也能提供颇多有用的材料。这里就不一一列举，留待以后专题研究时再详加介绍。

第三，研究“心理史”，可以促进心理学的研究工作。过去心理学的研究工作，很多都是在外国心理学所提供的理论概念和事实材料之中兜圈子，使研究者的思路受到了很大的局限性，如果在研究中，也从中国古代心理思想和事实材料出发来考虑问题，那么就会使研究者的眼界得到开扩，思路得到启发。例如，在意志心理方面，苏联心理学把意志和意志行动混为一谈，并用对意志行动的分析来代替意志过程的分析；中国心理学也照抄了这一套。

如果我们用中国古代心理思想所提供的决心、信心和恒心作为意志过程的三个阶段来进行分析，那就可以促进我们对于意志心理的研究工作。又如，在情感方面，苏联心理学所谓的“高级情感”这一概念就很不科学。因为既然有高级情感，就应当也有低级情感；那么，试问低级情感指何而言？又所谓高级、低级是按什么标准来划分的？而苏联心理学是没有回答的。我们认为，与其采用“高级情感”这一含糊不清的概念，还不如采用中国传统的所谓“情操”一词。如果我们用“情操”来代替“高级情感”，那岂不是又可以改善我们对于情感的研究工作吗？关于这两个问题，我们将专文进行探讨。其他的许多例证，我们也不打算在这里条分缕析了。

四、“心理史”研究的途径和方法

研究“心理史”和研究别的思想史一样，也必须运用马列主义和毛泽东思想的立场、观点和方法，必须把阶级分析和历史分析统一起来，必须把观点和材料统一起来。此外，“心理史”又具有其特殊性，我们就此提出如下意见：

第一，从纵的方面来进行研究。就是以著名人物或重要著作为中心，按照历史进程的顺序，依次地进行分析探讨。这样的研究，可以使我们对各个著名人物或重要著作的心理思想，有一个全面的深入的了解。根据我们的初步设想，从孔子到戴震，一个一个的著名人物或重要著作，我们都要进行分析研究。这可以称为纵断研究法。

第二，从横的方面来进行研究。就是以专门的心理问题为中心，打破历史进程的顺序，不顾人物和著作的先后，一个一个问题进行分析探讨。这样的研究，可以使我们把一个一个心理问题的材料集中在一起，联系对比，搞清楚它们的来龙去脉和发展规律。例如，关于性、情、欲、才的问题，我们就可分别集中有关的材料，进行分析和研究。这可以称为横断研究法。

上述从纵横两方面研究“心理史”的途径和方法是彼此联系、互为因果的，可以把它们合称为纵横研究法。在运用这种方法时，应当以纵断为主，横断为辅，只有先按照历史的顺序，把一个一个著名思想家的心理思想了解清楚之后，才便于把论述同一心理现象的思想材料联系在一起，比较对照，分析综合，做出合乎科学的结论。

在“心理史”的研究中，我们还会碰到如下两个问题：

第一，研究“心理史”可不可以采用现代心理学的术语？有人认为，中国古代连“心理”这个术语也没有，因此，在研究中不能采用现代心理学的术语，否则，就是把古代的心理思想现代化。我们认为，古往今来，人的心理现象的基本事实是客观存在的，虽然心理在发展着，人们对它的理解也应当有历史的、阶级的和个体的差异；但古今某些不同的心理术语，指的基本上是同一的心理事实。而且，现代新用的某些术语，也有可能是从古代演变过来的。例如，我国古代的所谓“情”，与今日所说的情感便指的是一个东西。在这种情况下，我们研究“心理史”，就可以而且必须采用现代心理学的术语，以利于研究工作的顺利开展。当然，也存在着这样的情况，即古今两个心理术语，表面上似乎一致，但实际上却指的不是同一或不完全同一的心理事实。例如，我国古代所谓的“人性”，与今日所说的“个性”便不完全是一个东西。在这种情况下，我们在研究中就不能也没有必要采用现代心理学的术语；否则，会妨碍研究工作的顺利开展。

第二，研究“心理史”，可不可以采用现代心理学的体系？有人认为，我国古代的心理思想散见于经、史、子、集中，并与哲学思想、社会政治思想、伦理思想和教育思想等交织在一起，它本身无体系可言，因此，在研究中不能采用现代心理学的体系；否则，也会把古代的心理思想现代化。我们认为，按照现代心理学的体系去分析、整理中国古代的零碎不全的心理思想是完全必要的。因为在这种系统化的过程中，就容易看出古代心理思想的庐山真面目；如果不用现代心理学的体系去对照古代的心理思想，就很难了解后者的真实价值。例如，我们研究孔子的教育心理思想，就可以参照现代教育心理学的体系，把它分为差异心理、学习心理、德育心理和教师心理四个主要方面去进行探讨，这样不仅可以使孔子的教育心理思想系统化，同时也可看出它与现代教育心理学的时代差异。当然，我们把孔子的教育心理思想如此系统化，并不是说它本来就具有这样的体系了。

上述两个问题实际上是一个问题，即用现代心理学对照古代心理思想的问题。这从研究方法的角度来看，可以把它们合称为古今对照研究法。在运用这种方法时，必须实事求是，即既不要用现代的水平去苛求古人；也不要为了适应现代心理学的科学水平而牵强附会，甚至于无中生有。

原发表于《上海师范大学学报（哲学社会科学版）》1979 年第 1 期

论 21 世纪教育的基本走向

燕国材

在即将过去的 20 世纪可以说是人的世纪；因为 20 世纪中，通过教育，人的地位在逐步提升。50 年代作为第三势力兴起的人本主义心理学及教育思想，便是这一特征的显著标志。“俱往矣，数风流人物，还看今朝”。在即将到来的 21 世纪，则更应当是人的世纪；因此，通过教育不断地提升人的地位，也就会成为 21 世纪教育的基本走向。

然则，21 世纪教育的这一基本走向如何把握呢？亦即它究竟体现在哪些方面？或者说，怎样才能促成这一基本走向的实现呢？我现在拟就此问题谈谈个人的一孔之见，以便向海内大家与广大教育工作者请教。

一、充分发挥教育的“四发”功能

从教育的角度分析，不断地提升人的地位乃是教育的基本功能，而这又具体反映在它的所谓的“四发”功能上，即发现人的价值，发掘人的潜能，发展人的个性，发挥人的力量。同时，我们只要充分发挥教育的这四大功能，就一定能体现 21 世纪教育的基本走向并促成其实现。

（一）发现人的价值

任何人生在世界上都是有价值的，不仅人类有价值，同时个人也有价值。所谓人的价值，就是人应有的地位、作用与尊严。我国古代的“人贵”论便表征着这种看法。“贵”即有价值的意思，“人贵”论便是有价值论。从《尚书·泰誓》“惟人，万物之灵”起，直到清末龚自珍的“天地至顽也，得倮虫（指人）而灵”（《龚自珍全集·释风》）止，都表现着这种宝贵的思想。西方现代人本主义则更是人有价值论的倡导者。归纳起来，人的价值主要反映在这么几个方面：首先，人既不同于动物，也不是机器，而人就是人。因此，每一个人就不只是要肯定自己是人，更要把别人当人看。其次，人是改造自然、推进社会的巨大力量。我国古代《易传》把人与天、地并列，称之为“三才”；老子以人为“四大”之一，肯定地指出：“道大、天大、地大、人亦大”（《老子·二十五章》），就反映了对人的这种看法。因此，人应当成为大自然与社会的主人。最后，每一个人都有其应有的尊严，都力求获得其应有的地位，发挥其应有的作用。

但是，人的价值并不是一下子就能发现和认识的。原始社会的人的生存，经常处在外在的客观力量的威慑之中，因而总觉得自己软弱无力，看不到自己已有的和应有的地位与作用。奴隶社会是一匹马换五个奴隶的时代，作为奴隶的人自然毫无地位、作用和尊严可说。封建社会中作为农奴的人，也只能过着被剥削、被压迫的非人生活。直到资本主义初期人文主义思想的出现与抬头，才真正发出了对人的价值的呼唤。但几百年来，人的价值始终未能摆脱资产阶级统治的严重桎梏。即使到20世纪后期，对人的价值的发现与认识，依然受到了种种的干扰与破坏。比如有些学者把人动物化，把人还原为机器，并企图用动物研究来代替对人的研究，用机器模拟来取消对人的探索。由此可见，在21世纪中，我们必须进一步通过教育，深入地发现人的价值；而教育的这一功能的充分发挥，自然有助于人的地位的不断提升。

（二）发掘人的潜能

任何人生来都具有一定的潜能，甚至是优秀的潜能。潜能并不神秘，它是人足以区别于动物的根本标志，是能够把人培养成为人的可能性或前提条件。动物没有人的潜能，因此，无论对它们花多大工夫，也是不可能使动物向人的方向发展的。我国古代不少思想家、教育家就注意到了人的潜能的存在，如孟子的“性善”论与“良知良能”说，便是讲的潜能：前者指道德潜能，即人生来具有接受社会道德的可能性；后者指智能潜能，即人生来便具有掌握知识、形成技能、发展智力、培养能力的前提条件。二程、朱熹、王守仁、王夫之等都持此种看法。每个人生来不仅具有一定的潜能，同时还欲使自己的潜能得到实现；而且只要自己努力，个人的潜能都一定可以开发出来。西方现代人本主义心理学家马斯洛倡导的自我实现论，主要就是讲的这种潜能的自我实现。

人的潜能的充分实现，必须通过教育、学习才有可能。但教育对潜能的开发，又必然要受到种种条件特别是社会文化历史条件的限制。正因为如此，在漫长的古代社会中，人的潜能是难以开发出来的，如历代不少具有优秀智能潜能的儿童，最终被湮没掉，便可以说明这一点。20 世纪特别是其后半叶以来，随着人的地位的提升和“以人为本”的呼声的日益高涨，对人的潜能的开发也就日益受到人们的重视，并取得了可观的成绩。但是毋庸讳言，发掘潜能的这一教育功能远未充分发挥出来。进入 21 世纪后，我们必须进一步通过教育，全面地发掘人的潜能；而教育的这一功能的充分发挥，也自然有助于人的地位的不断提升。

（三）发展人的个性

每一个人都应当有自己的个性，而且还必须使自己的个性得到充分而自由的发展。什么是个性？国内外教育界与心理学界尚处在见仁见智的局面之中。而在我看来，大千世界、茫茫宇宙中的万事万物都有自己的“性”，“性”即性质或质的规定性，它至少可以划分为物性与个性两个层次。个性即是人性在个体上的表现或反映，它是人们在生理、心理、社会性诸方面的一系列稳定特点的综合。个性既然反映人性，所以它便是共同性与差别性的统一。所谓发展个性，就是要在人的共同性的基础上，充分地把人的差别性显示出来，从而使每一个人都具有高度的自主性、独立性与创造性。这也是人类世世代代所追求的一种共同理想。

但是，通过教育发展个性的这一理想远未实现。在历史的长河中，由于人们对个性的理解与把握各执一端，即有的只强调共同性的一面，而抹杀了其差别性，因此，在教育中，就只注重对人们提共同要求，从而也就扼杀了人的个性的发展。就主要倾向说，古代的教育便是如此。进入近现代社会后，发展个性的要求逐步提上了议事日程，不少有远见卓识的思想家、教育家莫不鼓吹发展人的个性的必要性与重要性。西方早期的人文主义思想家与现代人本主义便是这方面的代表。可是由于他们又只强调差别性的一面，而抹杀了其共同性，因此，在教育中，就只注重因材施教、个别对待，从而也未能使个性得到真正的发展。据此，当历史的车轮驶入 21 世纪后，我们便要进一步通过教育，逐步使人们的个性得到全面的发展，而教育的这一功能的充分发挥，也必然有助于不断地提升人的地位。

(四) 发挥人的力量

汉王充在《论衡·效力》篇中指出：“人生莫不有力。”这可以称之为人力。而人力的表现，又可以一分为二，即体力与心力。前者即王国维所说的“身体之能力”；后者即他所说的“精神之能力”。王氏在 1906 年撰写的《论教育之宗旨》一文中指出：“教育之宗旨何在？在使人为完全之人物而已。何谓完全之人物？谓人之能力（即人力——引者）无不发达且调和是也。人之能力分为内外二者，一曰身体之能力，一曰精神之能力。发达其身体而萎缩其精神，或发达其精神而罢敝其身体，皆非所谓完全者也。完全之人物，精神与身体必不可不为调和之发达。”我认为，王氏对人力及其与教育的关系的论述是鞭辟入里的。就是说，只有通过教育，才能使人力即体力与心力得到应有的培养与发挥。这也是人类千百万年来所追求的一个共同目标。

遗憾的是，虽然自古以来就提出了培养和谐的人、完整的人、完全之人物、全面发展的人，但由于种种主客观的原因，人的力量没有得到充分的发挥与提高。20 世纪特别是自其后半叶以来，在教育“以人为本”亦即教育人本论的呼声中，人的力量受到了空前未有的重视。但也由于种种条件特别是社会条件的制约，人的真正的全面发展不可能获得。因此，进入 21 世纪之后，我们更须进一步通过教育，和谐地发挥人的力量即人的体力与心力，逐步使每一个人都获得真正的全面发展；而教育的这一功能的充分发挥，也必然有助于不断地提升人的地位。

上述的教育的“四发”功能是密切联系的，特别是人的价值、潜能、个性都集中体现在人的力量上；而人的地位的提升，又是以人的价值、潜能、个性与力量能否得到足够的发现、发掘、发展与发挥为转移的。总之，在 21 世纪中，充分发挥教育的“四发”功能，既是促成不断提升人的地位这一教育基本走向得以实现的必要手段，也是实现这一教育基本走向的必然结果。

二、切实贯彻教育的五大原则

20 世纪进入现代社会以后，逐步形成了五大教育原则，即主体性原则、和谐性原则、发展性原则、个别性原则、成功性原则。但这些原则都没有得到切实贯彻。21 世纪还必须继续进一步贯彻这五大教育原则，以体现 21 世纪教育的基本走向，即不断提升人的地位并促成其实现。

（一）主体性原则

在马克思主义关于“人是主体，物是客体”思想的指导下，人的主体性越来越受到人们的推崇。无论在实际活动还是认识活动中，都必须发挥人的主体作用，才能取得应有的成效，实现既定的目的。主体性已成为 20 世纪后期的一股汹涌澎湃的思潮。这股思潮冲击到教育领域之后，就不可避免地涉及人们对教育过程中教师与学生的地位及其关系的看法问题。如果教条地按照“人是主体，物是客体”的公式来讨论问题，那必然就会得出“双主体”的结论，即在教育过程中，教师是主体，学生也是主体。这种“双主体”论至今在我国教育领域中仍大有市场。而如果从师生关系亦即教师培养学生的角度看，则学生是主体，教师是客体，即学生是其成长与发展的唯一内因，而内因总是与主体相联系的；其余的一切包括教师在内，则成了促使学生成长与发展的种种外因，而外因总是与客体相联系的。正是基于此种认识，我提出了“学生是教育过程中的唯一主体”的命题，简称学生主体论。但这一观点却受到了“双主体”论甚至学生客体论的非难。这就反映出，主体性原则在 20 世纪的教育中尚未得到彻底的贯彻。

进入 21 世纪后，在不断提升人的地位这一教育基本走向的指引下，主体性原则亦即学生主体论一定会得到大大的发扬。所谓主体性原则，就是在教育工作中，必须尊重学生的主体地位，发挥学生的主体作用，调动学生主体的主动性、自觉性、积极性、独立性与创造性；就是要始终尊重、关心、理解、信任每一个学生，做到一切为学生、为一切学生、为学生的一切。所有这些贯彻主体性原则的要求，只有在 21 世纪才能逐步得到实现；这主体性原则的切实贯彻，就一定能不断地提升人的地位，保证这一教育基本走向始终不变。

（二）和谐性原则

亦可称为协同性原则。我们所处的这个大千世界，无论自然界或人类社会，它们之间以及各自所包含的诸因素，既有其冲突对立的一面，也有其和谐协同的一面。没有矛盾固然就没有世界，而没有和谐也是没有世界的。以天人关系为例，我国古代即有两种基本的观点：一种强调天人对立，主张与天斗争，肯定人定胜天；一种强调天人合一，主张与天协同，肯定天人共进。在我看来，这两种天人观是可以相辅相成的。即是说，在一定的条件下，人们为了自身的生存与发展，应当改造自然条件，但必须适可而止，不可毫无节制；而改造自然环境的目的，乃是为了更好地使人类与自然保持协调一致，不要破坏生态平衡，最终让人类自己遭殃。天人关系如此，其他关系也莫不如此。这也就是提出和谐性原则的客观依据。教育工作中的各种关系是错综复杂的，也必须遵循和谐性原则才能得到妥善的处理。比如，学校、家庭、社会三者之间的矛盾问题，几乎是古今中外教育领域的一个“老大难”问题；而解决这一矛盾的最好方式，是在看到其矛盾的基础上，尽可能使它们在教育上保持一致。这乃是和谐性原则的一种体现。

根据我的观察与分析，在20世纪，由于种种的原因，强调斗争的多，成为一种主要倾向；只是经过二战残酷事实的洗礼之后，人们才逐步醒悟过来：应当抛弃残酷斗争，而代之以和谐协作。这一思想还刚刚萌发，有待于21世纪的发扬光大。在教育领域中更是如此。从教育的角度看，所谓和谐性原则，主要包括三个方面的内容：内部和谐、外部和谐、内部与外部和谐。内部和谐主要指学生的心身和谐、手脑结合；外部和谐主要指影响学生发展的各种外因必须保持协调统一；内外和谐主要指个人发展与社会发展的统一，良好的人际关系也应包含其中。只有当这三方面的“和谐”趋于一体时，才会有和谐性原则的彻底实现，从而使人的地位达到合乎理想的提升，即成为真正的“和谐发展”的人。

（三）发展性原则

教育与发展的关系，是教育领域的一个重大问题。在这个问题上，存在这两种根本对立的观点，即传统教育思想持教育与发展脱节观，现代教育思想与之相反，持教育与发展统一观。这两种观点在20世纪是并存的：一般地说，前半个世纪是“脱节观”占主导地位；后半个世纪则是“统一观”逐步占据优势。后一种观点是由前苏联心理学家维果茨基于30年代提出的“最近发展区”奠定基础的。但由于前苏联左倾路线的干扰，维氏一生未能得志，其观点也湮没无闻，直到70年代才得到“平反改正”；其理论一经“解放”便发挥出了其应有的科学威力，成为现代教育改革的一种坚实的理论基础。发展性原则就是以此为依据提出来的。

由上可见，发展性原则是在20世纪后期逐渐形成的，它尚未完全成熟。在21世纪中，还必须对这一原则在理论上进行深入研究，在实践上让它充分发挥作用。维果茨基本来只是就教学与发展的关系立论的，要求教学必须走在发展的前面，即超越学生的已有发展水平，“向最近发展区”（学生已有发展水平同正待发展水平而尚未发展水平之间的区域）开拓，并促使最近发展区转化到已有发展水平的范围之中。我们应当把维氏的这一理论扩大到整个教育之中，即让发展性原则不仅适用于教学，而且也适用于教育，从而把教育（包括教学）与发展结合起来，在教育中追求发展，在发展中进行教育。如此理解与运用发展性原则，就一定能使它在21世纪不断提升人的地位的教育中发挥出巨大的作用。

（四）个别性原则

也称个别化原则。它渊源于古代的因材施教、个别对待。在古代，由于采用的是个别教育方式，便于因材施教，但这只是表面现象；而实际上是，对学生的统一要求过多、过严、过死，束缚了他们的个性发展。进入近代社会之后，随着班级制的建立，集体教育、统一要求在某种意义上更有所加强。后来人们逐步认识到，班级制不利于个性发展，也妨碍因材施教。于是就有不少有识之士开展研究、进行实践，提出了种种不同的个别化的教育形式。20世纪特别是50年代以来，个别化教育形式的研究与实践，已成为现代教育改革的一项重要内容，如西方兴起的合作学习论热潮便是一个明显的例证。

个别性原则就是在这样的背景上重新提出来的。必须指出，个别性原则虽然源于因材施教，但它却是“青出于蓝而胜于蓝”。因为这一原则已不单纯是一种教育方式，而是寓有发展学生个性的崇高目的，即发展个性既是这一原则的出发点，又是这一原则的归宿处。

在以不断提升人的地位的21世纪教育中，个别性原则更可以“大展宏图”。因为正如前面所说，人的地位的提升，是以人的价值、潜能、个性、力量的不断发现、发掘、发展、发挥为基础和前提的。而无论价值、潜能、个性、力量总是要落实到每一个活生生的个体上，总要显示出其各自的特点。这一原则的运用，一方面要以人的个别差异为依据，另一方面又要使人的个别差异更加千姿百态、万紫千红。而所谓个别差异，主要反映在智力因素与非智力因素上，特别是后者更能突出地表现出个人的独特性。在我看来，21世纪的教育，需要个别性原则，也能够切实地贯彻这一原则。

（五）成功性原则

21世纪后期，在教育改革中，逐步形成了成功性原则。这一原则的确立，是与人的地位的逐步提升分不开的。现在国内外不少学者的共识是：首先，每一个人生来都具有追求成功、避免失败的倾向；其次，每一个人都急欲获得成功；最后，每一个人只要付出一定的努力，就一定能获得成功。这三条带有规律性的论断，也就是成功性原则提出的依据。因此，在教育工作中，我们必须尽可能为学生创设条件，以保证每一个学生都能获得成功。而对待学生成功与否的态度，乃是划分传统教育思想与现代教育思想的一道“分水岭”。前者认为，教育只能让一部分学生获得成功，而总有一部分学生必须加以淘汰；后者则认为，不容许淘汰一个学生，获得成功是每一个学生的权利，而保证其成功则是每一个教育者应尽的义务。这种看法，已成为国际教育改革的一股思潮，它汹涌澎湃，势不可挡。

完全可以预断，以不断提升人的地位为己任的21世纪教育，必将更加需要贯彻成功性原则。因为提升人的地位，不是指少数人，而是指每一个人；只有人人成功，才能使人的地位获得提升。在80年代中，我曾提出一个成功公式，作为我的所谓非智力因素理论的组成部分之一。这个公式是：在其他条件基本相同的情况下，A＝f（I·N）。“其他条件”指客观条件（如办学条件），可用“E”来表示；“A”为成功；“f”为函数关系；“I”表示智力因素；“N”表示非智力因素。这个“成功公式”告诉我们：如果教育的客观条件适当的话，每个学生只要发挥其智力因素与非智力因素的积极性，就一定能取得成功。它乃是成功性原则的具体化。我深信，成功性原则在21世纪教育中必将显示出其无比的威力；也只有如此，才能使不断提升人的地位的这一教育基本走向得到可靠的保证。

上述教育的五大原则是密切联系的。其中主体性原则与成功性原则最为重要，前者是必要基础，后者是集中体现。同时，在我看来，无论提出什么教育原则或多少条原则，这两条教育原则是不可或缺的。也就是说，我所提出的另三条教育原则，都是这两条的派生物。在21世纪的教育中，只要切实贯彻这五大教育原则，就一定能保证不断提升人的地位的这一教育基本走向不偏不倚、直达彼岸。

三、全面实施全人的素质教育

古今中外的教育的根本目的，都是为了提高人们（学生）的素质，只是没用“素质”“素质教育”来予以表述而已。以我国而言，直到80年代，才逐步明确提出“培养素质”与实施素质教育的要求。这一要求的提出，正好给以往的教育理论与实践，作了一次必要的概括与总结，又为今后的教育改革与发展指出了明确的方向。我认为，加强素质教育与提升人的地位是相辅相成的：前者是后者的前提、基础，只有全面地提高人的素质，才能不断地提升人的地位；后者是前者的落实、归宿，只有不断地提升人的地位，才能切实加强素质教育，全面提高人的素质。

（一）素质概念的性质

素质本来是心理学上的一个专门概念，指人们与生俱来的一切自然的生理的特点而言。经过近几年来的广泛讨论，我国教育界取得了基本的共识，这就是：素质由三个层次的特点构成，第一个层次为自然素质，它是纯先天的；第二个层次为心理素质，它是先天与后天的结合；第三个层次为社会素质，它是纯后天的。这三个层次的素质即是基本的三类素质。无论把人的素质划分为若干种，都必须以这三类素质为基础，都要能归属到这三类素质之中。我是把素质划分为八种，即身体素质、心理素质、政治素质、思想素质、道德素质、业务素质、审美素质、劳技素质。这八种素质又包含有自己独有的内容。现一并列表如下：

<table>
<tr><th>三类素质</th><th>八种素质</th><th>包含内容</th><th>形成因素</th></tr>
<tr><td>自然素质</td><td>身体素质</td><td>身体的结构机能</td><td>先天因素</td></tr>
<tr><td>心理素质</td><td>心理素质</td><td>认知、智力因素与意向、非智力因素</td><td>先天与后天结合</td></tr>
<tr><td rowspan="6">社会素质</td><td>政治素质</td><td>政治认识、观点、信念与理想</td><td rowspan="6">后天因素</td></tr>
<tr><td>思想素质</td><td>思想认识、思想情感与思想方法</td></tr>
<tr><td>道德素质</td><td>道德品质与道德行为</td></tr>
<tr><td>业务素质</td><td>科学文化知识与技能技巧</td></tr>
<tr><td>审美素质</td><td>审美观、审美认识、美感、审美情趣和能力</td></tr>
<tr><td>劳技素质</td><td>劳动观、劳动品质、劳动知识与技能</td></tr>
</table>

从另一个角度说，前面阐述教育“四发”功能所提到的人的价值、潜能、个性与力量，可以而且应当都包含在素质概念的内涵之中。这样，所谓发现人的价值、发掘人的潜能、发展人的个性、发挥人的力量，最终就是为了提高人的素质；反过来说，为了提高人的素质，就一定要发挥教育的“四发”功能，使人的价值、潜能、个性与力量得到充分的展现与开发。这两个方面

的相辅相成，就一定能使人的地位得到不断地提升。

(二) 素质教育的涵义

顾名思义，素质教育就是培养素质的教育。其根本目的，大而言之，即提高民族素质或国民素质；小而言之，即提高学生的素质。这一目的又可分解为两个层次：一是做人，一是成才。前者是后者的基础，后者是前者的提升。无论一个人未来成为何种规格的人才，他都必须学会做人。

有多少种素质，就应当有多少种素质教育。前面说过，我是把素质划分为三类八种，因而素质教育也就可以是三类八种。在我看来，素质教育具有如下十大特点：

1. 素质教育的主体性。即认为学生是素质的承担者与体现者；强调学生是教育过程中的唯一主体；要求教育者必须“以人为本”，一贯尊重、关心、理解与信任每一个学生。

2. 素质教育的全面性。即提高所有学生的各种素质，不容许遗漏一个学生，也不容许对各种素质采取重此轻彼或重彼轻此的态度。

3. 素质教育的综合性。这是由素质的综合性（整体性）所决定的。就是说，八种素质以及与之相应的八种素质教育，它们之间具有相互促进（一荣俱荣）与相互促退（一损俱损）的关系，在实施过程中，必须整体地加以把握。

4. 素质教育的层次性。这是由素质的层次性所决定的。各层次素质无优劣、好坏之分，必须都加以培养与提高。

5. 素质教育的基础性。素质是学生做人的基础，也是他们成才的基础，个人素质还是民族素质的基础。

6. 素质教育的协同性。在实施过程中，只有内部、外部、内部与外部三个系列的诸种因素各自协调一致，又能“三位一体”，才能培养出“和谐发展”“全面发展”的人。

7. 素质教育的发展性。即要求把教育与发展结合起来，用素质教育促进和谐发展，用和谐发展提高素质教育，让二者始终处于良性循环之中。

8. 素质教育的内化性。素质是学生主体的内部的东西，教育过程中的其他一切都是客体的外部的东西。有效实施素质教育的关键，就在于千方百计地把一切客体的外部的东西，内化为学生主体的内部的素质。

9. 素质教育的实践性。它既要求必须更新教育思想，转变教育观念，更要求努力实施，付诸实践。

10. 素质教育的成功性。它要求必须使每一个学生都达到规定的素质标准。这也就是所谓成功性的唯一标志。应当创造条件，保证每一个学生都能获得此种成功。

（三）素质教育的实施

我国的素质教育是在 90 年代才开展起来的。其基本要求就是要完成从应试教育向素质教育转轨的任务。经过“八五”期间的努力，应试教育的堡垒尚未摧垮，必须在“九五”期间彻底摧毁应试教育，完成这一伟大而艰巨的转轨任务。

如果“转轨”任务能在 20 世纪末彻底完成，那么，素质教育就会成为 21 世纪我国教育改革与发展的主旋律。在未来的岁月中，我国将会建立起一套完整的素质教育体系，成为世界性的一流教育。

综上所述，我可以把 21 世纪教育改革与发展的基本走向及其采取的措施列表如下：

教育的基本走向	采取的必要措施		
	发挥教育的“四发”功能	贯彻教育的五大原则	实施全人的素质教育
不断提升人的地位	发现人的价值 发掘人的潜能 发展人的个性 发挥人的力量	主体性原则 和谐性原则 发展性原则 个别性原则 成功性原则	身体素质教育 心理素质教育 政治素质教育 思想素质教育 道德素质教育 业务素质教育 审美素质教育 劳技素质教育

原发表于《上海师范大学学报》1997 年第 3 期

论素质教育[①]

燕国材

在深化教育改革的过程中，越来越多的有识之士认识到，必须把升学教育或就业教育转变为素质教育，才能切切实实地提高教育质量。我认为，加强素质教育，提高学生的素质水平，乃是深化教育改革的正确方向。我们必须抓住这个方向不放。

然则，素质教育的含义何在呢？现在对这个问题的看法很不一致。有的提出，教育改革的要求是加强基础，培养能力，提高素质，发展个性。这样就把素质与基础、能力、个性等并列起来，似乎素质教育是专指提高素质而言。有的则明言素质教育是指提高政治素质。“名不正则言不顺，言不顺则事不成。”大家对素质教育的含义必须有一个共同的认识，才有利于升学教育或就业教育向素质教育的转变。

---

① 本文发表于《解放日报》1990 年 2 月 16 日，是作者倡导素质教育的首篇文章。后又撰写“再论”“三论”“四论”，发表于《解放日报》1990 年 5 月 4 日、11 月 2 日、12 月 28 日；“五论”“六论”“七论”“八论”“九论”发表于《中小学教育管理》1991 年第 4 期，1992 年第 3、4、5、6 期。1997 年 4 月吉林省教育学会将此九“论”，连同作者的另几篇文章，以及作者在“吉林省教育学会素质教育骨干培训班”上所作学术报告《素质教育总论》，辑为《燕国材论素质教育》小册子，以《教育信息》专刊出版，发给全省的教育工作者。可资参阅。

在我看来，素质教育应由如下六个方面的教育组成。[①]

（一）身体素质教育

俗语道："身体是革命的本钱。"古罗马谚语云："健康的精神寓于健全的体魄。"因此，教育改革首先必须有利于促进学生的身体健康，提高他们的身体素质。升学教育或单纯的就业教育的一个致命缺陷，就在于它剥夺了学生锻炼身体的时间和权利，加速了他们身体健康水平的下降，将来他们怎样承担起建设社会主义的重任呢？

（二）政治素质教育

在我国的现阶段甚至今后相当长的时期内，要使学生牢记并坚决拥护一个中心和两个基本点的路线和方针，深信只有社会主义才能救中国，只有社会主义才能发展中国。要树立共产主义的信念和理想。升学教育或就业教育往往只强调智育，忽视政治素质教育，近几年的教育实践就表明了这一点。

（三）思想素质教育

我们要用辩证唯物主义的观点和方法武装学生的头脑，让他们据此观察问题、分析问题和解决问题，能够正确地对唯心主义和形而上学采取批判的态度，敏锐地辨别出真与假、善与恶、美与丑、是与非。还特别要教育学生，在现阶段以至于今后一个相当长的时期内，对形形色色的非马克思主义的思想要有清醒的认识。

（四）道德素质教育

要让学生了解掌握社会主义社会的道德规范和道德要求。在现阶段，更要着重培养学生的爱国主义、民族自尊心、自信心和自豪感，养成艰苦朴素和勤俭节约的美德。还要让他们知道，要建设具有高度社会主义精神文明的祖国，必须从自我做起，从一点一滴的小事做起。

---

① 后又提出八种素质教育，即增补了审美素质教育与劳技素质教育两种。

（五）业务素质教育

我们所培养出来的人都必须具备较深广的专业知识和专门技能，还要有一定的文化修养；不仅要有本专业的系统的历史知识，更要用现代最新的科学知识、技能来武装自己。长时期以来，对这方面的教育是比较重视的，但由于囿于传统教育思想，以致未能收到更大的效果。

（六）心理素质教育

所谓心理素质教育，就是要发展学生的智力素质，培养非智力素质。心理学的研究和大量事实表明，一个人无论从事什么活动，都必须使自己的智力与非智力因素积极参加到全部活动中去，才能取得成功。

上述的六种素质，应当组成一个完整的素质结构。在这个完整的结构中，身体素质是基础、是前提，政治素质和思想素质是统帅、是方向，道德素质和专业素质是必要条件，心理素质是内部根据。如果这个看法能成立的话，那就表明，我们的教育工作应当完整地把握这六种素质教育，协调地去培养这六种素质；片面地强调培养一两种素质是违背教育规律的。

在素质教育中，除了把握素质的完整性外，也要注意它们之间的差别与界限。就是说，学生中所发生的种种问题，是思想的就不能把它说成是政治的，是道德的就不能把它说成是思想的，是心理的就不能把它说成是道德的，更不能把它说成是思想的或是政治的。如果混淆了问题的界限，使教育失去针对性，那就会贻害学生，造成教育的失误。

原发表于《解放日报》1990 年 2 月 16 日版

素质教育的追求、困境与出路

燕国材

素质教育的理想追求

素质教育从其兴起时开始，就提出了自己的种种理想追求。依其发展的情况，可以把这些追求归结如下：

理想追求之一，摧毁应试教育体制。从科举制（606 年）算起，我国的应试教育已有 1400 余年的历史：科举时代即有一套严密的制度，学习者从乡试到省试再到京试，一路过五关斩六将，以取得秀才——举人——进士等不同等级的功名。清末（1905 年）废除科举，兴办学校，但应试教育的体制却依然存在，即学习者从小学到中学再到大学，也是要月月考、年年考，以取得不同等级的学历文凭；大学毕业获得学士后，不少学习者还要通过考试去争取硕士、博士等不同等级的学位。可以说，我国学生的青春是在考试中度过的，我国的教育也就成了培养应对考试能力的教育，即应试教育。素质教育的大旗上，始终写着这样的口号：“反对应试教育！摧毁应试教育体制！”归结起来，在教育目的上，它是以学生素质的全面发展来反对片面追求升学率；在教育对象上，它是以面向全体学生来反对只顾少数“尖子”；在教育内容上，它是以德智体美劳的有机结合来反对智育第一；在教育方法上，它是以“因材施教、区别对待”来反对只管升学的“统一要求”；在教育评价上，它是以多元的综合性评价来反对把考试、分数作为唯一的评价方法和标准；在教育结果上，它是以“及格＋特长”的人人成功来反对“升学即成功”而淘汰大多数，最终是要将应试教育体制彻底摧毁！

理想追求之二，减轻过重课业负担。学生课业负担过重是一个教育的老大难问题，几十年来，我国教育行政领导部门虽曾发布大量有关文件，要求切实减轻学生过重的课业负担，但没有收到多少成效。很明显，这个问题与应试教育是一对孪生兄弟：正因为要应对形形色色的特别是升学考试，所以课业负担就越来越重；同样，正因为课业负担层层加码，所以各种考试特别是升学考试的要求也就越来越高。可以说，二者是互为因果，甚至是狼狈为奸的；只有摧毁了应试教育体制，才能真正减轻学生的过重课业负担；也只有真正减轻了过重的课业负担，才能免除考试特别是升学考试在恶性竞争中不断攀升。有鉴于此，素质教育在反对应试教育的同时，也就举起了减轻学生课业负担的旗帜。

理想追求之三，落实全面发展教育。促进人的全面发展的全面发展教育，是人类世世代代所追求的共同理想。马克思主义针对当时资本主义片面发展的现实，以及对未来共产主义社会的向往，极力倡导全面发展教育。中华人民共和国成立以后，我国在苏联凯洛夫教育思想的指导下，也大力开展全面发展教育。但全面发展什么，却一直不大明确。如有时说全面发展德、智、体、美、劳，有时则说德育、智育、体育几方面都得到发展。但究竟是发展德、智、体（或德育、智育、体育）的什么，似乎还缺乏一个“补语”。素质教育的提出，就是要添上这个“补语”即素质。于是，所谓全面发展，大而言之，就是全面发展民族的素质；小而言之，就是全面发展学生的素质。

理想追求之四，全面培养各种素质。人的素质是多种多样的。现在的一般共识是把素质划分为三类：（1）生理素质。又叫身体素质、自然素质，主要指感知器官、运动器官、神经系统和大脑等结构上与机能上的一系列特点而言，是与生俱来的先天因素。（2）心理素质。有多少种心理因素，就应当有多少种心理素质，如认识（智力）的、意向（非智力）的和个性（人格）的心理素质，都是先天与后天的“合金”。（3）社会素质。包括政治的、思想的、业务（知识与技能）的、道德的、审美的和劳技的等 6 种社会素质，都是后天学习得来的。还有一种创新素质，则是前三类素质得到了一定程度的甚至高度发展的结果或集中体现。据此，具体地说，所谓全面发展，就是要在协调统一之中发展学生的生理素质、心理素质、社会素质与创新素质。

理想追求之五，开发潜能，发展特点，培养品质。如上所述，素质教育的理想追求可以归结为发展人们（学生）的种种素质。但素质是什么？如果不把这个问题搞清楚，只是笼统地说培养素质，那么还是难以使素质教育的理想追求得以兑现的。到底什么是素质呢？教育工作者经过多年的讨论后，已取得的基本共识是：素质包含 3 种因素（成分），即潜能——隐藏在人们身心内部的一种潜在能量（力量）。它是人们身体与心理赖以发展的前提或基础，而不单纯是一种只能发展为现实能力的潜在能力。它既是先天的，也是后天的；其开发既是无限的，也是有限的。先天特点——包括生理特点与心理特点两个方面。前者有体能特点，如速度、耐力、灵敏度、协调性等；神经过程特点，如强度、平衡性和灵活性等。后天品质——由学习得来的一切心理品质，就其广义而言，政治品质、思想品质、道德品质等都是心理品质。这样看来，素质教育的最终理想追求，就是要开发人的潜能，发展人的生理特点与心理特点，培养人的一切心理品质（包括政治品质、思想品质与道德品质）。

素质教育的重重困境

上述素质教育的理想追求是完全值得肯定的，应当创造条件促其实现。

但遗憾的是，在近20年来素质教育的实施与全面推进中，虽然取得了一定的成绩，却也遇到了种种阻碍，陷入了重重困境。这是很值得我们注意的。那么到底有哪些困境呢？

困境之一：考试指挥棒依然不停地挥舞。这就是有人所说的，“应试教育这条粗线越描越粗”，升学竞争压力有增无减。其表现是：竞争目标不断提高。以高考为例，无论城市或农村，学习稍好一些的学生，几乎都不愿考高等职业学校；考上了普通的高专也不去读，宁肯进高复班学习，第二年再考；有些甚至不愿读一般大学，而是重点大学志在必得。

竞争重心不断下移。不只是上大学竞争激烈，中考也是一样，因为都想进重点中学（现称为示范性高中）。如今的普遍现象是，幼儿园的小孩想进好小学，小学生想进好初中，初中生想进好高中；而其所谓的好，都是指升学率高而言的。一句话，在考试指挥棒的挥舞下，无校（包括幼儿园）不竞争，无生（包括幼儿）不竞争。

择校现象愈演愈烈。择校并非随意可得，它一般需要两个条件，即考试与钞票；当然有权势背景者例外。考试成绩不好，则择校也难，甚至有些好学校，其入学考试成绩按标准少一分则多交10000元。虽然如此“严格”，但择校者却依然大有人在，且日甚一日。而择校的唯一目的，就是为了提高应试本领，以便能考上高一级的好学校。

困境之二：课业负担重照样未能减轻。在这方面存在一种怪现象，一方面不停地高喊减轻课业负担，一方面又不停地增加课业负担，以至于到头来课业负担越减越重。如必修课不减，选修课与各种竞赛活动增加。不少学校只能靠加班加点来提高学习成绩。有些学校还推行研究性学习与双语教育。这必然使课业负担有增无减。

据国家统计局、教育部对全国部分大中城市中小学校和农村县中的调查：普遍存在3多3少现象，即作业多、补课多、考试多，睡眠少、体育活动少、社会实践少。有35%的校长、37%的教师、58%的中学生认为课业负担“比较重”或“过重”。高三学生早6点前起床的占34%，晚11：30后睡觉的超过40%。假日补课现象很是普遍，学生几乎是没有双休日。最近，有专家认为，疲劳已成为注意力的第一“杀手”。据中国社会心理学会对2016位大中学生的问卷调查，有四成学生承认自己上课无法集中注意力，五成在自习时不能全神贯注，六成不能坚持集中听课30分钟以上。由于学习压力大，居然有五年级小学生向往和爷爷奶奶一样能过“退休”生活。

困境之三：评价要求日趋单一。我国的教育评价体系总是与考试制度紧密联系在一起的，有什么样的考试制度，就会有什么样的评价体系，反之亦然。这反映在目的、内容、方法与标准等4个方面，所谓评价要求日趋单一，也可以从这4个角度加以分析：目的上，单纯为了区分优良中劣，以便选拔优秀生，淘汰所谓的差生；内容上，只看知识与技能，其他如道德、能力、特长等都基本上被排斥在评价的大门之外；方法上，单纯运用考试法，别的考察方法都一律不予重视；标准上，只看分数高低，其他的种种表现都不再重要。归结起来，现在评价要求的单一性可以表述为，单看学习好——知识多——分数高。

困境之四：素质发展更加片面。片面追求升学率愈演愈烈，只要业务素质，忽视其他素质的发展，如身心素质等的下降便是明证。64%的中学生不做任何家务，63%的中学生课余不参加任何体育活动。

身体素质下降：据教育部最新的体质监测结果，在学生形态发育水平提高、营养状况改善的同时，学生的速度、爆发力、力量、耐力、肺活量等持续下降；超重及肥胖检出率上升；初高中学生近视检出率分别达到58%、76%。

心理素质下降：国家统计局、教育部调查结果显示，中学生步入校门时，其心情总是感到郁闷、紧张、疲惫、厌烦、焦虑或恐惧。他们对学习有兴趣和比较有兴趣的不到50%。不少学生意志薄弱，信心不足，缺乏创新精神与实践能力。由于考试特别是高考竞争激烈，80%以上的学生产生了“失败者”

的心态。有人提出要谨防学生走上“失败——厌学——犯罪”的道路，这绝不是危言耸听。

政治、思想、道德素质下降：调查也表明，许多中小学生不能吃苦耐劳，缺乏诚实守信的品质，不讲文明礼貌，生活方式不健康，缺乏爱心和尊重生命的意识，缺乏团结互助精神，甚至有些学生缺乏基本的是非观。青少年网迷日益增多，吸毒等犯罪问题也日渐突出。

困境之五：教育观念仍旧陈腐落后。这主要反映在 3 个方面：从家庭角度看，父母对子女的期望值很高，他们总是“望子成龙”“盼女成凤”，甚至把自己的一切都押在子女的成就上。子女学习成绩好，考上了重点中学或名牌大学，他们就感到脸面有光；反之，子女学习成绩不好，考试总是名落孙山，他们就感到低人一等。

从学校角度看，无论社会、家庭还是学校本身，都把升学率作为衡量学校质量的唯一标准。这就迫使学校不得不拼命地片面追求升学率。这里还有一个非常现实的问题，就是升学率高的学校，愿意去读的人就多，而学生多，就意味着经济的收益好。

从学生角度看，他们在社会与家庭的影响下，头脑中残存着“书中自有黄金屋，书中自有千钟粟，书中自有颜如玉”的观念。在农村的，读书就是为了越过龙（农）门；在城市的，也总想出人头地。一句话，“万般皆下品，唯有读书高”的陈腐观念，仍然在学生的思想中作祟。

素质教育的基本出路

出路之一：改革考试制度，实施综合评价。考试制度特别是中考、高考有如紧箍咒，严重阻碍着素质教育的发展。如果说，初高中的前两年还能进行不同程度的素质教育，那么毕业班则是百分之百的应试教育。所以必须改革考试制度。如何改革？这可以从 4 个方面入手：在考试目的上，主要的是应当把考试作为检测诊断的工具，而不要简单地把考试作为筛选淘汰的手段。即使高考也不应例外。就是说，通过高考，首先要让考生知道自己学习上存在哪些问题，今后如何发挥优势，补救不足；其次要给落榜生以适当的安排，不要让他们以“失败——淘汰者”自居而了之。在考试内容上，不要只考知识，还要考能力；在考知识方面，不要把知识过多细节化，也不要偏重于死记硬背的知识，而应当注重对知识的实际应用、综合概括与发挥创新。在考试方法上，不要老是书面闭卷，是否也可以采用某些非书面的实际操作的形式。在考试标准上，不要把分数单一化，而要将某些别的方面如特长、课外活动、社会服务等纳入到考试标准之中。

要改革考试制度，必须改进评价体系，实施综合评价。这里所说教育评价的综合性，是指评价要多元统一或统一多元。即是说，素质教育的评价，必须统一于对素质的评价。而素质是多元的，在评价学生素质时，就必须对其身体素质、心理素质、社会素质与创新素质进行评价；同时，各类素质（包括创新素质）又是多元的，即它们也各自由若干子素质组成。如社会素质就含有 6 种：政治素质、思想素质、道德素质、业务素质、审美素质与劳技素质等。我们还必须对这些子素质进行评价。然后在此多元评价的基础上，经过分析综合、抽象概括，就可以对某一学生的整体素质水平得到一个合乎实际的结论。应当看到，如果我国的高中特别是高三学生都能有如此的素质评价，就可以提供高校录取新生时参考，从而有助于打破高考一分定终身的局面。

出路之二：改进课堂教学，提高学习“双效”。课堂教学是保证教育质量的一条基本途径，学校工作依然要以教学为中心。但课堂教学必须改进，以提高学生学习的效率和效果。那么怎样改进教学呢？其回答是采取“多元综合”的策略。先说多元：

多目的——二期课改把教学目的定为：知识、技能，过程、方法，情感、态度、价值观。从心理学角度看，还可以有认识、情意、智能与人格的目标。

多水平——现代教学论认为，课堂教学有4种水平，即记忆水平、理解水平、思考水平与创造水平。早在500多年前，我国明代思想家、教育家王阳明所提出的记得、晓得、明得与化得，就依次与这4种水平相当。

多方式——有多种多样的教学方式。但从心理学角度看，主要是4种：认知教学，它又可以分为接受式与发现式，而前者又有机械接受式与意义（理解）接受式，后者有研究性学习与创作式学习。体验教学，它以人的情意为心理基础，有以知启情、以情促知、情知交融等三种方式。实践教学，它可以有实验式、调查式等。创造教学，它是前三种教学方式的集中体现。

多标准——任何教学都既有其共同的统一要求，也有其不同的个别（或类型）要求。

再说综合：就是将上述的几个“多”各自有机地结合起来，和谐运用，协调运转，相辅相成，相得益彰。以“多水平”为例：从横向看，这四种水平确实依次有高低优劣之分，但从纵向看，它们却是各有千秋、无分轩轾的。因此，在课堂教学中，就应当从实际出发，综合地运用此四种教学方式。余均不赘。

出路之三：加强综合培养，构建和谐教育。为此，要着重处理好如下8对关系：

一是天人关系，即人类（包括个体）与环境的关系。在教学中，要创设一个好的学习环境，要处理好人与环境的关系。特别是要通过教学，增强学生的环保意识，培养他们适应环境的能力。

二是人我关系，即人际关系。在教学中，要建立一种和谐协作的教学气氛，按人本主义心理学的说法，这是搞好一切教学工作的首要条件。要通过教学，处理好师生、生生的关系，培养学生人际交往的能力。

三是手脑关系，即动手与动脑的关系。在教学中，既要让学生动脑，也要让他们动手，培养他们善于把手脑结合起来使用的能力。

四是内外关系，即内化与外化的关系。凡是外部的客体的东西转变为内部的主体的东西，叫作内化的过程；反之，凡是内部的主体的东西转变为外部的客体的东西，叫作外化。教学就是一个不断内化与外化结合的过程。如把知识结构转化为认知结构以获得知识，然后又运用知识去解决实际问题便是。

五是身心关系，即身体（生理）与心理（精神）的关系。在教学中，既要重视学生的身体健康，也要注意他们的心理健康；要使学生保持身心和谐状态，培养他们善于自我调控的能力。

六是德智关系，即道德进步与智力发展的关系。在这方面，古今中外大致存在着 4 种观点，即重德轻智，重智轻德，德智并重，德智统一。教学中，在引导学生掌握知识、发展智力的同时，还要注意培养他们的道德品质。

七是情知关系，即情感与认知的关系。古今中外对此也有 4 种看法，即重知轻情，重情轻知，情知并重，情知统一。美国心理学家布鲁姆提出的认知与情感的教学目标，注意到了情感对教学的重要性，但只是情知并重，没有把情感与认知统一起来。在教学中，既要以知启情，也要以情促知，更要情中有知，知中有情，使知情交融在一起。

八是知能关系，即知识与能力的关系。在这个问题上，一般的共识是，知识是发展能力的基础，能力是掌握知识的条件。但遗憾的是，我国长时期以来，在教学中只重视知识的掌握，而忽视对能力的培养。我们必须把二者协调起来，在知识的基础上去发展能力，在培养能力的过程中去掌握知识。

总之，只要善于处理好上述八对关系，使它们和谐协调；又能够使它们所涉及的各种因素在和谐协调之中获得培养与提高，就一定会收到加强综合培养与构建和谐教育的效果。

出路之四，注重手脑结合，培养创新精神。早在 20 世纪 40 年代，我国现代著名教育家陶行知就曾提出要求，即加强手脑结合，培养创新精神。但由于种种原因，他的这一教育理想没有得到实现。80 年代以来，我国虽然曾两次掀起创造教育的热潮，但由于没有抓住“手脑结合”这一根缰绳，所以也未能使“创造教育”之马在神州大地上奔腾起来。

为什么手脑结合有助于创新呢？这是因为，动手有助于开发大脑右半球，也有助于培养能力，特别是实践能力；而动脑则有助于开发大脑左半球，也有助于发展智力，特别是思维智力。正如心理学所云，左右两半球的协调活动，智力与能力的有机结合，为创新活动的开展提供了必要的生理与心理机制。

到底怎样才能创新呢？我们认为，最基本的是要实行“六大解放”和破除“五大迷信”。兹略作分析如下：

“六大解放”是陶行知提出来的。一是解放学生的眼睛，让他们眼观八面；二是解放耳朵，让学生耳听四方；三是解放嘴巴，启发学生敢于多说、多提意见；四是解放双手，引导学生善于动手、进行实际操作；五是解放大脑，鼓励学生善于动脑、进行智力操作；六是解放时间，使学生有充裕的时间开展创造活动。

“五大破除”是古今中外有关经验的概括。一是破除对古人的迷信，使对问题的思考现代化；二是破除对洋人的迷信，使对问题的思考中国化（或本土化）；三是破除对权威的迷信，使对问题的思考科学化；四是破除对书本的迷信，使对问题的思考实际化；五是破除对自己的迷信，使对问题的思考客观化。

综上所述，在教育中，我们必须创造条件，保证这“六大解放”的实行与“五大迷信”的破除，才能使学生进入“创造之地”，处于“创造之时”，成为“创造之人”；反之，如果只是高喊创造、创新，而禁锢学生，任其迷信，那么这种人到头来只能是叶公好龙之徒。但愿我们的教育工作者（包括教育领导）言行一致！

出路之五：深化理论研究，树立正确的观念。前面说过，教育理论的缺乏，教育观念的陈腐，严重地阻碍了素质教育的发展。所以必须深化教育理论研究，树立正确的教育观念，才能推动素质教育走出困境。

先谈前者，素质教育没有自己的完整教育理论，而用以指导的是清一色的外国教育理论。但外国的教育理论是否都很成熟，即使成熟又是否适合我国的国情？这都是值得深长思之的。因此，我们应当总结实施素质教育的经验，继承与再构我国古今的教育思想，借鉴与改造外国的教育理论，以形成有我国特色的素质教育理论。

我们认为，素质教育理论不应当是单一的，而应当是多种多样教育理论的综合。如成功教育、愉快教育、情境教育、和谐教育、主体教育与创造教育等种种理论，都是素质教育理论的构成因素。

曾有学者提出批评说，我国有“658种教育理论解决不了现实问题”。从这一带有贬义的话语中可以看出：(1) 中华民族是一个善于理论思考的民族，并不比外国人差。(2) 庄子说：“始生之物，其形必丑。”“658种教育理论”虽然“解决不了现实问题”，但应当加以爱护，切不可都“一棍子打死”。(3) 更为重要的是，应当以这“658种教育理论”为基础，去粗取精，去伪存真，深化教育理论研究，构建素质教育理论。我国的素质教育只有在自己的教育理论指导下，才有可能走出困境，步入发展的康庄大道。

再谈后者，要使素质教育顺利发展，必须树立如下10个正确的教育观念：

——教育民主观念。要反对教师（父母）“一言堂”。必须尊重学习者的主体地位，发挥其主体作用，激励其主体积极性。

——教育公平观念。要让学生享有同样的教育资源，反对为有权有钱人家的子女兴办“贵族学校”；要提高所有学校的办学水平，反对学校办学条件的两极分化。

——“教育即生活”观念。教育要与学生的生活实际紧密联系，培养学生的生活能力，使他们善于处理生活中发生的种种实际问题。

——“教育是事业”观念。教育从来就是国家的民族的事业，国家有责任有义务办好义务教育乃至一切教育，反对教育产业化。

——“孩子非私有”观念。任何孩子都属于国家和民族，都是国家的未来、民族的希望。父母不要把孩子当作私有财产，对孩子负责就是对国家、对民族负责。

——“爱满天下”观念。孔子倡导“爱人”，墨子主张“兼爱”，韩愈云：“博爱之谓仁。”这就是陶行知提出“爱满天下”的历史渊源。只要教育工作者具有这种胸怀，就一定能把素质教育办好。

——职业平等观念。我国长期处于封建统治的历史阶段，封建等级思想根深蒂固，至今依然在那里作祟。我们必须清除等级观念，树立职业平等观念，即认同职业没有高低贵贱之分，并采取相应的实际措施。这样对全面推进素质是有好处的。

——重视学力观念。“学力”代表一个人的真才实学，而“学历”则可能同一个人的真实本领不符，即高学历者不一定有高素质。所以必须打破只看文凭、重学历的用人标准，而树立重视学力的观念。

——承认差别观念。在理论上是“人皆可以为尧舜”，但在实际上，无论是主体还是客观条件，人与人之间都存在一定的差别。人们特别是家长必须承认这种差别的存在，以便对自己的子女提出适当的期望值。只要承认差别，就可以按照朱熹早就说过的“小以成小，大以成大，无弃人也”的设想去实施和推进素质教育。

——人人成功观念。每个人生来即具有追求成功的倾向，每个人都急欲获得成功，只要努力每个人都可以获得成功。这可以说是一条“成功律”。人们应当据此而树立人人成功的观念，反对“没有淘汰，就没有教育”的思想。

在高喊素质教育的当下，我们要防止空喊口号，而要切实从细微之处真正落实素质教育，倘如此，以人的全面发展为前提的素质教育是能够实现的。

原发表于《探索与争鸣》2007年第2期

第三辑

感恩燕师

随风潜入夜，润物细无声

蓝　云

我是 1980 年开始在上海师大教育心理班学习教育心理学的。虽然那时改革开放经年，学术界的不少禁区已经打破，但心理学自 19 世纪 50 年代被认为是“唯心主义”被禁以后，与国外脱节太久。我们的教科书在很大程度上仍没有跟上当代心理学的潮流，以行为主义的内容为主，讲授巴甫洛夫的经典行为主义（classical behaviorism）和斯金纳的操作性行为主义（operational behaviorism）。记得那时在上海展览馆开办了“文革”后的第一次美国图书展，凭学生证可以入场。我和我的同学们在书展期间，几乎是天天去书展看心理学方面的书，主要是教科书。那是我第一次接触到当代心理学的一些基本概念和理论，第一次了解了心理学自 19 世纪 50 年代起从行为主义到认知主义的演变的“认知革命”。书展上没有影印机，我们只能拿个本子猛抄。论到我们当时对心理学知识的追求，说是“如饥似渴”绝不为过。

我们敬爱的老师们为了让我们能早日了解国外心理学的新理论和研究方向，真是煞费苦心。记得洪宝林老师带着我们把布鲁纳（Bruner）的《学习过程》（*The Process of Education*）学了一遍。吴福元老师把一本发展心理学的教科书分成章节，让同学们分组，边翻译边学习。燕国材老师则是把“非智力因素”的概念介绍给我们，让它成为我们心理学知识架构中的一块基石。

人们当时对智力因素的重视，自有其学科、社会和文化的原因。自从高尔顿（Galton）在19世纪从心理学的角度对“智力”这一概念旧话重提，心理学界对智力的成因、智商的测试和影响智力发展的因素就几近痴迷，而且经久不衰。而当时的中国教育界，在经历了十年“知识越多越反动”的反智力主义的荒唐实践后，更把智力看作是教育的主要目标，是学校教育的重中之重。不可否认的是，中国传统的教育理念对非智力因素在教育及教学中的作用，是不够重视的。我们强调“书山有路勤为径，学海无涯苦作舟”。至于学习过程中动机和兴趣的作用及如何培养学生的动机和兴趣，则常常不在我们关注的范畴之内。燕老师当时提出“要重视非智力因素的培养”，不啻是给我们打开了一个新的视角，让我们有耳目一新的感觉。

三十余年后，我对心理学，尤其是教育心理学，有了较全面的了解。再回头看燕老师当时提出的非智力因素在教育中的作用，更领会了这一理念的前瞻性。学习动机和学习者在学习过程中的情感体验，虽然不直接参与学习的认知过程，却对学习的成果和学习行为的持续有非常重要的作用。尤其是在知识快速更新迭变的今天，培养学生的学习动机，很可能比教会他们某种知识或某个技能更为重要。

记得燕老师也是素质教育的倡导者和先行者。燕老师的“非智力因素”和“素质教育”这两个教育理念，其实是一脉相承，互为表里的。强调“非智力因素”与“智力因素”并重是素质教育的心理学基础，而素质教育强调在教育实践中非智力因素的不可或缺。关于素质教育，我们已经讨论了近四十年，但好像还没有一个明确的定义。我在国外的心理学界工作了三十年，也找不到一个与素质教育相对应的概念。但是我想，如果我们的教育兼顾智力因素和非智力因素，让我们的学生在学校教育的过程中形成一个终身学习的动机（属非智力因素范畴）并发展一套适合自己的学习方法（属智力因素范畴），他们离开校门之后，还有什么是他们该学或想学而学不会的吗？这不就是我们孜孜以求的素质教育吗?

燕老师的教育理念更教会了我要把教育过程作为一个整体来看，着眼于受教育者的全面发展。有一次上课时，燕老师说:“孔夫子的‘智仁勇’对应着现代心理学的认知、情感和意志。”时隔多年，我仍然记得听到这句话时醍醐灌顶的感觉。是啊！如果认知是智力因素的话，情感和意志就是教育过程中的非智力因素。人的发展，三者缺一不可。人们的学习和发展的过程，其实是一个整体。可是我们因为受研究方法的限制，或是仅仅出于方便，在研究学习现象时把这个整体分割为许多部分，然后专注其中的一个部分，或认知，或动机，或发展。这或许是无可厚非的妥协，但如果我们就此见木不见林，忘记了“整体大于部分之和”，我们对学习过程的理解不仅是不全面的，而且很可能被我们专注的那一部分“一叶障目”，而限制了我们解决学习过程中问题的能力。

回顾我这三十年的专业发展，我发现当年燕老师教给我们的这些心理过程的基本理念，竟在潜移默化中影响了我的一系列的决定。当我 1985 年到 University of Iowa 开始我的研究生学习时，系里的专业设置有认知、动机、发展和 RMS（Research/Measurement/Statistics）等方向，教授们也都是他们专攻方面的一时之选。可是我似乎对动机问题有天然的兴趣和亲切感，决定师从 Dr. Margret Clifford 做动机方面的研究。虽然之后研究方向几经变动，但却都不离其宗地围绕着非智力因素。

我常常提醒自己，不要因自己的专长而盲目（blinded by your expertise）。不能因为自己对动机理论和研究的熟悉而把所有的问题都看成是动机问题。比如在我教授统计学的时候，很多学生对统计课程没有兴趣甚至大感焦虑。从我的教学经验来看，要解决这些非智力因素的问题，靠教育心理学教科书中所提倡的改换教学手段和教学任务很可能是不够的。真正能让学生对统计不恐惧甚至感兴趣，必须要让学生理解统计学，让他们知道统计学是可以靠理解而不靠死记硬背学会的。从心理学的角度来说，这样有意义的信息

(meaningful information) 能满足学生的求知欲和掌控自己学习环境的基本需要 (basic need), 他们自然就不再焦虑, 而且希望学得更多。这个看似是动机的问题, 解决的方法却是在认知范畴中。

近十几年来, 我的研究方向一直专注在自我调控的学习过程 (self-regulated learning) 和培养自我调控学习者 (self-regulated learner) 的问题上。这一研究方向的形成也是源于我对"头痛医头, 脚痛医脚"地解决个别的动机问题的不满足。如果我们把学习者和学习过程作为整体来看的话, 我们应该培养我们的学生成为愿意学习而且善于学习的学习者。他们能够"自动自发地调动一切认知、情感、行为和社会的资源与手段来完成自己设定的学习目标"(自我调控学习者的定义)。而这样的自我调控的特质不但有助于他们的学校教育, 即使将来离开了学校, 它将仍然助益学生, 让他们在他们所设定的目标上无往而不胜。

燕老师一生耕耘, 桃李满天下。我不知道燕老师还记不记得我这个学生, 老师可能也不知道当年他的教诲对学生的深远影响。很感谢永新兄在燕老师九十寿辰之际, 让我有机会对燕老师表达我迟到的感谢之情。师恩难忘, 祝愿燕老师健康长寿。

【作者简介】

蓝云, 男, 博士, 美国德州理工大学教育学院教授。1982 年毕业于上海师范大学教育心理专业。1982 年至 1985 年任教于上海师范大学。后赴美国 University of Iowa 教育学院攻读研究生学位, 1990 年获博士学位。先后担任教育学院副院长, 教育心理暨教育管理系主任等行政职务。

涵咏师恩，砥砺前行

刘京海

我是1983年到1985年进入上海师范大学教育管理系攻读本科，1991年复又攻读了心理学硕士。师长们的治学态度和思想境界为我的学业和专业成长提供了丰富的智慧养料和精神指引，其中尤以恩师燕国材先生对我一生志业有薪火传灯之德。

燕先生作为我国当代著名的心理学家和教育家，在中国心理学史、非智力因素和素质教育三大领域都有着丰硕探究成果。尤其是四十多年前，燕先生独创性地提出“非智力因素”的卓见，发表的《应重视非智力因素的培养》一文引起了全国教育学和心理学界的普遍关注。先生对于非智力因素理论的探究与倡导，让我受益终身——让我对“差生”定义与形成有了深层理解与全新认识，进而为我一生所从事的“成功教育”事业探索提供了理论指引和专业发蒙。

作为上师大首届教育管理系的毕业生，我受到燕先生治学思想与研究方法上的影响是深远的。先生当时有句名言——“标新立异，自圆其说”。在先生看来，创新才是治学的灵魂与根本——他在中国心理学史建设和学科的开创，是对这种创新的最好诠释；他所信守的治学之道不是为了创新而创新，而是一种不唯上，不唯书，只唯实的寻真与求索。先生这一治学之道，成为我探索、构建成功教育思想与实践体系的根本信条。从成功教育的发端、发展、深化到辐射推广的全部历程无一不践行着这一治学研究之道。

记得 1987 年我回到学校，开展“薄弱初中语数外、德育综合改革大面积提高学生素质”的研究。到了 1989 年课题研究已取得了一定成效。恰逢当时上师大吴立刚教授介绍当时影响巨大的教育流派“合作教育”，他觉得我们的改革与合作教育的实践倡导相契合，邀请我参加全国合作教育研讨会并做主题发言。那个阶段我们的研究并没有广泛知名度，能参加这样高规格研讨交流并成为合作教育的一员，是一种肯定，更是一种机遇。但短暂的激动之后，我婉拒了吴教授的邀请——因为我发现我们的研究虽有合作教育的成分，但合作教育理论尚不足以解释我们实践的全部——于是我们选择继续探索。90 年代初，我们发现试验的所有理念、方法等都与学生的成功直接相关。至此，我们正式把试验课题主题思想定为“成功教育”。现在回想，当时若无燕先生这句箴言的提点，一念之差就可能不会有后来成为全国素质教育一面旗帜的成功教育探索。

随着成功教育研究深入推展，新的问题不断出现。进入新世纪，破除优秀教师不断流失，新教师起点较低的困境，寻找快速提升教师专业能力的途径，成为成功教育探索的重要课题。优秀教师的教学经验和成长路径给了我们改革的启示。借助信息技术，让优秀教师的经验转化为普通教师的行为，成为破解教师发展困局的突破口。为此我们创建了以二期课改理念为指导，以优秀教师的经验为依托，以信息技术为支撑的教与学的电子平台。平台应用初期出现过很多质疑声音，部分团队成员也出现了思想上的摇摆。此时燕先生的治学之箴再次催促我反思自己的实践——在坚定改革方向的同时，理清电子平台的应用本意——“自圆其说”。平台的构建在于引导青年教师在优秀教师经验的高起点上发展，大大缩短他们的成长周期，帮助其实现从不规范到规范化的提升，并为日后的个性化奠定基础。正因为有了这样的坚守，才有了后来上海市百余所初中学校的使用，近十万学生受益的推广。

随着成功教育实践经验积累，我开始反思：成功教育能否校际传播？2005年上海浦东的综合配套改革试点，让我们开始探索教育科研成果推广的途径。当年6月，成功教育管理咨询中心与浦东社会发展局就东沟中学委托办学正式签约，开启了教育中介机构委托管理模式的先河。委托管理作为一种新事物能否得到大家的认可，我们有过犹豫、困惑，但我们选择努力探寻和执着坚守。托管结束时，中央电视台《焦点访谈》《人民日报》《解放日报》法国《解放报》相继作了托管成效的专题报道，成功教育托管模式得到业界肯定。截至2018年，相继托管上海7区20所城乡薄弱学校与新建学校均获成功。2016年，“成功教育托管农村薄弱学校的实践模式与策略”获得“第二届中国教育创新成果公益博览会最高奖SERVE奖”。这一经验已被写入国家教育改革和发展中长期规划纲要。

回顾成功教育探索之路，三十多年来，我们以“标新立异，自圆其说”的信条勠力同心，面对始终普通的生源，立足自身起点，坚守教育改革的初衷，践行“人人都能成功”的教育理念，建构步步走向成功的实践范式，探寻成功教育创新路径，以一所学校改变了成千上万家庭的命运，播种着幸福与希望，使成功教育成为国内外教育改革的典范与参照。

2009年，马来西亚华文独中全面引进成功教育。随后，从起初3所学校增至24所，超过华文独中总数的三分之一。马来西亚华文独立中学董事联合会总会主席宣布：“实践证明，成功教育模式能有效地帮助学生成功学习，也能帮助教师成长，它的推展让我们母语教育的优越性得到充分发挥。”

国际经合组织（OECD）专门选择了成功教育与委托管理经验，拍摄了《教育的强力执行者和成功改革者——中国上海》的视频，在其官网播放。美国公共电台、英国BBC、日本NHK、德国电视一台、法国《费加罗报》等国际主流媒体竞相报道。

2011年，美国总统奥巴马教育特别顾问卡梅尔布丁率领三十几人的教育高层领导代表团访问闸北八中时说："闸北八中做了一件我们美国人一直想做而不知道怎样做的事。"美国亚洲学会评价成功教育——这是"来自亚洲的经验和声音"!

燕先生兢兢业业，执着坚守的治学精神让弟子们受益匪浅。纵然在遭遇人生坎坷之时，仍坚持学术研究，无论身处何时何地从未停止探究和思考，这才有了中国心理学史学科的开创。先生只顾耕耘，淡泊名利，宠辱不惊，虽年事已高，仍笔耕不辍，不断发表言论，撰写新作，始终践行一名优秀学者的使命担当。

回首从教以来，成功教育即与我休戚相关，已成为我生命志业的全部；倏忽三十多年，如今弟子也两鬓斑白，年逾古稀，但先生治学精神仍鞭策我在成功教育改革上不断前行。进入互联网时代，有限的教育向无限的学习演变成为新时代的教育诉求，成功教育迎来新的挑战与机遇。

2012 年起，我又带领着团队开启了"运用移动互联新技术，促进学生主动学习自主成功"实践研究，拉开成功教育"二次革命"的序幕。经过六年多的努力，以移动学习终端的常态化运用为手段，构建起两大领域的六条路径的实践体系，使得跨领域、跨学科、跨时空的教与学成为现实，成功教育的探寻朝着大规模的因材施教大步迈进，成功教育的研究取得新的突破。新技术实践成果相继被列为 2016 年上海市教育综合改革典型案例、全国信息化应用典型示范案例，2017 年荣获上海市基础教育教学成果特等奖，2018 年国家级教学成果二等奖。

回望自己追求教育公平 43 载，得到了党和国家的认可和肯定，被评为上海市首届教育功臣，上海市教书育人楷模，国务院全国"两基"工作先进个人，全国先进工作者，全国"五一劳动奖章"获得者、享受国务院政府特殊津贴，入选全国当代教育名家。荣誉的背后是鼓励，更是鞭策——成功教育作为基础教育改革的先行者，必须永立改革的潮头，坚持不断创新，担负起为我国教育事业发展做贡献的责任和使命。

数十年来成功教育探索一直遵循着先生“不言必称西方，应该立足本土”的谆谆教诲，笃守着“标新立异，自圆其说”的治学科律，扎根学校改革实践，坚守“让每一个学生获得成功”的改革初心，探寻着提高普通学校办学质量的可复制、可推广的智慧经验。

恰逢恩师九十华诞，感念先生在治学思想、方法、精神方面对弟子的指引，感谢先生一直给我坚守教育改革的力量，弟子必不负先生的教诲与期待，继续致力于成功教育探寻，为世界教育发展变革“讲好中国故事，传播好中国声音”。

【作者简介】

刘京海，男，正高级教师，上海市特级教师、特级校长，成功教育创始人。曾任上海市闸北第八中学校长，上海市成功教育研究所所长。获得上海市首届教育功臣、上海市劳动模范、全国“五一”劳动奖章获得者。享受国务院政府特殊津贴，是中共十五大代表，第九、第十届上海市政协委员。

我是燕老师的“铁粉”

徐崇文

首先祝贺燕国材学术思想研讨会胜利召开！以上讲话的四位专家教授是燕先生的嫡系，三位是先生的高足，一位是先生的亲侄子兼高足。我只能算是旁系，但却是忠实的“粉丝”，用流行说法就是“铁粉”。

1983年春天，燕先生在《光明日报》发表了《要重视非智力因素的培养》的文章，在国内首次提出“非智力因素”的概念，我们闻风而动，立即在浦东一所中学组织一个中学生学习兴趣培养的研究小组。从此，我与非智力因素研究结下了不解之缘，与燕先生成了亦师亦友的亲密朋友。

下面我就按时间顺序报告一下我与燕先生交往及非智力因素研究的发展情况。

1986年9月起，我开始在黄浦区教育学院专职从事教育研究，在原来浦东那所中学研究的基础上，我设计了一个“初中生非智力心理因素的发展与教育综合实验研究”的课题。该课题于1987年5月被批准为上海市首批教育科研重点课题，就在浦东那所中学进行实验研究。作为课题组长，我聘请燕先生为课题的指导专家和顾问。在燕先生和北师大林崇德教授指导下，该课题创造了多个第一，在全国第一个进行非智力因素的实验研究，编写了全国第一本中学生心理发展常识教材，并在初中一、二年级开设心理发展常识课。

进行课堂教学改革，在各学科教学中培养非智力因素。课题进行了两轮实验，取得了很好的研究成果。研究报告最先发表在燕先生主编的《中小学教育管理》杂志 1990 年第 1 期上。

1992 年春天，在课题研究的进程中，在有关非智力概念争论最激烈的时刻，我牵头组织了全国第一次大型省市际非智力因素研讨会。有近 20 个省市的代表出席研讨会，燕先生在会上作了主旨报告。会上成立了非智力因素研究全国协作组。这就是后来的非智力因素研究专业委员会的基础。

1994 年春天，上海师大、黄浦区政府、上海市教科所在上海师大联合举办第二次省市际非智力因素研讨会。

1997 年 10 月 10 日中国儿童教育心理研究会非智力因素研究专业委员会正式成立，召开第一次理事会，燕先生任会长，我任常务副会长。

1998 年 10 月在浙江兰溪召开非智力研究第一届年会，燕先生和北师大林崇德教授到会作了主旨报告。从此，21 年 21 次学术年会，燕先生一次也没缺席过。

从 1996 年起，在研究非智力因素的基础上，我于“九五”主持了“义务教育阶段学生学会学习研究”，“十五”主持了“义务教育阶段学生学习潜能开发研究”，“十一五”主持了“基于脑科学的学生学习潜能开发深化研究”。15 年连续做了三个教育部重点课题，全国有 400 多所中小学幼儿园参加研究。燕先生作为特聘专家，全程参与了课题指导。而且把课题研究与非智力研究会年会学术活动结合起来，促进了非智力因素研究的发展与传播。

从 2002 年开始，在课题研究的同时，我先后主持黄浦区教育心理名师工作室和上海市教育心理名师基地的后备名师的培养工作，我又聘请燕先生做我工作室和基地的指导专家。那时先生已经 80 多岁了，坚持两周一天的听课评课，个别指导，做学术报告、外出考察，像带研究生一样。先后有 60 多名学员直接受到了他的教诲，多位学员被评为特级教师、正高级教师，也成了他的“小铁粉”。

30 多年来，在与燕先生的交往中，我从他身上学到了很多。他虽然历经坎坷，但坚守希望，执着追求。寻觅源头，上下求索。平易近人，豁达释然。标新立异，自圆其说。与时俱进，造诣深厚。是我终生学习的榜样。祝燕先生健康长寿！

【作者简介】

徐崇文，男，上海市特级教师。现任黄浦区教育学会名誉会长、全国非智力因素研究会名誉会长。曾任上海市黄浦区教育学院副院长、上海市学习指导研究所常务副所长、上海市学习科学专业委员会常务副主任、上海市教师学研究会教育心理专业委员会主任等。

我生命中的贵人

徐锦生

燕教授学术思想研讨暨九十华诞庆贺会的召开，是全国“非智力”大家庭的喜事，是我们“非智力”践行者的光荣！能在这里发言并向燕教授祝寿，我万分激动，更是感到无上荣光。

燕教授德高望重、豁达善良、博学多才、治学严谨、为人谦和，几十年从事心理学、教育学以及非智力因素的研究，著作等身，是举世公认的心理学家和教育家。首先让我们用最热烈的掌声，向敬爱的燕教授表示热烈的祝贺和崇高的敬意！

燕国材教授是我生命中的贵人，是我没齿不忘的恩师。能结识燕教授是我最幸福的一件事。这还得从“非智力因素”说起。

我出生在浙江兰溪一个偏远乡村，生活贫穷而动荡，有时就是连番薯丝、稀饭也吃不上。然而这个时期，我学会耕地、理发、做瓦工、开拖拉机等技术。艰难的生活激发了我广泛的兴趣（尤其期盼学习）、磨炼了我的意志、培养了我积极向上的情感。后来我顺利地成为民办教师、公办教师，并且成为一所农村小学的校长，取得了一定的成绩。

1987 年至 1989 年，我担任兰溪市永昌区小学教研员。我的业余时间，基本用来学习。我如饥似渴地阅读教育学、心理学书籍，其间接触到了“非智力因素”的概念和理论，我开始关注非智力因素。

1989 年夏天，我担任新建的、位于新区的兰溪市实验小学的校长。我确定了“德育为首、科研为导、素质为本”的办学思路。我们对学校所在学区进行了深入调查，掌握了溪西新区教育底子薄，家长要求高，孩子基本上是独生子女等特点，决定申报《培养小学生良好非智力因素的实验》课题。从此非智力因素研究拉开了序幕。

通过课题研究，兰溪实验小学走出了一条科研兴校之路，学校的声誉和品位不断提升。1992 年 7 月 22 日阶段成果《刍议小学生非智力因素的培养》在《光明日报》发表。然而，随着研究深入，难度加大，尤其这期间，教育、心理学界对“非智力因素”这个概念的科学性存在很大争议，更使我们陷入迷茫……

1995 年 5 月 2 日，我带着课题组 4 位骨干到上海师大参加全国“非智力因素”研讨会。就在这个会上，我们见到了和蔼可亲、学识渊博的燕教授，听到了高屋建瓴、深入浅出的报告，得到了燕教授的耐心指点。我们如沐春风、如饮醍醐，进一步了解了非智力因素的概念和外延，对“兴趣、情感、意志、习惯、个性”等因素有序培养的重要性，有了进一步的认识，对非智力的后续研究信心倍增，逐渐形成了非智力教育实践的指导思想。

会议茶歇时，吴小军老师激动地拿起燕教授主编的《非智力因素的理论实证与实践研究》，冲向主席台，请求签字，由于走得急，把音箱绊倒了，引来许多人注目。这时，燕教授关切地问“人受伤没有?”当得知没有受伤，便喃喃地说“人没事就好！人没事就好!”并且在书上写下了“燕国材”三个刚劲有力的大字。燕教授的大名以及洪亮的、带有湖南口音的话语就这样深深地印入我们的脑海。叶茜老师说：“找到家的感觉真好，有燕教授引领，我们什么困难也不怕了!”

1997 年 7 月 15 日课题组举行结题鉴定会，燕教授到会指导。1998 年 10

月，“全国非智力因素研究会首届年会暨学生非智力因素发展与素质教育研讨会”在兰溪实验小学召开，燕教授不仅作报告而且深入课堂指导。

1998年至2002年我们开展了小学生“学会心理自助”的理论与实践，并且出版专著《学会心理自助》，燕教授百忙中写序，给予充分肯定，并且提出后续研究注意三个结合：“心理自助与心理他助相结合，心理自助与心理互助相结合；积极的心理自助与消极的心理自助相结合。”

2002年，我担任金师附小校长，后来担任金华市荣光国际学校校长，始终坚持非智力因素教育，先后开展了《优化非智力因素，促进小学生多元智能发展》《创建非智力发展型学校特色品牌的行动研究》《小学生非智力因素教育校本课程开发与应用研究》《基于“非智力”的项目学习实践探索》等系列课题，每一项研究都离不开燕教授的智慧引领和手把手地指导。

回顾三十年非智力因素的实践探索，三项成果获浙江省人民政府基础教育教学成果一等奖，一项获省政府二等奖。今年十月，全国“十一五”规划课题《基于“非智力”的项目学习实践探索》成果，获得2018年基础教育国家级教学成果二等奖。非智力因素系列课题不仅提升了学生的综合素质，促进了学校可持续发展，也促进了教师专业成长，10位老师评上浙江省特级教师，20多位老师获得省市名师光荣称号。正所谓“一项课题就是一个培训班”。

长期的非智力因素实践，尤其在燕教授的指引下，我形成了现在的教育理念。比如，在燕教授“IN结合论”理论启发下，我提出了“帮助学生智力因素与非智力因素协调发展”以及“五个比分数更重要：兴趣的激发比分数更重要，习惯的养成比分数更重要，方法的习得比分数更重要，能力的培养比分数更重要，个性的健全比分数更重要。”2009年10月燕教授给我题词“中国非智力因素教育实践家”，这是对我莫大的鼓舞和鞭策！我现在的QQ名称就是“非智力”，甚至有许多朋友叫我“非智力”。

敬爱的燕教授，您和“非智力”成就了莘莘学子，成就了我的学校，成就了我的教师团队，也成就了我自己，没有您和“非智力”就没有我的今天！此时，我想用深深的一鞠躬，向您表示衷心的感谢和深深的敬意！

耄耋之年，壮心不已。燕教授，您的强健身体，您的快乐精神，象征着中国非智力因素研究必然兴旺，象征着中国非智力因素教育一定会取得更大成就。我们将一如既往高举“非智力因素教育”旗帜，深入践行您的教育思想和“非智力”理论，不断改革创新，为素质教育、为学生核心素养的提升做出更大的贡献！

最后，衷心祝愿燕教授学术之路常新，生命之树常青。健康长寿，美满幸福。谢谢！

2018 年 12 月 8 日

【作者简介】

徐锦生，男，现任浙江省金华市荣光国际学校校长。浙江省特级教师。曾被评为全国劳动模范、全国优秀教师，享受国务院特殊津贴专家等。兼任中国教育学会小学教育专业委员会副理事长，全国非智力因素研究会副会长，浙江师范大学客座教授等。

燕门情缘，厚重绵长

李正云

2019 年 1 月是燕国材教授九十大寿的日子，深感先生栽培之恩的弟子们提前一年即张罗着要好好组织一下学术纪念活动，既为先生祝寿，也为自己有个机会表达师恩难忘的心意。正好燕师教书育人逾 50 年的单位——上海师范大学没有忘记这位“燕携春雨润桃李，为国育才融教心”的教育心理大家，也在酝酿以燕国材学术思想研讨会的形式表达对老先生学术人生七十载的敬意。这样，燕门弟子和上海师大不谋而合，甚好甚好。不料，燕师本人却不断说不、再三推辞，理由是不要麻烦大家、不要惊扰领导、也不要彰显个人，于是筹备工作难以启动。某一天，我约上燕门弟子、上海师大心理系副系主任崔丽莹博士等专赴燕门，看望老师，同时也说明学术纪念活动不是要麻烦大家、不打算惊扰领导、也不为彰显个人，只是上海师大想借此机会做强做大学术、彰显学术的价值和意义、表达对学术大家的敬意，而留守在师大学术阵地的弟子们借此表达对恩师和学术的敬意和感恩，请燕师成全。至此，燕师才不再反对，于是燕国材先生学术思想研讨会终于在 2018 年 12 月 8 日在师大召开。当天，室外雪花飘飘、冬雨凛冽，室内温馨感人、质朴真诚，李晔副校长代表学校，中国民主促进会中央委员会副主席朱永新教授、华东师范大学教育学部部长袁振国教授等弟子学生，燕国材非智力因素理论的实验学校校长、教师代表等共同探讨燕先生在中国心理学史、非智力因素和素质教育三大领域中的学术思想。

彰显学术价值，成全弟子发展，一直深藏燕师心中，门下弟子莫不受惠于此，而我感受尤深。

30 年前，我被西方心理学史名家孙名之先生引荐给西方心理学史和品德心理学名家的李伯黍先生，获先生高看欲招至门下读研，但适逢李先生刚刚退休停招，燕师时任上海师大教管系系主任，正值学术盛年，了解到李先生心意，用当年自己名下的 1 个招生名额将我招进来，转交李先生带教。因为李、燕两位先生相交甚好，我在李门一心修习品德心理学的同时，也心领燕师成全之心，不时窜至燕门偷师学艺，与燕师及其门下弟子结下厚重情缘。

研二时，获导师介绍与燕门师兄同赴天津师大沈德立先生处访学、听课，同时受系主任委托替系里联系老师带学生去天津实习等公事。许是学习认真或联系公事顺利被沈先生看到，于是沈先生有意了解我毕业之后的工作意向，尤其是南方女子有没有去北方津门工作生活的打算和可能性。我自知才德疏浅，诚惶诚恐，只是借名师之光而已，但蒙沈先生不弃，心知要认真考虑回复，于是访学回沪即报告两位导师，请他们替我做主就是。不久我被告知的是，系主任正式召集工作会议商量此事，初步决定我一年后毕业留校工作，燕师且专门致电回复沈德立先生告知系上决定，于细节处也解了我直面回复沈先生的内疚不安。我感谢燕师的成全。回沪报销还有一个插曲，因为天津学习听课时间稍长，再加上联系公事也耽搁两天，在报销专项经费时，受导师委托代管研究生经费的系里相关财务负责人以时间偏长为由不肯签字，我们据理力争也无济于事，双方都找到燕师评理，最终燕师以研究生津贴专款专用支持访学学习，以及替系里联系公事省了单位出差费、理应额外补贴两个理由，让对方心服签字。我们顿时觉得心事被解、委屈顿消。

20 余年前，当我获准小小破格晋升副高时，我以为很顺利，深感庆幸。

殊不知，系上一位资深教师、同时也是评委之一事后告诉我，幸亏燕师尊崇学术、公正处事我才不至于被无辜扼杀。原来某位校外论文评审专家因门户之见和上一辈因袭的个人恩怨，直接将我的品德心理学论文及整个品德心理学领域全盘否定。照机械的职评政策，只要外审论文有一个获评不通过而不管具体理由是什么，晋升通道就结束了。但以燕师为首的校内专家组认真审读了专家意见，认为该专家不是出于学术而是出于个人恩怨意气用事时，决定维护学术公允和学术道德、学术价值，据理力争，集体签署意见说明理由，职评管理部门也开明贤正、多次论证，最终接受专家终评组意见，通过我的副高晋升资格。关于此事个中曲折缘由，燕师自始至终未语我一字，当我憋不住核实和感恩时，燕师只淡淡一句：跟你我个人无关，只是事关学术公正，凡事要讲道理。

10余年前，我因一时困难，居无定所。燕师知悉，满眼关切，不容我犹豫和不安，即命家人腾空整理一处不常用的住所借我居住大半年，嘱我安心居住、安心工作、安心学业（其时在奋战博士论文），直至我找到新居，顺利搬家。临走我照市价留下房钱，被燕师“无情”退回，还被训世俗无比。我只好心存感恩，同时请装修队稍事打理，以便于他们日后使用。因为燕师的成全，我当年不仅工作加量不减，还博士答辩顺利通过，抢在房价大涨前买房、装修、搬迁，简直是个人生涯史上尽干大事、最有效率的一年。

此后，我的工作生活日渐顺遂安稳，而燕师日渐退出招生带教学生，外出讲学、交流也逐渐减少。偶接燕师电话吩咐，嘱我推荐，或带教某个学弟学妹，或张罗某个学弟学妹的实习、政审等，我自知燕师成全弟子发展的心意几十年如一日，自然不敢怠慢。甚至因为某年夏天燕师在外地度假而因小学妹的毕业工作多次长途电话我，而怪罪小学妹不懂体恤燕师。正因为老师德高望重、著作等身、示范无言，关心和成全每一个弟子的发展，所以燕门弟子彼此关爱、亲如一家，各有发展、百花齐放，所谓“桃李不言，下自成蹊”。

30年过去，我一如读书时期，或独自或与同门一起不时出入燕家，听燕师纵论国是时事、学术人生，老师谈笑风生、弟子承欢膝下，其乐融融。如到饭点，则小酌一杯，师生把酒言欢，其情融融。

展望未来30年，燕师学术必是更加彰显价值，而燕门情缘必是愈加厚重绵长。

感恩并祝福燕师！

【作者简介】

李正云，女，博士，教授。上海市教育科学研究院上海学生心理健康教育发展中心主任；上海学校心理健康教育名师；中国心理卫生协会青少年专业委员会副主任；上海市心理学会理事，上海心理卫生学会副理事长。1989年9月至1992年7月师从燕国材教授。

容膝斋里的故事

尹文清

我是在上海师范大学政治教育系读的大学本科，那时我喜欢读点哲学书籍，尤其是哲学认识论，同时也涉猎了一些中国哲学的内容。1985年秋天，离毕业已不到一年时间了。偶然机会，我获悉一个信息：本校教育管理系燕国材教授，要招收中国心理学史方向的硕士研究生。经中国哲学史的夏乃儒教授的引荐，我就去拜访了这位心理学教授。这是我第一次见到燕老师。

说来惭愧，现在我已经记不太清楚当时是在哪儿见的燕老师。实际上，让我现在回忆同燕老师相处的场景，燕老师的家是最为清晰的场景，而其他场景，诸如教育管理系的某个教室、某个办公室，或某个会议室，印象都已十分模糊。第一次拜访燕老师，我心里还是忐忑不安的。担心我没有心理学的专业背景，心理学和教育学都只是在公共课上了解些许，跨专业读研入不了燕老师的法眼。不过，告别燕老师的时候，我心里已经踏实了许多，因为燕老师给我量身制订了一个专业课程的强化自习计划。

燕老师给我的最初印象：他身材不高但讲述的道理和论点，却是高屋建瓴的，总有几寸使你够不着的；他嗓音洪亮但待人的语气和态度，却是和蔼亲切，总有几分你被感染到的。燕老师很是淡定的，但燕老师又很不简单的。

次年九月，我幸运地成为燕老师的第一位硕士研究生，专业学科是教育心理学，专业方向是中国心理学史。当年研究生入学考试是四门课程：普通心理学、中国哲学史、政治和外语。其中，普通心理学的成绩虽然及格了，但考分是四门课里最低的。于是，燕老师建议我入学后去旁听他给本科生上的普通心理学课程。当时我心里还有些尴尬，但师命难违。果然，旁听一遍燕老师的普通心理学课程，相比较我自己为考试而自学普通心理学，那是有天壤之别的。同时，燕老师还给我开列了一长溜的心理学专业书目，指导我广泛阅读。燕老师不仅自己开列书单，还让李伯黍教授也给我开列书单。在某种意义上，我在燕老师和李先生那儿，心理学是本硕连读的。顺便提一下，我研究生毕业后的第一份工作，就是给李先生的西方心理学史课程做助教。从这个角度，我运气真的不错，不仅有机会旁听资深教授的本科课程，而且旁听这一位不用付费，旁听另一位还给工资。

三年研究生，我上课的主要场所之一就是燕老师家的书房。燕老师的那间书房，他自己命名为容膝斋，很是简单：一张桌子和一把椅子，几排书橱和几堆书稿，外加一沿小床。每次上课，我需要从另外的房间再搬一把椅子进来。偶尔，也会在教育管理系的某间教室里，或者燕老师的办公室里上课，但在别处上课，总不如在燕老师家书房里来得沉静和安宁。

燕老师家的书房是个有自带激励功能的微环境。我每次踏进容膝斋，都会被房间里堆放着的大摞大摞的书稿震撼到。那些书稿，一半是别人写的，送给燕老师审阅，准备发表在各类学术刊物上的论文。另一半则是燕老师自己写的，很有特征：稿纸一定是各式各样的，甚至还有些信封、广告、说明书之类的纸片夹杂其中。唯一相同的，是熟悉而亲切的、燕老师的手写字体。在尚未采用电脑写作的年代，这些书稿都是需要一笔一画写出来的。既是脑力活，也是体力活。当然，燕老师是有他自己的绝活：写文章基本不打草稿。燕老师绝门武功，我很多都没学会，这也是其中一项。我至今写文章还如挤牙膏、吹牛还需打草稿。在我印象中，不曾记得燕老师对我说过“要刻苦读书”“要努力学习”之类的话。在这间书房里待过的学生，听这类话大概都是多余的。燕老师对我的言传集中于指导如何看书、如何写作、如何做学问，受益匪浅，影响深远，以至于我后来到其他岗位工作并拿第二个硕士学位时，轻松许多。

相对于后来的研究生学习经常采用课堂式的，我做燕老师的研究生基本上是师徒式的，是名副其实的一对一。所谓上课，通常是我先报告读书心得，燕老师再做精准辅导，师生间不时还有一些讨论，最后我又带几个问题回去再读书。我十分享受、也十分怀念这三年期间的每一次上课时光。说起来难以置信，燕老师给我上课，我们是可以相互请假的（当然事后必须要补课的）。甚至如果来不及事先当面请假，临时留张便条也行。当然，若没记错的话，是燕老师向我请假的次数多一些，因为那时燕老师还担任教育管理系的系主任一职，同时还是上海市政协委员，会议及公务比较多一点。这种师徒式的学习氛围和学习关系，对后来的研究生而言是奢侈的。

实际上，在燕老师家里上课还会有一些额外福利，那就是能时不时地蹭饭。蹭饭的事是经常发生的。如果把上课时间安排在下午稍晚的时段，蹭饭就变成了大概率事件，因为下课以后就是晚餐时间。晚餐通常是由燕老师亲自下厨料理，一般都少不了辣椒，但饭菜十分可口。由于是晚餐，所以经常还会喝点白酒。有人说，牛津大学的学生是被坐在讲台上、吸着烟斗的教授吞烟吐雾地熏陶出来的。依此比照，也可以说，燕门研究生是被燕老师用盅盅白酒和碟碟辣椒调理出来的。如此说来，三年研究生阶段我聆听燕老师教诲的主要场所，除了燕老师家书房，还应有燕老师家餐厅的一席之地。容膝斋的名字已经有了，可惜燕老师家的餐厅却一直未起名，甚为遗憾。

在我投身燕老师门下时，燕老师已是著作等身了，当时最为著名的是《先秦心理思想研究》和《汉魏六朝心理思想研究》两本专著，它为中国心理学史奠定了基本的研究方法和研究框架。众所周知，燕老师有一句广为流传的名言：标新立异，自圆其说。他不仅这样说，也是这样做。他不仅自己这样做，还鼓励我这样做。这实际上是一个很高的标准。三年研究生期间，我被这八个字所深深折磨，“苦不堪言”。在燕老师的指导下，我花了一年左右时间把有关中国心理学史的论文或专著都阅读了一遍，当然有深有浅。燕老师希望我试试笔，有一次上课，我就问燕老师：对一位还尚未从心理思想角度触碰过的中国思想史上的人物，挖掘整理其心理思想，能算作是标新立异吗？我记得，燕老师不动声色，好像并没有直接回答我的问题。那天燕老师第一次给我布置了写论文的作业：那你就试着写写王充吧。当时我的脑袋是有点嗡嗡的，因为燕老师在其《汉魏六朝心理思想研究》专著中就有专篇写“王充心理思想述要”的，还包括许多前辈当时已经有了一些论文发表。写导师写过的人物，这怎么个写法啊！燕老师说了10个字：忘掉我写的，细读他写的。通过这次练习，我对燕老师的标新立异之说有了更进一步的理解：写没有写过的人物，不一定就是标新立异；写过的人物再写，也可以是标新立异。再加上那时年纪轻，胆子也就大起来了，我对自己还立了个规矩：捕捉并尊重阅读文献后自己内心的第一感受。其实，我的第一篇专业文章《王充心理学思想新论——兼议中国古代心理学思想史研究方法》漏洞很多，一些具体观点燕老师也未必完全赞同，但燕老师对学生总是鼓励的，而且满腔热忱。对后辈总是提携的，而且真心实意。后来我的这篇习作，由燕老师推荐，发表在《心理学报》上。

燕老师经常说，年轻人就是要敢于提出问题，不断提出问题，说错话怕什么，最可怕的是无话可说，没问题想提。这些教诲深深地印记在我的脑海里，后来我还拿来作为培养我自己孩子的方法之一。譬如我对孩子作业从来不去检查是否做对了、甚至是否完成了，但我会给孩子准备语数外三本问题小册子，要求孩子每天至少各提一个问题。有次，好几天小册子上没问题了，我问为什么？孩子说最近几次测验都是100分。我就告诉孩子当年燕老师是如何鼓励我大胆提问题，如何提好问题的。我还告诉孩子：你在考100分后还能提出的问题，才是真正的好问题。

我求学三年，总共也就写了三篇论文。在燕老师的鼓励下，我一直没有停止过对中国心理学史研究方法的思考。也许是无知者无畏的缘故，后来我又写了一篇关注学科研究方法的文章《评潘菽教授关于中国古代心理思想史研究的方法论原则》。发表后，在学术小圈子里有些反响，包括一些负面评论。当然又是燕老师出面为我保驾护航。燕老师的回答是四两拨千斤的，他说如果潘老的学术地位能被小青年的一篇文章所撼动，潘老也不称之为潘老。其实，我同燕老师一样，自始至终对潘老是尊重的，并且是发自内心的尊敬。这篇文章的发表，从我个人而言，更多的是源于对中国心理学思想史学科发展未来前景的焦虑吧 。从社会环境而言，也折射出 20 世纪 80 年代那段思想激荡并可直抒胸臆的岁月。回首往事，重读旧作，深感自己国学功力肤浅，无力做到燕老师的标新立异且自圆其说的境界。标新立异可能还可以弄点动静，但到了自圆其说这一步却是圆不回来了。我的毕业论文《王夫之教育心理思想研究》也存在着同样的缺陷。

那年寒假，我在家只过了一个除夕和大年初一就回到学校寝室里。我把所有毕业论文准备引用的参考文献相关章节再通读一遍，并对毕业论文的提纲作最后的梳理。毕业论文的题目是燕老师确定的，并早早地指导我在 1988 年上半年就开始准备资料。我是打算在毕业论文中一如既往地关注中国心理思想史的研究方法的，毕业论文的详细提纲寒假前其实已经有了，但我不敢拿出来给燕老师看，只是向燕老师递交了一份简要提纲，并作了一个稍微详细的口头报告。当时我心里的小九九是：毕业论文这样的写法风险会很大，但我不这样写又实在没有其他思路了。担心有了详细书面提纲，就有机会被反复琢磨。万一被燕老师否定了，那我就挂了。其实，后来发生的一切证明我是多虑了。真心感谢燕老师的宽宏大量，以及对我足够的耐心和充分的信任，竟然允许我不递交详细论文提纲而直接递交论文。

开学后，我大概集中了 30 天左右时间，每天除了去食堂吃饭，就是关在寝室里写论文。睡觉时间，已不是根据天黑天亮确定的，而是觉得困了或思绪乱了就睡觉。之前，我还同燕老师约定：开学后什么课都先暂停吧，不完成毕业论文初稿，我也不来见你了。最初一周的写作并不顺利，写了一半的稿纸扔得满地都是。那一个月里，我实践着燕老师的真传：吃几口饭菜就一口白酒，白酒品牌我还记得叫熊猫乙曲。我也有越轨的地方，燕老师不抽烟的，我一个月里却学会了抽烟。反正，等到论文完成时，我寝室那张特大的写字台上，烟盒已堆成了一座小山。这个抽烟恶习一直持续到2010年10月，直到我的孩子考大学前夕才断然戒掉。论文初稿终于完成了。我有点虚脱的感觉，但还是重抄了一边，但那段抄写的过程却十分美妙，以后人生再也未曾有过。

稿子递交给燕老师的时候，我还是有些战战兢兢的，因为论文里的有些内容与寒假前口头报告的内容已有所不同，我是不敢同燕老师的惊人记忆力开玩笑的。过了几天，我去燕老师处取回了论文，毕业论文总体上还是得到了燕老师一如既往的肯定。同时，我也发现稿纸上已经有了许多燕老师用红色圆珠笔所作的修改或批注。修改十分仔细，包括用词造句、包括标点符号，甚至包括换行空格，等等。这份经燕老师亲手修改过的毕业论文手稿，我一直珍藏至今。

经过燕老师的悉心指导，我的毕业论文终于定稿，迎来了论文答辩会。一共有三位论文答辩导师，他们是：李伯黍教授、马文驹教授、朱永新教授。这些答辩导师，与燕老师一样，对学生既是仁慈的，处处爱护有加；但同时又是严格的，时时鞭策不断。至今我还记得这些答辩导师简明却又极富启发的提问。诸如李伯黍教授的问题有："你如何证明潜能学说就是王夫之的本来思想"，马文驹教授的问题有："王夫之的诚为什么是超心理潜能"，朱永新教授的问题有："王夫之的心理潜能思想你是如何找到的"。现在，我已不记得当时是如何具体回答这些问题的，但仍然能清晰地记得，回答这些问题时，我是直冒冷汗的。燕老师的最终点评颇具代表性，大意是：今天答辩导师们的提问，有些问题你可能能够回答，有些问题你可能不能回答，还有些问题你肯定无法回答，但最有价值的问题就是那些你今天无法回答的问题。今天的论文答辩，只是新的学习的开始。这些你今天无法回答的问题，就应当成为你明天进一步进行学术研究的动力。

在燕老师身上，包括在李伯黍教授、马文驹教授、朱永新教授等那个年代的学术精英身上，我看到了最最珍贵的品质——善良。

说到善良，燕老师是一位有悲悯之心的人。记得有次随燕老师去四川成都，参加一个学术会议。会议之余，大家去爬峨眉山。峨眉山的滑竿很是有名，一行人都没尝试过，就想体验一下，坐一程滑竿。当大家乘坐滑竿才大约十几分钟，就听到前面燕老师在喊：赶快放下，赶快放下。赶到燕老师面前，只听燕老师说，这个滑竿他实在坐不下去了。大家问，怎么了？燕老师说：他见了前面的那个滑竿挑夫，黄豆大的汗珠从脊背上直往下淌，还伴随着大喘气的号子声音，实在是受不了，觉得挑夫太可怜了，工钱照付，滑竿坚决不坐了。那年燕老师已是几近花甲之年，也同年轻人一起，一直徒步爬山，直至光明顶。

燕老师生于1929年，我生于1959年。

1979年，我20岁，还没有上大学。那年燕老师50岁，发表了《关于中国古代心理思想史研究的几个问题》的历史性文章。

十年后，有了中国心理学史的毕业研究生。1989年，燕老师已经60岁了，这位研究生正好是30岁。

又过了三十年，这位研究生也到了60岁，于是写了上面这些文字，来纪念已经90高寿的燕国材老师。

师恩难忘。祝愿燕老师健康长寿！有机会再去峨眉山，这次一定得坐滑竿。

【作者简介】

尹文清，男，现任上海新望闻达律师事务所资深合伙人，高级律师。复旦大学法学硕士。具有金融专业经济师、证券律师、上市公司独立董事等从业资格及从业经验。曾任上海师范大学教育管理系讲师，心理学硕士。1986年9月至1989年7月师从燕国材教授。

非智力因素理论哺育我成长

毛之价

尊敬的燕国材教授，尊敬的会议主席和各位领导、各位老师，亲爱的朋友们、同学们：

大家上午好！

首先，请允许我代表我们教育管理系（现管理系）的首届学生，热烈祝贺“燕国材教授学术思想研讨会”取得圆满成功！值此燕国材教授九十大寿之际，敬祝燕老师健康长寿、幸福快乐！

燕国材教授于1981年在《辽宁教育》，继而于1983年2月11日在《光明日报》发表《应重视非智力因素的培养》一文，率先在我国提出了应“重视非智力因素的培养”这一重要思想，引起我国教育界的广泛关注和高度重视。燕老师是我国培养非智力因素最早的创导者和最有力的推动者。

35年前的1983年9月，就在燕老师提出《应重视非智力因素的培养》这一著名论断不久，我们56位来自上海各区县教育第一线的同学，由组织推荐，通过入学考试，跨进了上海师范大学的校门，成为我国高等院校首个教育管理专业的首届学生。

我们是时代的幸运儿。感谢党、感谢党的改革开放的好政策，使得我们能再一次进入高等学府深造。在教育管理系，我们有幸能遇到像余洁生、季德元、燕国材、柴崇茵、古人伏、吕长春等这样最好最好的领导和最好最好的老师。在市区（县）教育局以及上海师大各级领导的亲切关怀下，在燕国材等各位老师的精心培养下，通过短短两年大学本科全部课程的学习，我们进一步坚定了信念、丰富了阅历、开阔了视野、增长了知识，为今后的人生和事业打下了坚实的基础。

从完成学业到重新走上新的教育工作岗位，三十多年来，我们56位同学没有辜负党和政府的期望，没有辜负母校各级领导和燕老师等各位老师的培养，在改革开放的大潮里，我们为上海教育事业的发展，为国家的繁荣富强，做出了应有的贡献，向党和人民交上了一份满意的答卷。

我们中有被评为上海市首届教育功臣的；有被评为特级教师、特级校长的；有任区县教育局等政府部门的党委书记、局长或副局长以及各级各类学校的书记、校长的；还有成为专家学者的。其中的不少人还被评为全国或上海市的优秀教育工作者，获上海市园丁奖。其中的佼佼者就是被评为上海市首届教育功臣、上海市特级教师、特级校长并入选“当代教育名家”的刘京海同学。刘校长是著名的“成功教育”的主要发起人、设计者和实施者。

刘京海同学三十多年来致力于探索研究薄弱初中的综合改革，探索研究大面积提高学生素质的规律。他认为，“差生”的主要问题在于缺乏学习的自信心和积极性。于是，他把呵护和培养学生学习的自信心和积极性作为“成功教育”的起步。1990年6月9日，国家教委副主任柳斌视察闸北八中，对于刘校长的“成功教育”给予了高度的肯定，把“成功教育”列为素质教育的一个成功经验。

刘京海同学所取得的成就，固然应该归功于党和政府的培养、集体的帮助和自身的努力。但是，纵观他探索研究“成功教育”并取得成功的全过程，人们不难发现，他的成功与当年燕国材教授等诸多老师的谆谆教诲，特别是受燕老师关于非智力因素培养这样一个极其重要的教育思想的启迪是密切相关的。

得益于燕国材教授关于“应重视非智力因素的培养”这一思想的，绝不止刘京海同学一人，而是我们56位同学的全体。对此，本人也深有体会。当年，我在一所区重点中学任教。不言而喻，作为一所区重点中学，其学生入学的基础肯定是比不上市重点中学的学生。然而，我所任教的班级的数学成绩，在区统考中，多次超过复旦附中、交大附中以及控江中学等名校，并在此后的高考中取得了好成绩。为此，区教育局还几次组织全区中学数学教师前来观摩本人的公开课。其实，并不是我的水平比那些学校老师的水平高，而是因为我遵循了燕老师的教诲，从提高学生对于学好数学的重要性的认识入手，培养他们对于数学的兴趣，提高他们学好数学的信心，按燕老师话来讲，就是“用非智力因素来激发、提升智力因素的作用”，达到了学好数学的目的。

由于领导和同事们的鼓励，我于1989年9月被评为“上海市优秀教育工作者”，并获“上海市园丁奖”。

1993年1月，根据国家发展社会主义市场经济的需要，我被组织部门调往金融单位工作。尽管我离开了心爱的教育岗位，但燕国材教授要重视“目标、信念、抱负、意志、情感”等非智力因素的思想已深深扎根在我的脑海之中，促使我和我带领的团队通过以上这些非智力因素，来激发、提升智力因素的作用。我们依靠社会主义制度的优越性，充分发挥我们的聪明才智，排除千难万险，为我国国民经济的发展，包括航天航空事业的发展，以及为中国国际航天航空博览会、2008年北京奥运会等的成功举办，起到了“保驾护航”的作用。我们的工作得到了空军总部、民航总局、公安部、奥运会组委会、长城工业总公司等部门，以及“航天之父”钱学森、南京军区空军副司令员韩德彩中将等许多领导的鼓励和表扬。

2007年12月，我当选为中国保险学会第七届理事会理事。2008年7月18日，我又当选为中国保险行业协会营销专业委员会第一届委员会委员（之后连任为第二届委员），并应邀在 2008 年 7 月 4 日—6 日召开的“亚太保险营销高峰论坛”上发表主题演讲。该论坛吸引了来自海内外七千多保险业界人士与会。《经济观察报》《保险家》有关报纸杂志还对我从事保险业以来的事迹作了专题报道。

真是师恩如海，终生难忘！

事实雄辩地证明，燕国材教授在 20 世纪 80 年代远见卓识地提出关于非智力因素的学术思想，对于我国深化教育改革、培养社会主义合格人才是何等的重要！

习近平总书记今年五月在北大考察时指出，“要立鸿鹄志、做奋斗者，培养奋斗精神，做到理想坚定，信念执着，不怕困难，勇于开拓，顽强拼搏，永不气馁。”

当今，我们已进入中国特色社会主义新时代。在以习总书记为核心的党中央坚强领导下，全国人民正在为实现伟大的中国梦而努力奋斗。燕国材教授的学术思想对于我们在教育战线上培养一代又一代实现中国梦的生力军；对于在实现中国梦的伟大进程中，发挥我们的聪明才智来贡献我们的力量，同样具有重要的现实意义和深远的战略意义。有幸作为燕国材教授的学生，我们要继续学好、用好燕老师系列重要的学术思想并将之传承给年青的一代，为实现伟大的中国梦做出我们应有的贡献！

谢谢会议主席、谢谢大家！

【作者简介】

毛之价，男，经济学硕士，高级经济师。中国保险学会第七届理事会理事。曾任上海师范高等专科学校副校长、中国太平洋保险公司总公司调研部总经理、中国职业教育投资基金管理公司副总裁等职。此外，还曾兼任过华东师范大学保险和风险管理客座教授等。

率真无私，淡泊名利

赵 南

尊敬的燕老师、师母及各位领导、嘉宾：

大家上午好！十分荣幸作为燕老师的学生，代表我亲爱的师兄师姐师妹师弟们借此珍贵时刻向我们敬爱的燕老师献上我们最衷心的祝福，祝福我们的燕老师身体安康，永远这样精神矍铄，神采奕奕！同时向我们亲爱的师母表达我们最诚挚的感谢，感谢您把我们的燕老师照顾得这样好，让我们能够时常聚在恩师的容膝斋，受恩师教诲，听恩师爽朗的笑声，看恩师笑容如花。恩师与师母住的小小院落总是那么温馨，春开蔷薇，秋结丝瓜，年复一年，学生们来了又去，去了又回，总是那么依依不舍，即便看着导师如此高龄尚且勤奋如一，日日看书读文，月月著书立说，心里便为自己的散漫、懈怠而深感惭愧，但只要想到能够再听听导师那春风化雨般的谆谆教导，高屋建瓴式的思想引导，就又不由自主地登门而入，导师与师母从来都在，如父如母，总是那样微笑着，给了我们一个在这世间最踏实的精神家园。虽说老师总是希望弟子青出于蓝而胜于蓝，但我们这帮弟子却心甘情愿地望师之项背而兴叹，巍峨如吾师者，德高望重，铸就世人景仰的典范，所以对我们这些学生来说，从来不存在亚里士多德之“吾爱吾师，但吾更爱真理”的矛盾与痛苦，在我们的心里，吾师不仅是真善美的化身，而且拥有把我们这帮石头点化成金的神奇力量，让我们敬重而又深深佩服，所以我们或许此生都无法再超越老师，但我们都会始终以是燕老师的学生为荣，并珍惜这份师生缘，以老师为榜样，尽己之力做有利于民族、国家与社会的事情。

燕老师虽然从未在口头上训诫过我们该如何做人，也从未说过做学问之前要先学会做人之类的大道理，但从与老师相处的每一时每一刻，从老师的一言一行中，我们无不感受到老师为人的真诚，让我们领悟到，人既不可妄自菲薄，轻视自己的生命与尊严，也不可趋炎附势，曲意奉承，做违背自己本心与真心的事情，所以燕老师上课时从不以老师自居，而总是希望听听我们做学生的如何理解，每听到我们偶尔冒出来一点新解，总是眼睛闪亮，十分开心，甚至忍不住掩口而笑。至今仍记得，有次上课，讲到孔子的教育心理学思想，我认为孔子提出有教无类，是因为他认为人性本善，人人都可以通过受教育的方式成为君子，尽管孔子并没有直接论述人性本善的言论。老师听了，马上流露出受了启发的率真模样，连连点头，并用赞同的口气补充道："你说得对，提倡教育的人必是赞成人性本善，对人性持乐观态度的，这是教育的人性出发点。"当时我们都很诧异老师为何如此高兴，老师笑着说："我正一直在想如何证明孔子是性善论者，被你们这样一解释，就有点线索了，所以我很高兴啊！"说完，老师如孩子般，又一次真心实意地笑起来。我们都称那是我们燕老师特有的开心方式，他会张开他右手的每一根短短的手指，用巴掌掩着嘴，然后呵呵呵地笑出声来。所以，我们从来都知道导师笑了必是因为开心，导师皱着眉必是不开心，导师表扬我们必是我们有地方真的做得好，导师批评我们必是我们有地方真的做得不好。我们从来不用猜测导师今天心情好不好，更不用顾及如何把话说得好听才能顺导师的意。由于有一个如此率真无私的导师，我们就这样不管不顾，在上海师大小池环绕、小桥静卧、紫罗花香的美丽校园里做了三年无知无畏的学生，要有惆怅，也多是少年不识愁滋味的美丽乡愁。待到毕业后，经历世间纷繁复杂，再听得各式各样导师与学生之间的恩怨，我们都不禁感叹，原来世间还有除燕老师之外的另样导师啊，然而导师不就应该是我们燕老师这样子的吗？这样说自是会被人笑话太过天真，但我想我的师兄师姐师弟师妹们肯定和我一样，宁愿被人笑话，也要保留这份天真，因为我们都想做一个像导师这样真诚的人。

导师让我们深深佩服的还有他做学问的态度、精神与能力，一丝不苟、严谨认真、勤于笔耕自是不用说，视野开阔、思维敏捷、睿智深刻更是让我们佩服得五体投地。尤记得当年写毕业论文，导师让我研究《吕氏春秋》的教育心理学思想，我不敢怠慢，把原典反复读了十来遍，努力找出《吕氏春秋》论及教育心理的段落和句子，然后又绞尽脑汁把它们按照我的理解组织起来，再花了几个星期，在纸上写了涂，涂了又写，自我感觉良好，喜滋滋地给导师送去了，导师只轻轻说："你先放下吧，我看了再给你反馈意见。"没想到第二天下午，导师就传话来，让我去见他。我心想这么快呀，那定是我写得好了，于是兴冲冲地跑去老师家的小院，刚见到老师，他就拿出三张纸递给我，我一看那上面可是老师的字，而不是我写的论文呀，心里就有些急，果然老师说："你的论文找的素材挺好，但没有写出《吕氏春秋》教育心理思想的特点，我给你重新搭了一个分析和写作的框架，你拿回去想一想，然后再看看我是怎么写中国古代教育心理思想史的论文的，对照这个分析框架再重写你的论文吧。"我当时立马就很失落，原来我这么辛苦写出来的论文没有入老师的法眼呀，但老师这么短的时间又如何可能为我搭一个更好的分析框架呢？但等我拿回去认真一读，才惊觉什么叫"武林高手"，原来我们导师就是这样站在最高峰，胸中已有千壑，但仍能不露一丝一毫的自满或自负，只轻轻一点拨，就可以点石成金、化平淡为神奇，这不能不令我们做弟子的顶礼膜拜。照着导师给的框架写去，只觉行云流水，酣畅淋漓，不禁感叹原来学问也可以做出这般美好的感觉。导师自始至终从未居功，相反却一个劲地夸我聪明，还把我写的其中一章在我毕业时就拿去发表在了我们上海师范大学的学报上。其实我哪里聪明，只是孺子可教也，但由于我们当时都以为当导师的就是我们燕老师这样子的，所以从未想过要如何感激老师。这一晃离硕士毕业马上就要二十年了，虽然我最后跟随自己的兴趣，改读了学前教育专业的博士，但回头细想这些年自己做的研究，才发现其实我还是我们燕老师的学生，他的很多学术思想已经被我当作论证的前提或依据融入了我的学术论文与著作中。如我至今仍然深深认同燕老师的学生主体论，因为如果我们把教育视作是为学生发展服务的事业，那么学生作为其自身发展的内因，就是教育过程中的唯一主体，教师始终只是影响学生发展的外因之一，这就决定了如果我们以学生的发展水平来衡量教育质量，实质是对教师的不公平，教师所能做的也应该做的是尽他所能利用的资源，努力为学生提供学习机会。所以衡量教育质量，从结果的角度来说应是看教师为学生提供的学习机会的广度和深度；从过程的角度来说应是看教师为提供这样的学习机会所做的努力。我也深深赞同燕老师的素质教育论，教育要促进人的发展，归根结底是促进人的素质发展，而不是提高学生的考试分数，这在提倡以儿童为本的学前教育阶段更是如此，所以我根据学前教育阶段的特点，提出应将培养儿童的主动性、独立性、合群性、专注性、坚持性、灵活性等六性品质放在首位，这些品质是儿童现在与将来做人做事需要具备的基础品质，可以为儿童一生的发展提供源自内心的力量，这样的儿童教育可以称之为儿童支点教育，是燕老师提倡的素质教育在学前教育阶段的具体化和深化，可以为学前教师提供更为清楚、明确的素质培养目标。不是要在这里炫耀自己的学术研究，而只想对恩师致以迟到的深深感激，是您的学术思想奠定了我看问题的基本视角，是您的“标新立异，自圆其说”的座右铭鼓舞了我的学术追求，是您的高屋建瓴、大气磅礴开阔了我的学术视野，是您的坚忍不拔、淡泊名利照亮了我的学术之路！对我们这样的中青年学者来说，前方的路还有很长，也不知未来还会经历怎样的风雨与艰辛，要抵抗怎样的平庸与世俗，但只要想到我们敬爱的燕老师，我们就没有理由轻言放弃，就无法随波逐流。我们会用我们的努力与奋斗、坚持与坚守证明我们或许不是很优秀，但绝不是愧对燕老师的学生！

燕老师是湖南桃源县人，所以总是爱着陶渊明的诗文，并借了他的《归去来兮辞》中的“容膝”两字来为他的书斋命名，何其形象，同时准确地表达了恩师自己的人生志趣，而恩师自己也颇有靖节先生的风骨与气度，同样是“结庐在人境，心远地自偏，此中有真意，欲辨已忘言”，此种人生境界引世人仰慕，何其远矣！最后，让我和师兄师姐师弟师妹们，再次向我们的恩师表达深深的感激与敬重之情，感谢您用您的人格魅力与深厚的学术思想指引着我们的人生，引导着我们的追求，祝福您和师母永远康泰和乐！永葆青年人一般的活力！感谢母校上海师范大学教育学院为恩师举办此次学术思想研讨会，感谢各位领导、嘉宾百忙之中前来参会，感谢为此次会议做了大量前期工作的孙圣涛、崔丽莹等师兄师姐及学生志愿者，感谢所有同门的齐心协力，恭祝大家平安健康！诸事顺心！阖家幸福！谢谢！

2018 年 12 月 8 日

于上海师大外宾楼 101 会议室

【作者简介】

赵南，女，博士，湖南长沙《学前教育研究》杂志常务副主编，长沙师范学院研究员。湖南省普通高校学科带头人，华中师范大学学前教育研究中心、湖南省教科院特聘研究员。中国学前教育研究会常务理事。1996 年 9 月至 1999 年 7 月师从燕国材教授。

桃李不言，下自成蹊

卞军凤

燕师，最初的印象是没有世俗的“学术架子”，尤其关心年轻学子的“生存”与发展。依然记得2003年的5月的那个周六，收到燕师悉心指导而无比亲切温暖的来信。这是第一次与燕师写信，表明想要拜其门下，本来只是抱持尝试的心态，心想毕竟是学术“大牛”，没想竟收到满满三页纸的指导与关心。作为对于“学术界”无比渴望和向往的大二学生，着实欣喜若狂了整个学期。

2005年9月，如愿以偿开始了有燕师指导、指引的崭新人生。回想起来，三年的研究生学习、生活中，看似严肃、深沉的老师却给予了亲人般的关爱与照顾。印象中每周最期待的课程就属老师的“中国心理学史”和“中国教育心理学史”两门专业课，因为这是超级“小灶”式授课——一对一教学，这在全校乃至全国的硕士研究生教学课堂上都是极少见的。虽然有老师建议说可以将两届的学生一起集中授课，这样可以大大减轻教师的教学工作量，老师却严肃地说：“教学自然要遵循人才培养方案，这是最基本的，不得随意。”

“小灶”课堂的教室是老师家十余平方米的客厅，茶几上总会有师母精心准备的水果或点心，上课的时间是上午的八点半，这是必须准时的，而下课的时间却不一定，有时是中午的十一点多，也有到下午一点多。在跟着老师学习的日子里，我们不仅收获了知识、学问，更有做人处世的态度和根本价值取向。

记得有一次，说起民国“四公子”中章伯钧及其女儿章诒和的事迹时，老师问道：“你怎么看?”据了解，章伯钧是中国民主党派“民盟”的创始人之一，1957年后中国的头号右派，凄惨离世，“文革”期间，女儿章诒和也未幸免，判刑二十年。而尽管如此，章诒和在谈及往事时，却只有那句“往事并不如烟”。我站在是非、善恶的高地“发挥”了很多，老师耐心地听完我“义愤填膺”地控诉着那个时代对文化人的命运与人格的摧残。早先听说老师自己也曾经被无辜地打成“右派”，在人生最美好的时候被耽搁了整整10年。虽没有如章氏家族经历了“天堂、地狱、人间三部曲”那般，但也是在青春年少、意气风发的人生起跑线上被打入了谷底，受尽艰辛、屈辱。我激动地说完，等着老师的肯定回应。只见老师淡然说道：“她（章诒和）努力让自己免于直接做出是非上的评判，其实无论对人还是对事，任何评判都应避免沾有‘私人’的气息。当然，随着时间，人们会重新认识、反思、探索20世纪中国社会变迁下文化人的命运与人格，那是特殊的时代生态现象。”并无多言却又说明了一切，那句“特殊的时代生态现象”教给我什么才是恰当的价值取向。

每次上课都无比充实、满足，可谓是脑袋空空来，收获满满离开，在迈出师大新村17栋那扇铁门时总是无比雀跃、兴奋。毕业后的十余年来，每每想起那段跟从老师学习的时光，依然感到满足与幸福。此后，尽管也听过无数国内外专家、大家的讲座、论坛之类，却难能再有当年老师授课时候的学术大餐体验，可谓谈古论今。

当然，也有一些时候遇到老师家里有好吃好喝的，热情的师母便将我留下一起享受。后来发现，几乎所有的师兄师姐们都经常逗留老师家蹭吃蹭喝，更有毕业后一直回来光顾者。常听师兄师姐们说二十多年前的读研生活很辛苦，幸好有老师家可以改善伙食。而如今老师家也几乎成了我们这些在沪的外来弟子集中、聚会的首选地。

燕师是一个忠心耿耿的上师（上海师范大学）人，1954年北师大毕业后来到上师工作，而这年也恰是上师刚刚建校。在任教近六十年的教学生涯中（2013年最后一届硕士研究生毕业），他那睿智、深沉而又温文尔雅，认真、严肃而又无微不至的风度影响着每一位学子。每年的师门聚会上，从与我父辈同龄的师兄到小我几岁的师弟，大家回忆当年跟从老师读书的那段难忘时光，各自所感、所思：燕师的思想、品格以及学术成就宛若一座高山，令弟子们以及后来学人由衷敬仰、感慨、钦佩。

而面对无数的赞誉时，燕师是不语的。事实上，无论是在专注的工作状态中还是平时的日常生活中，燕师大多时候是沉默的，沉默寡言也许和他的性格、个人习惯有关，而这恰恰体现了他的修养和人格特点。他常说："说话容易，听话难，开口你就可以说话，但是闭口得需要你管好自己的嘴。"在他看来，任何事物、是非都很复杂，而人们的知识、认知非常有限，想要客观、正确、全面地认识并非易事。此外，老师坚持"时然后言，言必有中"。老师不喜欢多言，但是偶一发言，必是条理分明、简单扼要、畅达己意。师母常说：先生严谨，与人交，言常讷讷，更不说客套敷衍话；而每出一言，句句真恳。燕师沉默少语也源于习惯。他习惯少说多做，以身作则，言出必行，正直无私。

在任上海师范大学教育管理系（今教育学院前身）主任以及上海市第七、第八届政协委员期间，燕师总是尽心尽责，很多事情对自己来说吃力不讨好，却有益于工作、大局。当然，为此也得罪了不少人。然而，燕师向来廉洁奉公，自奉极简，也从不计较个人名利得失，所以自然能够从容应对"报复者"。

记得有一次梳理老师文章时发现有七篇谈论关于非智力因素问题，很是好奇。待仔细阅读七篇文献后才赫然发现原来这是一场意外的“学术争锋”。说意外是对于燕师而言的，看似这是两派学者对于非智力因素的学术争鸣，是一派学术发展与繁荣的积极景象，“至少在回应对方观点时我是这么认为的”，时隔多年后燕师说。而实际的情况却并非如此。

美好的时光总是显得那么短暂，三年的硕士研究生学习生活充实、丰满，让人回味无穷。如果说每个人的生命里都有恩人，那么燕师就是我生命里的那位恩人。毕业那年，我对高校产生了执念，一心只想留在高校工作。燕师为了我的这股执念岂是操心，更是伤了心。原以为已经板上钉钉的工作因一位老师轻描淡写的一句话说没就没了，这时已近 5 月，找工作的最佳时机已错过，我顿时慌了手脚，不知所措。燕师从容地帮我分析了当下的就业形势，并确定几个合适的就业选择去向，我这才安下心来。事后，听师母说，在接到通知电话的那一晚，老师一夜未眠，一个人在房间里踱步，还不时喃喃自语：“太意外了，太意外了。”每每想起这件事，我便抑制不住地流泪。老师可能是因为对方出尔反尔，视承诺为儿戏而感到不解、遗憾。而我，则是为耄耋之年的恩师为了学生的事情竟彻夜不眠而动容，也心生惭愧。

燕师对弟子们甚至陌生人的关心是发自内心的，朴素而真诚。记得有一天，一位自称蒋老师的人打电话来，询问了家里的地址后说有问题来请教。燕师毫不犹豫地给了地址，便约好人家第二天到家里来。当晚，我和师母都很担心，想不会是骗子吧。第二天，蒋老师果真来了，老师请他进屋后才得知，蒋老师是上海体育学院的老师，目前在做关于运动员非智力因素发展方面的博士论文，因燕师是这一领域的专家，其导师就直接建议他来找燕师帮忙指导。从博士论文的选题、开题报告到定稿，燕师认真修改、把关。时间久了，自然，蒋老师也成了燕师家的常客。说来也有趣，忠厚老实的蒋老师每次带着他的论文草稿来，一待就是半天甚至一整天，这样，燕师帮忙指导论文，师母便张罗着下厨，蒋老师也不客气。我常常开玩笑说：老师和师母是做配套公益活动的，既管精神食粮补给，又管物质粮食提供。

在上师学习、工作的日子是幸运的，也是幸福的，因为有燕师。印象中最难忘的却是最平常的简单生活：每天下班后，我便冲向老师家蹭饭。晚饭过后，我们仨慢悠悠地在校园里散步。燕师负责“分析”从新村“老教授专用健身点”听来的国内外新闻“退休教授评论版”，师母则“传达”发生在校园里的新闻、趣事，我则负责“搜集”学校各部门的最新动态。走累了，我们便在西部操场上的香樟树下坐着，继续聊。

光阴荏苒，日月如梭，转眼间毕业已经整整十年。如今，虽然不常在燕师的身边，但恩师的教诲时刻铭记于心。在自己的工作中，也努力用恩师教导的为人处世之道以身作则去影响后来的学子，发扬恩师风范，以便后生学习、传承。

【作者简介】

卞军凤，女，博士，长沙理工大学马克思主义学院教师。2005 年 9 月至 2008 年 7 月师从燕国材教授。

幸入燕门二十五载，接班耕耘三尺讲台

崔丽莹

1995年4月，我第一次乘火车来到上海，参加上海师范大学发展与教育心理学专业的研究生复试。那一年进入复试的只有我一个人，心情既激动又忐忑。由于时间久远，复试的具体内容已经模糊不清了，但是记忆犹新的是中午去燕老师家里吃了顿丰盛的大餐，食物非常美味，还认识了好几位师兄，席间师生谈笑风生，当日的情形至今仍历历在目。感谢燕老师不嫌我愚钝收为弟子，从此踏入燕门，开启了新的人生。

幸入燕门之后，最先体验到的惊喜就是专业课都是一对一的精品小课。燕老师操着一口湖南普通话，谦和大气，循循善诱，有孔子风范，讲到兴起之处，老师会自顾自笑起来。燕师的博学、勤奋、自信和学贯中西给我留下了深刻印象，老师不仅可以随口吟诵孔子和孟子的经典名句，而且对国外心理学经典流派的观点也了如指掌、如数家珍。最精妙的是，老师经常将我国古代的教育心理学思想和国外学者的理论观点进行比对，并告诫我要学会独立思考，不要盲目崇拜西学，更不要对本土文化妄自菲薄。他经常引用一句唐诗“蜂蝶纷纷过墙去，却疑春色在邻家”来描绘缺乏自主创新的学术环境，批评心理学盲目跟风西方。

两年的专业课程学习很快结束，暑假开始我便集中精力撰写硕士论文。我的选题是《艾伟的教育心理思想研究》，这一选题的灵感来自于某次课上和燕师的闲聊，我提到燕老师和师门弟子已经整理了很多古代心理学家的思想，体系趋于成熟，但近现代中国学者的学术思想好像深入分析得比较少。老师听了很开心，马上肯定了我的想法，支持我去查阅文献。他认为我可以将中国近现代的教育心理思想的发展脉络进行梳理，也可以选择一个代表性人物的教育心理思想进行深入挖掘。见我仍有点畏难，老师鼓励我“不走寻常路”，坚持“独辟蹊径、自圆其说”。这八字箴言一直陪伴我的学术生涯，至今仍不敢懈怠和偷懒。

在老师的指导和鼓励下，我最终选择研究艾伟的学术思想。艾伟是中国现代著名教育心理学家，对中国科学教育心理学体系的构建与发展做出了重要贡献。1919 年毕业于圣约翰大学，1921 年赴美留学，先后获哥伦比亚大学心理学硕士学位和华盛顿大学哲学博士学位。1925 年回国后主要从事中学学科心理研究，尤重语文学科研究。1938 年创办教育心理研究所，在国内首次招收教育心理硕士研究生。艾伟长期致力于教育心理学研究，运用最新的测验、实验与统计技术在汉字和阅读心理领域进行了系统探索，为当时中小学国文教学改革进程的科学化提供了实验支持。他的学术著作非常丰富，有《汉字问题》（1949）、《高级统计学》（1933、1935）、《教育心理学丛论》（1936）、《教育心理学大观》（上、中、下册）（1945、1946）、《国语问题》（1948）、《阅读心理》《英语教学心理学》（1957）、《人事与工业心理学》（1956）等数十本，学术论文百余篇。为了对其学术思想有全面的把握，我花了半年的时间泡在学校图书馆和上海图书馆，查阅了图书馆内能够找到的所有文献。由于这些文献大多是孤本，不允许复印，于是我便下了笨功夫，将书和报刊借来后通篇抄下来，当时留下的抄记本足足有 10 余本，摞起来一尺高。由于文献整理工作比较扎实，通过大量的史料分析，论文撰写很顺利。燕师看了我的论文初稿，虽然没有当面表扬我，但从师兄师妹那里不断得到反馈消息，老师对我的论文很满意。1999 年这篇论文中关于阅读心理研究的内容发表在《心理科学》，这是我第一次在心理学权威期刊上发表论文，我激动异常。投稿前，我曾提议和老师一起署名，但燕师不同意，他坚持只署我一个人的名字，令我备受感动。

在跟随燕师一起学习的日子里，我收获了很多，包含为人、为学和为师。从为人来看，燕师是国内著名心理学家，80 年代便开始享受国务院特殊津贴，各项荣誉称号和奖励纷至沓来，在当时的国内心理学界和教育学界都声名赫赫，但他待人宽厚温和，从不与人发生冲突，即便他人做得很过分，他也总是很大度，一笑置之，不去计较。但在为学上，燕师是一位非常有原则的学者，从不弄虚作假，也不急功近利，而是坚持踏踏实实、实事求是、严谨治学。他最常引用孔子的一句话："知之为知之，不知为不知，是知也。"我交给他的每一份作业，老师都会逐字逐句地修改，严格到每一处注释、标点符号和助词使用。虽然在严师的指导下我并未成为高徒，但是"认认真真做学问，清清白白做人"的师训一直遵守到今天。当我也有机会成为硕士研究生导师时，燕师指导学生的方式也就潜移默化地继承了下来，虽然做起来很辛苦，但看到学生的点滴进步确实非常开心。每当此时总会不由自主想起燕师那满满的朱红眉批，心中着实温暖。燕师不仅是严师，也是慈父。燕师的严格仅仅是针对我们的论文，在生活中他从来都是一位充满慈爱的老人，即使批评学生也总是笑眯眯的，轻言细语，从不说重话或伤人自尊的话。他对我们的关心也是默默的，就像父亲一样，默默地替我们着想，默默地为我们安排，十分贴心，从不张扬。

硕士毕业后，我很幸运的在燕师的安排下留校，成为上海师范大学教育科学学院（现更名为教育学院）的一名教师，并一直在讲台上耕耘，至今已有 21 年的时间。期间参与了燕师主编的一系列著作的撰写，如《超越情商：非智力因素与成功》（与燕师合著）、《青年心理咨询 180 题》《心理素质教育论》（与黄忆春师妹合著）、《教育心理学》三次修订、《中国教育心理思想史》

《心理学思想史（中国卷）》等。循着燕师指引的方向，我在发展和教育心理学领域也找到了自己喜欢的研究主题，探讨青少年合作行为的发展特点和心理机制，这一方向可以算作是对燕师非智力因素学术思想的延伸和传承。

感谢燕师带我进入了心理学大家庭，并走上了研究之路。“路漫漫其修远兮，吾将上下而求索”。燕师已经九十高龄，仍然精神矍铄，令人艳羡不已。作为燕门弟子，我们将以燕师为榜样，和善为人，勤奋做事，真诚为师。

【作者简介】

崔丽莹，女，博士，上海师范大学教育学院心理学系副教授，系副主任。1995 年 9 月至 1998 年 7 月师从燕国材教授。

智者与仁者

顾娅娣

我的导师是著名的心理学家燕国材教授。我每次提起他，都感到十分骄傲和自豪。在上海乃至全国的教育界，一提到燕老师，没有几个不认识或知晓他的。燕老师不仅学术超群，而且品德高尚，在教育界享有很高的威望，也深得学生们的喜爱。他淡泊名利，一心钻研学术，并乐在其中。孔子说："知者乐水，仁者乐山；知者动，仁者静；知者乐，仁者寿。"燕老师不仅是位智者，也是位仁者。在学术上，他引领我们；在生活中，则以实际行动影响着我们。

一、学术上的指导

1. 初次见面

我第一次见到燕老师，是在考研结束后。他问我"为什么要学习中国心理学史？"我有点忐忑，说了几点自己的看法。等我说完后，燕老师笑着补充道："还有，就是增强民族自信心和自豪感。你想，我们中国有那么丰富灿烂的心理学思想，了解它们，可以让我们增强自信，也感到非常自豪。我们研究中国心理学史，就是要争一口气，为中国人争一口气，不要言必称西方，我们东方，中国，也有好的东西值得骄傲。并且，研究中国心理学史，填补了世界心理学史的一项空白，世界心理学史只有有了中国这部分，才算完整。”

2. 快乐教学

研究生学习期间，有几门课是燕老师亲自教的，有《中国心理学史》《中国教育心理学史》《心理学理论》等。每次上课，燕老师都让我们其中的一个学生先讲，讲完后大家就其中的一些重要的知识点进行讨论，每当一个同学冒出一个好的想法，燕老师都竖起大拇指加以称赞。最后他会就大家说得不完善的地方或不妥当的部分进行补充和修正。这样，一节课下来，大家收获很多，由于发言比较自由，也很快乐，大家都很喜欢上他的课。一次燕老师出差调了课，我们那周没有上燕老师的课，一位同学说：“哎，这周没有燕老师的课，好像缺了点什么。”

3. 论文指导

我在读研究生之前，只读了两年大学专科，也没有经过正规的论文写作训练。读研后，跟着燕老师写论文等于从头开始。燕老师根据我的实际情况，指导我写文章前要先列好提纲，文章分几部分写，怎样写？这些都清楚了才写，写出来的文章才能思路清晰、条理清楚。我觉得这一点非常受用，研究生期间写论文，每次写作前必先列提纲，与燕老师讨论，讨论觉得可以写下去，没有问题，再展开。

论文初稿写成后，交给燕老师看，他一般一周左右会给修改意见，每次这时候我都有些紧张。他通常是把我叫去，当面指出论文中写得好的和不好的地方，然后给出修改意见，最后把批阅好的论文原稿还给我。这时看看稿子，上面好多红杠杠、红圈圈，红笔批改的地方，每个字、每个标点符号都认真进行了批改。我拿回去进行修改，修改后再给燕老师看，这样来来回回要好几次，直到自己和老师都满意了为止。我研究生期间发表了好几篇论文，还有毕业论文，每篇论文都倾注着燕老师的心血，家里至今还保留着燕老师给我修改的论文原稿。每当看到它们，燕老师如慈父般的笑容就会浮现在我的眼前，激励着我要努力学习、积极向上。

4. 讲座指导

有一年暑假我参加了暑期社会实践活动，要求要给当地的高中教师做一场讲座，是关于研究性学习方面的。我非常紧张，参阅了一些文献，但心里还是没有底。于是我就去找燕老师聊聊这方面的话题，燕老师说教科院的一位老师是做这方面研究的，并且还有这方面的论文发表，让我看看他的研究。我把这位老师的论文找来，仔细研读，又参阅了其他的文献，感觉自己有了些想法后又去找燕老师，燕老师先让我说说这场讲座打算怎么讲，从几个方面讲？他听后，与我交流了一些看法，并且修正了我的讲座提纲，我感觉他这样一改，思路清晰了很多，一些文献材料更容易放进去，讲座更通顺了。于是我把大堆的材料进行了提炼、归纳，舍弃了重重的书和论文，带着薄薄的讲稿提纲及材料上路了。讲座那天，会场很大，有好几百人。到了才知道，是关于研究性学习的专题讲座，有几个博士跟我一起讲这方面的主题，他们大包、小包背了很多材料。我们这个组共5人，每人一场。讲完后，当地的一家媒体采访了我，对我的讲座大加赞扬，并且第二天就登载了我的采访。我一看，我们这个组不是5个人吗？怎么只登载了我的？带队的老师说，他们觉得你的讲座最有深度、最新颖，就选择了你进行了采访。哦，原来是这样，我还以为每个讲座的人都要接受采访呢！我心里暗暗想，要不是有燕老师指导，我这场讲座哪能做得这么顺，更别说得到人家的认可了！这场讲座的背后高人其实是燕老师啊！回来后我把到那边讲座的情况跟燕老师进行了汇报，他开心地笑了！

5. 实习指导

我研究生毕业实习，跟着系里的一位老师，先观摩了他的几次讲课，然后老师让我试着上下一章。我把老师让我试讲的事向燕老师说了，没想到我上课那天，燕老师居然坐到教室里，从头至尾听了我的讲课！天气很冷，燕老师那么大年纪居然来了，我感到有些紧张，同时也很感动。课堂上，我充分调动了学生的积极性，师生互动很好。课讲完了，我以为自己讲得不错，很得意。燕老师没说话，起身就走了。我感到有些纳闷，跟在后面。走出教室，燕老师说，你这个课，还可以再准备准备，有几个例子讲得很牵强，可以再考虑考虑，举更合适一点的。我低着头，一句话没有说。想了想，感到老师说得有道理，确实得再努力备备课，举更合适的例子。

6. 学习榜样

有一年春季开学不久，我们去见燕老师，他问大家寒假怎么过的？我们大家大部分都是说走亲访友去了，或说打牌玩去了之类。等我们说完后，师母说，燕老师寒假大部分时间都在看书，春节期间，也就休息了两三天，大年初二就钻到书房看书了。接着燕老师分享了他在寒假看的书的内容及心得。回来的路上，我们议论起来，感到老师太勤奋了！看看自己的水平，比老师差远了，还没有老师勤奋，这样怎么可以？榜样的力量是无穷的，有了燕老师做榜样，我们学习也更加努力了！

二、生活上的影响

俗话说，“一日为师，终身为父”。燕老师不仅在学习上给我们予以指导，而且在生活上也把我们这些学生当成了自己的孩子，关心备至，并且以实际行动影响着我们。

1. 寓教于乐

在读研期间，他经常邀请我们到他家吃饭。他的家虽然不大，但充满温馨，既是大家聚会的场所，也是学术讨论的地方。大家一起洗菜、做饭，做好后一起围着桌子吃饭。饭桌上，可以畅所欲言，说说笑话、侃侃大山、讨论一下对某个学术问题的看法等，大家经常会笑得前仰后合！每次聚餐，对我们来说，不仅是食物大餐，也是学术大餐！

2. 勤俭节约

燕老师生活非常简朴，要求学生也要节约、不要浪费。2001 年，燕老师带我们到广州华南师范大学参加学术会议。东道主非常热情，准备了丰盛的自助餐来招待来自全国各地的客人。我们学生，平时吃食堂，很少有机会见到有这么丰盛的美味佳肴。老师担心我们“眼皮大肚皮小”，再三嘱咐我们不要浪费，吃多少拿多少。要先少拿，不够了再加，食物来之不易，千万不要拿到碗里吃不完浪费了。他不仅这样说，自己也这样做的。每次他与我们一起吃饭，只拿了小半盘，吃完了不够，再添一点，全部吃完，一点也不浪费。

听说还有一次，燕老师邀请一位朋友吃饭，因为点菜点多了，他们吃不完，于是燕老师就给当时还在读研的师兄、师姐挨个儿打电话，让他们过去一起吃。

3. 童心未泯

毕业后，我们每年聚会一次。看着师兄、师姐们带着孩子，燕老师挨个问问他们多大，有什么爱好等，小孩们则围着他，毫无拘束，“爷爷、爷爷”地叫着，非常温馨。我有了孩子后，也带着一起去聚会。一次，燕老师问孩子几岁了，上幼儿园了没？她告诉爷爷说自己 5 岁了，上幼儿园中班。接着我告诉了燕老师最近一次好玩的事。有一天，我们告诉孩子，说要带她到肯德基吃东西。她很开心，说："啊，好啊，那我就不客气啦!"燕老师听后，大笑，对着孩子说："啊，好啊，那我就不客气啦!"于是全场爆笑，孩子也乐了。

4. 师生情谊

工作后，燕老师像父亲一样，仍然关心着我们。一段时间，我们中谁他没有看到，就会念叨。我们也很想念他，有空就会去看看他。每次见面，总向他汇报一下近况，再听他说说他最近的情况以及对某个学术问题的看法等。每次见面，总能从燕老师那里得到充电和启发。前两年，因为生二宝，再加上自己身体状况不好，很久没有去看燕老师。一次见到师母，她说，燕老师很关心你的那个小小孩。顿时感到非常感动，燕老师这么大年纪，还在挂念着我们!

燕老师今年已经 90 岁了，仍然身体健康、头脑灵活，这与他严谨的学术风格和随和的生活方式是分不开的！他既是一位智者，更是一位仁者。最后祝愿燕老师幸福安康!

【作者简介】

顾娅娣，女，上海理工大学心理健康教育中心副教授。1999 年 9 月至 2002 年 7 月，师从燕国材教授。

修行圣人之道，洞悉治学之术

——燕国材老师印象

黄忆春

只要一本书，就可以读；

只要一支笔，就可以写；

只要一杯酒，就可以醉。

如果不是因为老师的九十华诞，真不知道已经过了那么久。那些过去的记忆，又一点一点地被三月的清风吹到了眼前。

第一次见到老师，已经是二十四年前的事了。1995年的夏天，那时我正准备报考上海师大教育管理系的研究生，慕名来拜访老师。彼时，老师已经是誉满学界的传奇。对于我这样一个外地学校非心理专业的学生，老师会怎么看呢？见到老师之后，先前忐忑的心慢慢地放了下来。老师个子不高，戴一副黑框眼镜，穿一件最常见的白色老头汗衫，手摇一把蒲扇，说话带着浓浓的湖南口音。知道了我的情况后，老师没有嫌弃我，而是亲切地鼓励我可以充分发挥理科生的专长，把心理统计学作为学习的突破口。这种发自内心地对后辈真诚的鼓励，对当时战战兢兢准备改换专业而备考的我来说是一种莫大的激励，更是在我随后的复习迎考过程中不断地给我学习的动力。

入学以后，针对我之前的知识结构，老师特意选择《中国心理学史》《西方教育心理学史》两门史学课程让我补修，布置读后感的作业，写《二程的教育心理思想研究》。作业交上去，再回到我手中，大片大片都是老师用红笔逐字逐句的修改。当时只是惊讶并感动于老师的耐心与热忱，而对于让学习心理方向的我补修史学课程培育我的人文素养的深意，直到我人到中年以后才渐渐地明白。

毕业之后，因学报编辑工作的原因，常请老师赐稿。每一次，老师总是毫不吝啬地拿出自己近期的得意之作，大方地给我，并不在乎什么刊物的层级。这些发表的论文多被各种文摘杂志转载。2009 年的《素质教育的回溯、成就与思考》，这篇对当时的素质教育做了阶段性总结并指出接下来发展方向的论文一经发表，就被同年的《新华文摘》转载。在工作中，老师这样照顾我的例子比比皆是。身为学生，在毕业之后，还能持续得到老师的关爱与扶持，心中充满感激。

老师对学生是这么无微不至地关心与爱护，但是到自己这边就总是担心给学生添麻烦，生病了也不告诉我们。有的时候电话打到家里没有人接，再打手机才知道老师住院了。在医院里，老师对我们说："医院里有医生呢，不用担心，检查检查就好了。你们都忙，都有很多自己的事情要做。"老师就是这样，永远都是为别人着想，而不愿意为自己多考虑哪怕是一点点。

作为非智力因素理论的首创者，老师也在生活中践行着这一理念。在那个特殊的年代，老师被迫离开大学讲台去劳动改造，之后又到图书馆搬书。但是，苦难不曾压倒他。在二十多年的漫长时光里，无论条件多么艰苦，老师以旁人难以想象的执着与坚定的毅力，克服一切困难地学习，读书卡片做了厚厚的一沓又一沓，终于找到了打开中国心理学史宝库的钥匙，在重返教学科研岗位之后，成为中国心理学史这门新学科的重要开创者和推动者。而对于这段往昔岁月，老师从不主动提及。当我们问起时，他也是云淡风轻地一带而过。听有同年代老师说，有一个当年迫害过老师的人，在后来职称评审中，正好碰上老师是评审人。老师一点都没有故意为难，而是实事求是、客观公正地根据学术水平给出评价结果，让此人顺利通过评审。在老师的辞典里，根本没有公报私仇这一说，对于曾经的苦难，总是选择以淡然平和来化解，饱含着对生活的善意。在容膝斋的小客厅里，听着他如孩童般天真与爽朗的笑声面对过往的岁月风云，我心中满盈着对他的敬佩。这份豁达的胸襟，又有几人能拥有呢？

修行圣人之道，洞悉处学之术。老师在与古圣人对话的过程中，锤炼智慧，寻找到了“标新立异，自圆其说”的治学之道，既讲创新，又能在逻辑自洽中走出自己的研究之路。这种独树一帜的治学之道，惠及一代又一代的学子，薪火相传，不绝如缕。

世间万物因缘而聚。能跟着老师学做学问，跟着老师学做人，是我人生奇妙的缘分，也是我人生可遇而不可求的造化。老师说话于许多人听来如军事密码般难懂的湘音，于我反而是“今生又相逢”的亲切。

三月，明丽的玉兰满树花影，娇嫩的海棠挤挤簇簇，嫩绿的柳枝在风中摇摆，万物生长。祝我尊敬的九十高龄的老师燕国材先生身体康健，如松柏之茂，如南山之寿。

【作者简介】

黄忆春，女，曾任《上海师范大学学报》编辑部副编审。1996 年 9 月至 1999 年 7 月师从燕国材教授。

铭记恩师教诲，永远燕门弟子

霍兵兵

2009 年春天，上海师范大学研究生面试顺利通过后，在读的同门师姐贴心地找到我，给我介绍了学校的情况、燕老师和师母，还有研究生生活的大致情况。这些不但给第一次踏入上海这个国际化大都市的我带来诸多温暖，也唤起了我对未来三年的研究生学习与生活的向往，更激发了我早点聆听燕老师教诲的渴望。

我依然清楚地记得研究生阶段的第一节课上，燕老师教导我们的一句话，“标新立异，自圆其说”。燕老师博古通今，这八个字正是他倡导的治学理念。使得初次听闻的我深感震撼。

燕老师是中国心理学史学科的重要开创者，反对心理学研究“言必称西方”。通过系统地整理中国古代心理思想的宝贵遗产，并完成一系列专著，燕老师构建了中国心理学史研究的大厦。虽年近耄耋，但燕老师在授课时声音洪亮，思路清晰，各种文献资料随手拈来，尤其对于中国心理学史，更是如数家珍。作为燕老师的弟子，且跨专业读研究生，虽然在备考期间对燕老师的学术思想有所研究，但终归浅显。经过数年研习，我接受了比较系统的中国心理学史研究方法的训练。

纸上得来终觉浅，绝知此事要躬行。在燕老师的指导下，我完成了心理学论文《1978—2008年中国心理学史研究的文献计量分析》。在研读资料与写作过程中，梳理了中国心理学史研究近三十年的历史与现状，了解了中国心理学史学科从无到有，从初创、发展到深化的过程，也更深刻体会以燕老师为代表的中国心理学史研究学者之不易。正是在此基础上，在燕老师治学理念的引领下，我顺利完成了毕业论文《〈文子〉的心理学思想研究》。在论文写作过程中，经过阅读、研究大量古代文献，深入学习了先贤们思想中蕴含着的丰富的心理学思想，慢慢理解了燕老师的治学理念。

当然，毕业论文的写作是一个长期学习再融会贯通的过程。犹记得研二下半学年，我的毕业论文初稿基本完成，然后心情忐忑地交给燕老师审核。燕老师审阅了两个礼拜，告诉我，这份研究论文，前半部分可以，后半部分散漫、明显没有“劲道”。

确实如此啊！燕老师火眼金睛、一针见血。后半部分的写作正值2011年春天，我在一家会计师事务所实习，正值忙季。所以在完成后半部分的时候，分心很多。收到燕老师的阅后评价，觉得羞愧异常。80岁高龄的燕老师，还在电脑上逐字逐句地审阅论文，而自己却因为外部原因没有在学习上用功。燕老师训诫我，实习可以，学术和学习却不能因此而耽误或荒废，相反更得好好下功夫。无论做什么事情，就怕“认真”二字。你认真做下来，肯定能将双方兼顾好。“认真”二字，就此深深印入我的脑海。

虽然毕业后的工作远离校园，但我时刻都没有忘记燕老师的谆谆教导，尤其是“标新立异，自圆其说”的理念。在工作中遇到难题，或者想偷懒的时候，只要想起笔耕不辍的燕老师，我总能抖擞精神，再次投入工作中去；燕老师治学理念中蕴含的独立思考、钻研求真精神，也一直伴随并影响着我的工作与生活。

时光荏苒，从初入燕老师门下受教，三年的学术熏陶，七年的工作经历，十年间犹如弹指。当年年轻的学子如今也已步入中年，但是与燕老师相伴的三年岁月我记忆犹新。顺利毕业之后，燕门之间常常小聚，共同探讨生活、学术的点滴并且还能时常听到燕老师的教诲，乐趣无穷。这实乃幸事。

燕老师，感谢您。

【作者简介】

霍兵兵，男，华林证券股份有限公司投资银行事业部高级业务经理。2009 年 9 月至 2012 年 7 月师从燕国材教授。

在你的眼光中变得美好

——致恩师

李文录

从任何时候说起来
都是为了跑到你面前
你拍拍我身上的尘土
我像归来的孩子一样给你请安

之后
我离开你
在燥热的七月和不安的二月
唯一的两天

即使再见总是悬挂眼前
我永远是你的孩子
喉咙里的声音充满爱
和想念

所有这些都是自然发生的

在被安排的结果之外

不期望不弯曲

而在你的眼光中变得美好

【作者简介】

李文录，男，共青团海南省委志愿服务与社会工作部主任科员，2010 年 9 月至 2013 年 7 月师从燕国材教授。

门下三载恩绵长

廖列海

离开心理学专业已经很多很多年了，对专业的了解也一天比一天陌生，而我们的恩师燕老师恰如心理学专业的一座灯塔，我依然能远远地看到闪耀着光芒。恰逢恩师今年九十华诞，燕门师兄弟师姐妹们都一起写点关于恩师的学术造诣，为人处事以及对我们的影响。燕老师在心理学上的造诣我已没有能力与水平说点什么，就只能说说自己在做燕老师学生的时候的点滴回忆。

前段时间网上沸沸扬扬地传着某大学的导师如何如何对待自己的学生。我觉得燕老师与我们学生的关系堪称师生关系的典范。在燕老师门下三年，我从来没有听到过一句哪怕嗓门大一点的不满，每一次上课都是如同朋友聊天一样地聊着心理学专业知识和做学问的方法，没有感觉到是正儿八经地在上课。那时候，我们研究生生活补贴很少，生活很清苦，很多食品副食品都必须凭票供应，燕老师经常邀请我们去他家里，他亲自下厨，然后一边喝酒，一边聊天。既改善了我们的生活，又让我们从中学到很多东西。总之一句话，在燕老师门下做学生，除了专业上必须仰望之外，丝毫感觉不到某些大学教授高高在上盛气凌人的气势和做派，反而如同朋友一样轻松快乐。

至于做学问，虽然最终没有继续在心理学专业发展，但是燕老师在研究问题方面的观点，对我以后的职业生涯也带来深刻的影响。他并不要求我们学生一定要遵循他的研究方法和理论，反而鼓励创新，“标新立异，自圆其说”这个是他在学术上跟我们传授的秘诀，这一点，不论是对做学问搞研究的学生来说，还是对我现在的职业来讲，特别重要，律师辩护和代理都是对抗性的，自己的主张就是跟对方针锋相对，同时利用证据来组成一个证据链，自圆其说，来说服影响法官的判决。

以上就是我在燕老师门下三年最深刻的感受。感谢敬爱的恩师，衷心祝愿恩师健康长寿！

【作者简介】

廖列海，男，上海国瓴律师事务所律师，合伙人。1988 年 9 月至 1991 年 7 月师从燕国材教授。

慈父般的温暖

——回忆恩师燕国材先生

刘晓红

1996 年，我本科毕业考入上海师范大学教育科学学院，师从燕国材先生攻读中国心理学史专业研究生。接到通知后，我平生第一次乘上了火车。暖春四月，北方多是黄土漫天，江南却早已春意盎然，铁路两旁秀丽挺拔的水杉、整齐的稻田，令我沉醉于满眼的新绿，初次离乡的惆怅慢慢变淡。火车进站，置身陌生的地方看到全新的环境，心情复又忐忑起来。

初见燕老师，和蔼的笑容、亲切的话语，让我倍感温暖，心里逐渐踏实。然而那时虽然知道我的导师是一位心理学家，却并不非常清晰地了解燕老师在中国心理学界的地位，这大概与老师数十年潜心学问、低调为人的风格有关。即使在网络与各种媒体如此便捷发达的今天，百度百科对燕老师的介绍也仅仅是简短的几行字：

燕国材，教授。湖南省桃源县人。1954 年毕业于北京师范大学教育系，同年去上海师范大学任教至今。曾任上海师范大学教育管理系主任，上海市第七、第八届政协委员，中国心理学会常务理事，《心理科学》杂志副主编。现任全国非智力因素研究会会长。长于中国心理学史、教育心理学、理论心理学与教育理论研究。与几位学者一起创建了中国心理学史与中国教育心理学两门新学科；在国内首次提出“非智力因素”的概念及理论；是素质教育的积极倡导者。出版著作约35种，发表论文350余篇。主要著作有《中国心理学史》《智力因素与学校教育》《学习心理学——IN结合取向的研究》《理论心理学》《素质教育概论》等。其论著获省部级奖9项次。曾被评为上海师范大学优秀教授，享受国务院颁发的政府特殊津贴。

由这段简短的介绍已然可见，燕老师在教育学和心理学上取得的成就和位置。事实上，燕老师的研究成果远远不止于此，尤其是对中国心理学做出的卓越贡献，以及由此产生的深远影响更非短短三五百字可以概括。

就是这样一位泰斗级人物，在生活中却是平易近人，处处为学生着想，学习上严格要求，生活中关怀备至。在随师向学的三年，时时感受到燕老师的大家风范和人格魅力，更无时不感受到燕老师和师母的关爱。从外地农村只身来师大读书的我，深受感动，难忘终生，许多事即使在毕业二十年后的今天，仍历历在目，每每想来倍感温暖，深受鼓舞。

研一年级的教师节，我去看望燕老师和师母，路过师大门口的水果店，看到招牌上写着“山东烟台红富士”，心想着也算是家乡特产吧，于是买了拿去聊表心意。没想到第二天燕老师让师兄把水果钱带给了我，叮嘱以后去看望不必拿东西……我既惭愧，又感动。因为家庭条件不是很好的缘故，燕老师一直给予我很多照顾。就像研二年级的春天，我跟随燕老师去浙江兰溪开会，回校之后的某一天接到学院办公室老师的电话，告知我因为此次出行费用超出了研究生参加会议的规定额度，需要补交。对当时的我来说，这笔费用不是小数，确确实实拿不出，一时无措。情急之下，我只得给燕老师打了电话，老师问明情况后又一次帮我化解了难处。

在师大三年的学习生涯，有多少这样的情况已经不甚清晰，时光流转依然清晰且愈来愈深刻的是：在举目无亲的城市，燕老师是亲人，如慈父，是我人潮人海中环顾茫然时寻找的依靠，疾风冷雨中踽踽独行时心里的温暖。

这些年来，面对燕老师和师母我从未说过这样的话，表达过这样的感情，是不善言辞的性格使然，也是因为今天的我工作生活普普通通，愧于面对数十年如一日勤于治学的老师……

是的，虽然燕老师著作等身成果斐然，但退休之后仍笔耕不辍，继续心理与教育研究，发表论文撰写著作，对中国教育的思考也从未停止，理念与时俱进。就在前几年，燕老师因身体原因住进医院，得知消息后我与师姐一起去第六医院探望。燕老师虽然在病床上，聊得多的却是教育的现状，出了什么样的问题，为什么会这样，最好怎样，等等。

看着病床上的老师，想到老人家自幼出身寒门，少年时刻苦求学，成功考取京城名校，工作后兢兢业业，却也在特殊时期历经磨难，坎坎坷坷，但始终对教育事业抱着极高的热情和关注，怎不让人油然而生敬意!

光阴荏苒，青丝华发，我自己已是人到中年，燕老师也已是九十高龄。回首想来，此生何幸，成为大名鼎鼎的燕国材先生的学生，承受恩师的不尽关爱，而多少人只能望着燕老师著作封面上的名字，憧憬这位传奇一般的人物；也正因得以投师燕门，有缘结识了一群优秀的师兄弟师姐妹，相互学习相互扶持，如同一个有笑有爱的大家庭。

愿恩师健康长寿，“如月之恒，如日之升，如南山之寿，不骞不崩。如松柏之茂，无不尔或承。”

衷心说一句：感谢您，恩师!!

【作者简介】

刘晓红，女，上海市工商外国语学校教务科副科长，高级讲师。1996 年 9 月至 1999 年 7 月师从燕国材教授。

师恩浩荡，教泽流芳

孙圣涛

为纪念燕国材教授90华诞，民进中央朱永新学长准备为燕老师学术七十载出版一本纪念文集，邀请燕老师的学生参与其中，也邀请我参与撰写并组稿。我认为这是回忆我和燕老师交流往事的一次很好的机会，于是欣然动起手来。

初识燕师

1991年，年轻气盛又不甘平庸的我，报考了上海师范大学教育心理学专业硕士研究生。报考的导师名叫燕国材教授。其实那时我对燕教授一无所知。当时就想只要考上研究生就行，不管考到哪里，至于导师如何并不太在意。我的研究生成绩过了录取分数线之后，就要为来上海师大复试做准备了。我开始托人向已在上海师大读研的同乡打听燕教授是一个怎样的人。同乡告诉我，这位教授很有名气，在心理学领域很有影响。于是，我在心中喜悦的同时也有一份担心。这位名教授是否要求很高，我能否达到他的要求。我那时把这位导师想象成一位威严和不苟言笑的样子。来到上海复试的时候，我才发现燕教授并不是我想象的那样很严肃，而是一位和蔼可亲、平易近人的长者。我这才松下一口气，心里变得平静许多，也更加迫切希望成为燕教授的学生。

燕师指导

1992 年 9 月，我从安徽乡下来到上海师范大学教管系读硕士研究生，开始我人生旅途的一个重要旅程。

三年读研期间，我跟随燕老师学习中国心理学史。我原本对中国心理学史了解甚少，逐渐地在课堂上和交流中，燕老师教会了我很多东西，也对我的世界观、性格和行为等方面产生了很大影响。

燕老师影响了我的世界观。在我读研那个时段，正是国内几位学者在国内期刊上和燕老师激烈争论关于非智力因素的概念和理论的时期。那时，一些学者经常拿国外的理论标准来评价燕老师的学术观点，认为他提出的一些理论不符合西方的套路。燕老师对这种“言必称西方”很不满意。他经常对我们讲，我们要有民族自信，不要认为西方的月亮就比中国圆；我们不能妄自菲薄，去拜在洋人的脚下；几千年中华文化博大精深，很多东西值得我们后人好好去学习、去研究。可能就是这个理念吧，燕老师自 80 年代后就一直没有停止从事中国心理学史研究。他扛起了中国心理学史研究的大旗，在国内还首次提出和建立非智力因素概念和理论，为中国心理学史的建立和中国本土理论的发展做出了重要贡献。在那个崇洋盛行的年代里，他的言行深深地触动了我，他的“民族自信”思想已渗入我的骨髓，对我的世界观产生了莫大的影响。

燕老师勉励我们勤奋学习。燕老师经常教导我们：只有勤奋学习，才能有所建树。他说他自己就是一只“蚂蚁”：全靠着一点点积累，才会取得一些成果。事实上，燕老师确实是勤奋过人的学者。有一次，燕老师要我写一篇论文。当我对他说因没有足够的资料感觉写不下去时，他竟凭着记忆分别告诉我哪年哪月哪家杂志刊登的几篇论文要我去参考时，我暗自吃惊。不解的是，燕老师是怎么记住这些已发表的文献的。虽说燕老师可能认为这些文献对他来说非常重要才去记住的，但这也需要看很多杂志。后来我注意到，燕老师去资料室非常频繁。对于新出来的学术期刊，他都会一本本翻过去。自80年以来，他平均1年写1本专著，每年发表10篇左右论文。和燕老师相比，我真的算是非常懒惰的了。毕业至今20多年。每每自己想偷懒的时候，当想起燕老师的谆谆教导和他在资料室翻阅资料的背影时，我便又鼓足干劲坚持下去。

燕老师认真的态度是我们学习的楷模。谈到读研生活，我就不能不提我的毕业论文。燕老师给我定的论文题目是《中国古代十四篇文献的学习心理思想研究》。我需要从这十四篇文献中找到学习心理思想的规律。这十四篇文献作者不一，思想不同。于是我花了很大力气写好论文初稿。交给燕老师后，燕老师很快就将论文稿改好。当我看到他用红笔在打印稿上的修改时，心中顿时觉得羞愧。改的地方不仅很多，而且细致，甚至改掉我的错别字。当我再读一遍他改过后的论文稿时，立即就觉得论文上了层次。他每改一个地方，我都感到起到画龙点睛的效果。就在我准备打印正式论文时，他又要我将论文给他校对一下。结果依然发现打印中出现的很多错误。打印的师傅甚至把“六”打印成“大”，我也没有发现。幸亏有燕老师的校对，不然凭着原来那样的打印稿来答辩，真的会大出洋相。燕老师指导学生的认真态度使我终生难忘。至今我还保留着燕老师给我修改过的那个已经发黄的论文初稿，以此提醒自己无论做什么事都要认真对待。从十年前开始，我自己也带研究生了。我学着燕老师指导我的毕业论文的方法，指导自己的研究生。尤其学习燕老师将学生的论文认真地从头到尾改一遍。今天，有些导师喜欢提一些建议让学生自己去修改论文，但我还是把燕老师修改学生论文的方法坚持了下来。

工作时光

毕业后，我留在上海师大当时的教育学心理学教研室工作。一天，燕老师让我去他家。他对我说，留在高校工作是需要好好做研究工作的。燕老师问我是否有意愿从事有关兴趣领域的研究。目前国内有关兴趣领域的研究很少，我可尽力去弥补国内研究的不足。他说，他的学生卢家楣老师一直在从事情感领域的研究，他在这一领域研究成果丰硕，在国内很有影响。我即将开始工作，研究经验不足，现又要和卢家楣老师在一起工作，可多向他请教，把他作为榜样。然而，我后来还是没有从事兴趣领域的研究，而从事智力障碍儿童心理的研究。燕老师知道后，还是给我很多肯定。他强调说，该领域研究大有前途。随着国家的进步、经济的发展，国家会越来越重视特殊儿童的教育和研究。听到他的这些话，我在这一领域的研究就更有信心了。

自研究生毕业至今已有 20 多年。我和燕老师的交流少了很多，虽然我也没有离开上海师大。这其中有我自己工作繁忙的原因，更有不愿太多打扰他的缘故，毕竟他也还在带研究生，也还在笔耕不息。但是当我碰到困难向他求助时，他总是和以前一样尽力伸出援手。每当在校园路上碰到或在他家中，燕老师经常会问我关于我的研究和教学情况。一次，他得知我成功申请到了一项教育部人文社科课题，关切地问我现在这项经费有多少，在研究中够不够使用，需要出什么样的成果等。虽然我毕业很多年了，他还是那样关心我的研究和教学。我知道，我这辈子难以达到燕老师那样的高度，但我可尽力把我的研究工作做好，可以为教育事业发展做好自己的本职工作，不辜负他的殷切期望。燕老师这辈子饱受坎坷，依然在回到教学科研岗位后为国家作出了杰出的贡献。和燕老师相比，我要幸运很多。在我工作的这些年中，饱经沧桑的祖国正发生着沧海桑田般的变化。我有幸生活在这个充满希望的年代里。我没有理由不为国家的快速发展站好自己的岗位，贡献自己的一份微薄力量。在这些年中，我去了日本京都教育大学学习一年三个月，又读了博士三年，也走了十多个国家。履历的丰富、学位的提高，却丝毫没有冲淡我对燕老师的感激之情。我常想，如果当年我的硕士导师不是燕老师，我现在会是什么样子。

举办会议

转眼到了 2018 年，燕老师即将迎来 90 岁寿辰。同门李正云、崔丽莹和我商量为燕老师举行一次学术研讨会，暨以梳理燕老师的学术成就，并庆祝燕老师 90 岁华诞。于是，我们向学院领导申请时，得到了学院领导的大力支持。学院成为这次会议的主办方，我和崔丽莹师妹则承担这次会议的具体会务工作。其实，我一直就想为燕老师做些什么，但都没有机会。举办这次会议，对我来说是一次很好的机会，也是留在燕老师身边工作的我一项义不容辞的任务。于是，在会议召开前两个月，我和崔丽莹师妹就开始为会议忙碌着，黄忆春师妹也给予不少帮助。草拟邀请函、制作宣传册、联系参会人员、安排住宿，等等。虽然忙一点，但我们忙得高兴。因会议的很多细节都要和燕老师商量，这段时间我去燕老师家的次数骤然多了很多。每次我去燕老师家里时，燕老师都说要谢谢我们，他的话说得我真是不好意思。他就像我的父母，帮助我们那么多，几乎难以用言语表达，而我仅为他做了这么一点事情，他就要感谢我们。这就是燕老师：他一辈子只想到为别人提供帮助，从没想得到一点点回报。据我所知，他曾帮助的人可以说是不计其数。因受会议场地的限制，我们没有为这次会议对外广泛宣传。然而还是有很多人得到消息，他们从多种渠道联系到我。有的提出要赞助会议经费；有的表示即使没有被邀请，也一定要参加；也有的拍了精彩视频希望能在会议当中播放。我深深理解参会人员的愿望，也被他们的精神所感动。好人必有好报。我从燕老师的身上看到了这一点。

2018年12月8日上午，“燕国材先生学术思想研讨会”在上海师范大学外宾楼101会议室如期举行。会议现场气氛热烈，参会人员从不同角度研讨燕老师的学术思想，而会议场外则罕见地出现了瑞雪纷飞的景象。这似乎是上天专门为这次学术研讨会布置的外景。瑞雪兆丰年，瑞雪是吉祥的象征，也预示着燕老师晚年吉祥。在这种景象的映衬下，这次会议的成功举办使我感到发自内心的喜悦。能为燕老师做一点点事情，我真觉得劳有所值。

师恩浩荡，教泽流芳。我谨祝燕老师健康快乐，寿比南山。

【作者简介】

孙圣涛，男，博士，上海师范大学教育学院心理学系副教授。1996年9月至1999年7月师从燕国材教授。

非智力因素研究

——连接师生情谊的纽带

魏耀发

从跨进小学校门开始，一直到大学毕业，教过我的老师粗略算来也有三四十位，他们都是我人生道路上的启迪者和引路人。但要说给我印象最深、对我影响最大的，那就非燕国材老师莫属了。因为自1987年我从上海师大教育管理系毕业至今，30多年来我每年都与燕老师保持着经常的联系，听他阐述自己的学术观点，介绍自己的研究成果，发表自己对当前学术界研究现状和有关信息的一些看法。正是在这长年不间断的接触中，我进一步领略到燕老师学识的广博，思维的严谨和为人的正直。而连接我们师生之间情谊的，除了老师的人格魅力，那就是对非智力因素研究的共同追求了。

一、浓重的湖南口音把我引入“心理学”世界

我闻知燕国材教授的大名是1983年燕老师在《光明日报》上发表了《应重视非智力因素的培养》并由此引起教育界和心理学界热烈反响之后。当时的我对心理学一无所知，这场讨论夹带着一些新名词、新理论，如同春风吹拂着我的心扉，让我新奇和兴奋之余，感受到外面世界的精彩！正是从这时

候起，我开始关心报纸杂志上的一些教育理论文章。而当时让我印象最深、最佩服的人就是燕国材老师。

1985年经区教育局推荐，我参加了成人高考，被上海师范大学教育管理系录取。在开学典礼上，系主任介绍的第一位老师就是时任教管系副主任的燕教授，当系主任将燕教授的名字解读为“国家之栋梁之才（材）”时，台下掌声雷动，大家眼里充满了敬佩之情。我作为他的崇拜者，心情自然十分激动，为能成为他的学生而深感荣幸！

燕老师给我们开设的第一门课程是《普通心理学》。先生一口浓重的湖南口音，一开始听起来十分吃力，有些话只能连猜带蒙地去理解。然而他那丰富的表情、抑扬顿挫的语调、爽朗的笑声，如磁铁般吸引着我们每一个人，让我们情不自禁地在他的引领下一步步迈入神秘的心理学大门。渐渐地，我们适应了他的口音，也就更加喜欢听他的课了，以至于后来一看到心理学的有关名词，我就会将它们与湖南口音联系起来。

燕老师在讲课中善于用通俗形象的例子来诠释心理学的有关概念，使一些枯燥难懂的名词变得生动而富有灵性。如关于注意力转移和注意力分散这两种不同的注意力表现形式的区别和应对策略；关于兴趣的三个层次：有趣、乐趣、志趣的依次发展和交互作用；关于情感具有的基本特点以及在学习中的作用；关于意志从决心→信心→恒心逐步强化的过程以及意志培养的方法，等等，把心理学的一些基本概念如数家珍般的一一展露在我们面前，使我眼界大开，也为自己日后应用心理学理论于教育科学研究之中打下了比较扎实的基础。

二、先生的讲课让我知道了应该如何“做学问”

燕老师在讲课中表现出极为深厚的国学功底，对于我国历史上各个朝代知名人士在一些学术问题上的言论、观点以及他们的治学故事，他几乎都能信手拈来，恰如其分地引用到自己的教学中去。这让我们对先生的才学敬佩不已。更让我们感动的是先生对中国传统文化所表现出来的一种自信的态度。他在讲课时反复强调，中国的传统文化博大精深，西方学者提出的一些理论，其中很多都是老祖宗早就论及的，我们完全不必妄自菲薄，只要我们潜心研究，深入挖掘，就能在中国文化这座宝库里面发现越来越多的珍宝。对于在学术研究中出现的“言必称希腊”现象，先生是十分反感的。可以说，中国知识分子的正气、骨气在先生身上表现得十分突出。先生的这种思想对我后来的工作产生了很大的影响，指导着我在研究中更注重经典文化的传承和本土资源的利用，学习西方教育理论也重视要结合我国的实际情况，要能接“地气”。

燕老师一直强调在学术研究上，要“标新立异，自圆其说”。这是他一贯的治学态度，他用自己大量的成果对这句话作出了最好的诠释。如在《教育学与心理学的和谐变奏》一书中，结合当时教育的热点、难点问题，燕老师从教育学和心理学结合的角度，提出 14 个观点，归纳整合出“十四论”。每一个观点从论点到论据，都充分体现出他大力倡导的“标新立异，自圆其说”的探究精神。以“教育真谛论”为例，1989 年先生就提出“三发”，即发现人的价值，发挥人的潜能，发展人的个性，对教育的本质作了深入、精准的阐释；针对当时受商品经济影响，教育界出现的一些不符合育人规律的现象，先生又旗帜鲜明地提出“反对物化，倡导人本化；反对商化，倡导科学化；反对洋化，倡导中国化”，再次阐明了教育的真谛。又如著名的“IN 结合论”，是先生批判吸收国外的和中国古代的学习理论基础上提出的，即强调学习的成功是由智力因素和非智力因素的共同作用来决定的，并对此进行了充分的论证。此外，如“素质教育论”“学生主体论”“心理内化论”“个性教育论”“教学过程论”“学习心理论”等，都在当时产生了很大的影响。在先生的言传身教下，我也努力按照“标新立异，自圆其说”去做。我要求自己在研究中形成的一些成果要有自己的观点或独到的见解，要有一定的思想基础、理论依据和实践例证。

三、我的研究之路起始于非智力因素

我从教育管理系毕业之后，被分到黄浦区教育学院科研室。十分凑巧的是，当时的科研室主任徐崇文老师领衔的“初中生非智力心理因素的发展与教育”被立项为上海市首批重点课题，也聘请了燕老师为课题顾问。徐老师得知我刚从先生的门下毕业，即吸收我作为课题组成员，这是我参加的第一个课题，我的研究之路起始于非智力因素，从此就与非智力因素结下了不解之缘。

由于专业对口，在徐崇文老师的带领下，我对该课题的研究十分投入，且感觉得心应手。我和课题组其他成员及实验教师共同学习有关理论，讨论实验方案，进课堂观课评课，检测学生的非智力因素发展水平，帮助教师总结培养与促进学生非智力因素发展的经验和方法。三年来，实验班学生非智力因素发展情况明显优于对照班，学业成绩（语、数、外）与对照班有极显著差异。研究取得的成效使我异常兴奋，增强了我参加教育科研的兴趣和信心，也直观地感受到非智力因素在学生成长中发挥的正向作用。

在理论研究中，我研究的重点是“性格”，当初燕老师传授的这方面知识使我有底气接受这项任务。我在收集和梳理大量文献资料的基础上，对“性格”的内涵从几方面进行了阐述；整理和介绍了国内学者应用有关量表对我国青少年的性格特点进行测评与分析的情况；对本区 1183 名中学生进行了关于其性格发展特点的问卷调查，重点分析了 4 种特征的现状及年龄发展趋势；尤其针对初中生良好性格的培养开展了与实证相结合的研究，将一些培养的方法在实践中加以检验，然后修改完善，再应用于实践。

课题研究的一项重要内容，就是编写了全国第一本中学生心理发展常识教材，用此教材开设了“心理发展常识”课。林崇德教授曾经评议说，这是国内最早开设的面向初中生的心理课。在授课过程中，我通过以新设疑、以奇激疑、以趣解疑的方法，使学生对智力和非智力各个因素的含义、品质、特征和作用有一个感性、形象的认识，并学会自觉地培养良好的心理品质。我在课堂上创设宽松的氛围，引导学生在讨论中激发兴趣，加深理解，提高口头表达和分析推理能力，学会尊重他人。我还将实验引入课堂，通过实验结果让学生对非智力因素的导向功能、动力功能和调控功能有了更清楚、更形象的认识。

第一个课题的研究经历对我的专业成长帮助很大，这也要感谢燕老师。因为首先，是燕老师给了我比较扎实的专业知识和做学问的正确态度；其次，在研究过程中燕老师作为指导专家一直关心和指导着课题的进行。我们的师生情谊伴随着非智力因素的研究得到了进一步的发展。

四、在非智力因素研究会中的追随与传承

1992 年 4 月，上海市黄浦区教育局和上海师大教育管理系、上海市教科所联合举办了第一次省市际“非智力因素发展与教育”学术研讨会，会上成立了“非智力因素研究全国协作组”。1995 年 5 月，上述 3 个单位又联合主办了第二次“非智力因素与学校教育”省市际研讨会，会上成立了非智力因素研究会筹备组。经中国儿童心理、教育心理研究会批准，并报中国教育学会备案。1997 年 5 月，全国非智力因素研究会正式成立，燕老师任会长，徐崇文特级教师任常务副会长，北京五中校长吴昌顺特级教师、天津师大阴国恩教授任副会长，我担任秘书长，在全国形成了多省市联合开展非智力因素研究的新局面。我也成了燕老师名副其实的追随者。

研究会成立 20 多年来，每年一次的学术年会在各个城市轮流举行，从未中断过。每次年会燕老师都从头至尾参加，并在开幕式上讲话。由于燕老师每年都在发表文章或出版专著，因此他每次开幕式上的讲话都有新意，深受

与会代表的欢迎。让代表们感动的是，会议期间的各项活动燕老师从不迟到，更不会缺席，且始终坚持到结束。考虑到他年事已高，大家经常劝他有的活动不必全程参加，要注意休息。但他总是说，既然来了，就要认真参加。年会上会员提交的学术论文，学会秘书处都要组织专家进行评审，燕老师对于进入复审程序的一等奖候选文章每篇都看得认真仔细，提出自己的评审意见。在他的带领下，每年的论文评选都坚持公平、公正、宁缺毋滥的原则，确保了评选活动的质量。研究会在燕老师这面旗帜指引下，20 多年如一日，团结和带领一大批有志于非智力因素研究的教育工作者，为推动教育改革的深入，为促进学生的健康快乐成长而一如既往，不忘初心。

几年前，燕老师和徐崇文老师因为年龄关系，不再担任研究会会长和常务副会长，研究会选举产生了新一届理事会。承蒙大家的信任和厚爱，我接了燕老师的班，燕老师和徐老师被大家一致推举为名誉会长。现在，研究会依然高举着燕老师的旗帜，在新时代将努力创出新的辉煌！

回想起来，真是十分有趣！冥冥之中不知是巧合还是缘分，我和非智力因素有着化不开的情结：20 世纪 80 年代前期，对于我来说，燕老师的大名如雷贯耳，就是缘于它；在教育管理系学习的两年，对心理学有关理论有了一定的了解，其中也包括它；毕业后参加的第一个课题正是以它为主题的；之后让我追随先生 30 多年的，仍然是它！所以说，非智力因素是连接我和燕老师师生情谊的纽带！

【作者简介】

魏耀发，男，上海市教育科研特级教师，中学正高级教师。现任上海市黄浦区教育学会会长，全国非智力因素研究专业委员会主任。曾被评为上海市劳动模范。

“非智”伴我成长

吴小军

1991年8月，我从金华师范学校毕业分配到兰溪市实验小学，任一（2）班语文教师兼班主任，徐锦生校长让我参加浙江省规划课题“小学生非智力因素培养”实验。从那时起，我就结缘“非智力因素”了。我当时不知什么叫“非智力”，更不知如何培养。徐校长就让我读许多文章和书，其中就有《应重视非智力因素的培养》《非智力与学校教育》《非智力因素与学习》，发现作者都是燕国材老师。听课题指导老师说，燕教授是中国非智力因素之父，崇敬之情油然而生。

1995年5月2日，那是一个激动人心的日子。在上海师大，我第一次见到了燕教授，聆听了他的报告，还得到了他的签名。燕教授中等身材，精神矍铄，一口浓重的湘音，语速不快，我完全可以听懂。茶歇时，我捧着燕教授主编的《非智力因素的理论实证与实践研究》，冲向主席台，请求签字，由于走得急，把音箱绊倒了，引来许多人注目。这时，燕教授关切地问“人受伤没有?”当得知没有受伤，便喃喃地说“人没事就好！人没事就好!”并且在扉页上写下了“燕国材”三个刚劲有力的大字。燕教授的大名以及带有湖南口音的“辉智力”就这样深深地印入我的脑海。

1998 年 11 月，全国非智力因素研究会首届年会在兰溪市实验小学召开，燕教授听了我的汇报课，给予肯定并鼓励我做“学科非智力因素培养相关因素研究”。在燕教授的指导下，我形成了如下框架。

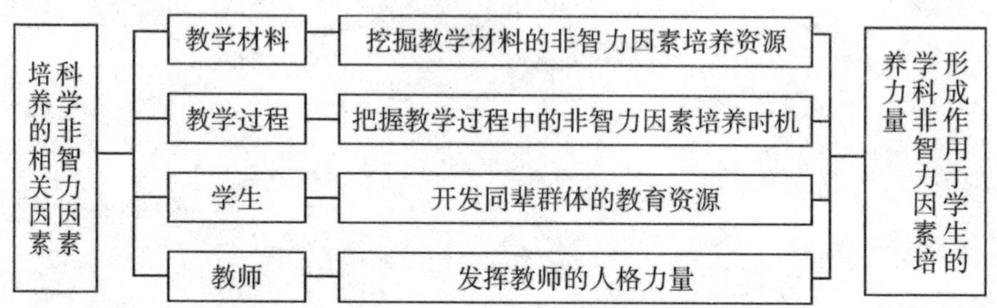

这一次会议，让我们士气大振的是，燕教授告诉我们，即将出版的《辞海》（1999 年修订版）将收录“非智力因素”词条，而且词条的概念就是由他写的。关于“非智力因素”概念之争终于尘埃落定，这让我们吃了定心丸，我们可以放开手脚大胆实践。后来，我特意买来《辞海》，在第 489 页看到了这个词条“非智力因素：智力因素以外全部心理因素的总称。如动机、兴趣、情感、意志等”。

在《小学生非智力因素培养实验》结题之后，我先后参与徐锦生校长领衔的《小学生学会“心理自助”的理论与实践》《优化非智力因素，促进小学生多元智能发展》《创建非智力发展型学校特色品牌的行动研究》《小学生非智力因素教育课程开发与应用研究》《基于“非智力”的项目学习实践探索》等课题研究。从教 28 年，参与非智力因素研究 28 年，我品尝了“非智力”实践探索的酸甜苦辣咸，蓦然回首，我觉得尝到最多的是甜，倒不是因为最近几年取得所谓的那点成绩，最欣慰的是在燕教授的督促和鼓励下，我养成了每天写科研日记的好习惯。

记得实验伊始，课题组要求我记录“科研日记”（当时也叫实验随笔，即记录实验研究的点滴体会，采取了何种实验因子，取得何种成效。比如课堂上，如何找准智力与非智力的结合点进行培养，课外如何开展活动培养非智力因素等）。我是一团雾水，不知如何写这样的日记。参加工作的三四年里，我一方面作为教学新手，面临教学技能的过关要求，一方面又是实验研究所面临的压力，我倍感焦虑，抵触研究，害怕记录，甚至想退出研究小组。这个阶段的日记是被逼着写的，有时一个月只写几则，往往也是应付了事。记录的内容一般没有主题，大多是流水账，甚至东拉西扯，几乎与研究无关，有时竟是些发牢骚的话，生活日记也要比这写得认真些。

1995年之后，燕教授担任我们的课题指导师，每次来学校，必定要听取我们的研究汇报，还要检查我们的科研日记。经常会从某篇日记中，选出一句或一段有价值的话语进行表扬，甚至帮我们列出提纲，指导我们写出一篇论文。他还要求我加强理论学习，利用业余时间阅读一批与实验有关的教育理论文章和著作，初步奠定自己的理论基础，澄清原先的一些模糊认识和错误观念。比如，推荐我读苏霍姆林斯基的著作。这样就使我领略了苏霍姆林斯基三十年如一日的科研精神，他跟踪记录数十个班级数百名学生从入学到毕业的学习生活，积累了丰富素材，也取得了丰硕的教育科研成果。又如，推荐读他的恩师黄济先生的《教育哲学通论》，心理学前辈潘菽的《心理学简札》……当然也送我他写的《中国心理学史》《素质教育论》等等，这些书不断丰盈了我的大脑，提升了我的理论素养，坚定了我的非智力研究以及写科研日记的信念！

随着"非智力因素"概念的逐渐明朗，在实验操作与记录中有了明确的目标和要求，此时我对教育教学工作的兴趣得到了培养，对教育事业的情感也日益加深，逐渐适应了研究工作。后来学校开展写科研日记的比赛，大家的热情空前高涨。不久，课题组《刍议小学生非智力因素培养》的文章在燕教授的指导下发表于《光明日报》，尽管只有一千多字，但对每一位实验老师都产生了极大的鼓舞，原来论文就是平时的积累和提炼。

2003年8月，我调入金师附小工作，在燕教授的指导下，我开始总结自己的记录理念和做法：科研日记撰写要真实，"我手写我心"所记必须是自己的真知灼见，真情实感；要有主题，有了主题，中心才能突出，所记更有意义，才能写得深入；要常翻阅，感悟写日记的真谛——积累、揣摩、回味、发现、成长；要常总结，整理自己的科研日记，学会概括和提炼，请教专家并把它形成文章，变成课题。我喜欢记在本子上，简易方便，一笔一本，随处可写。我记科研日记的本子是 32 开大，塑料皮，厚薄适宜，一来便于携带；二来因为有了塑料皮，可以随时将学生的一些材料插进去，不易丢失；三来每天一篇，一个学期下来，这样的本子有好几本，颇有些成就感了。

每次写新本子时，我总是先在扉页精心写上“科研日记”几个大字，注上开写日期，接着在每一页的右侧画出 2 厘米的备注栏，以方便日后记录一些新增的变化、附录或其他的相关的情况，然后标上页码，便于查找，最后在第一页写上“前言”，谈谈近期的设想，抒发自己情感。当本子写完，我还要写“后记”，总结这段时间来的收获和感受。无论走到哪儿我都带着笔和纸，及时记录自己的想法和做法。记录科研日记需要选择一个合适的时间。我一般选在晚上大家休息的时候。此时万籁俱寂，捧一个茶杯，撮三片茶叶，沏上热茶，然后端坐于书桌前，慢慢地打开心爱的日记本开始心灵的独白，那真是一种享受。有时我会在早晨，大家还在梦中时，我又沙沙地写上了，这时真有一种“世人皆睡我独醒”的惬意。

燕教授告诉我写科研日记可以“无话则短，有话则长”，多则二三千，需一二个小时，少则二三百字，十几分钟而已。如果出差或有事则先把提纲记录在纸上，等有时间就补上。随着经验的积累，我能熟练地运用多种形式来记录科研日记，比如：备忘式（通过回忆写下特定时段的经历，再现教育实践中的生活场景）；描述式（描述个人肖像与特征等，注重细节描写）；解释式（对自己的创见、思索、推测、预感、事件的解说）；笔记式（就是读书笔记的写法）；追踪式（围绕一个或几个对象进行长期的跟踪记录）；专项式（抓住突出的问题进行深入地反思与总结）；点评式（在教案等材料上做相应的批注、评述）；提纲式（提纲挈领地列出成败得失）等等写法。

记得 2000 年，燕教授在一次谈话中提及我国教育家陈鹤琴用日记的方式，从他的大儿子陈一鸣出生之日起，连续观察 808 天，积累了研究材料，最后写出了著名的《儿童心理之研究》。我很受启发，买了陈鹤琴的《家庭教育》，下决心向陈鹤琴学习。我从妻子怀孕开始，就记孕期日记，坚持了 263 天，女儿呱呱坠地。女儿出生后，又每天给孩子写日记，记下她的成长与变化，记下她的欢乐与烦恼，如今已经坚持记了 6600 多篇，积累了几百万字的原始资料。可以说，女儿的成长过程，也是我的成长过程，我学会了怎样与女儿相处，学会了怎样做一个合格的父亲。

2012 年 10 月 9 日浙江省《都市快报》用两个版面介绍我写女儿日记的事迹后，新浪、搜狐、腾讯、雅虎、网易、凤凰、新华网、人民网、中新网、台湾网等 30 多个网站都转载了，新浪网短短 3 天就吸引 700 多人热议。10 月 12 日，《广州日报》图文报道《为女儿写下 4310 篇成长日记的爸爸吴小军》；10 月 16 日《新华每日电讯》报道《浙江一位父亲坚持 12 年每天为女儿写日记感动网友》，同日《杭州日报》《宁波日报》《贵州都市报》《羊城晚报》《宿迁日报》《新民晚报》《扬子晚报》等 20 多家报刊转载；10 月 16 日《金华日报》报道《金华一教师带学生写了 21 年日记》；10 月 20 日《天津日报》图文报道《近 12 年每天不间断写下 4300 余篇日记》；“百度”专门编拟“父女日记”词条。10 月 13 日辽宁卫视报道《爸爸为女儿写下 4310 篇成长日记》；17 日北京卫视报道《慈父 12 年为女儿写成长日记》；10 月 19 日江苏卫视播放长达 5 分钟的报道《一个父亲的 4315 篇育儿日记》；20 日浙江卫视钱江台报道《一个父亲的 4315 篇育儿日记》……

赠吴小年老师

研究孩子

走进孩子心里

燕国材

2017年4月27日

于上海

燕教授和师母从《新民晚报》上看到了我的报道，就给我打电话，鼓励我坚持下去，还说这也是非智力因素研究的成果。在燕教授的指引下，我还坚持写学生的个案研究日记，每一届学生选择一个或者两个进行观察研究，比如，有咬手指的，有叛逆的，有阅读障碍的，有书写障碍的，等等，我每天关注，记录点滴变化，少的三五个月积累七八千字，多的一年三年记录三五万字乃至十万字……2017年4月27日燕教授给我题词“研究孩子，走进孩子心里”，见上图。于是我将它作为座右铭来鞭策自己，不敢懈怠。

燕教授告诉我，教师只有在不断反思的过程中，不断地更新自我、发展自我、超越自我，才能顺应教育的深刻变革。我决心在燕教授“非智力”光辉理论指引下，一如既往地努力工作，认真开展实践探索，持续记录反思日记。哪怕“衣带渐宽终不悔，为伊消得人憔悴”！去年12月，我有幸参加了“燕教授‘学术生涯七十载’暨‘九十华诞’庆贺会”，当场写了一首藏头诗，表达对恩师的敬意和祝福：

致恩师

敬献蟠桃九秩翁，

祝酒频频满碗盅。

燕门弟子多才俊，

老亦不忘师恩隆。
福如东海常流水，
寿比南山不老松。
安若磐石体永健，
康来其寿与天同。

【作者简介】

吴小军，男，金华市荣光国际学校副校长。全国科研先进个人。浙江师范大学、浙江金华教育学院兼职教授。多项成果获全国、省政府基础教育教学成果奖。

爷爷教我做学问

叶　茜

貌似一个隔壁的爷爷

因为“非智力”，我认识了燕国材教授；也因为“非智力”，我又结识了燕教授爷爷。

1990 年，我二十出头，刚进入兰溪市实验小学，第一次听到“非智力”这个新名字，一头雾水。啥叫非智力？云遮雾绕，不辨东西南北。稀里糊涂地参与了学校的第一个课题——“小学生良好非智力因素培养的实践研究”。

一群人，一条心，一起干，一起走，为了“非智力”，摸着石头过河，向前走一步是一步。在指导老师郑继伟教授、卢真金教授的引领下，走到了 1995 年。

1995 年 5 月，徐锦生校长带着课题组一行五人，怀揣着研究了五年的“非智力”初期成果，赶赴上海参加“非智力因素”研讨会。瞄一眼会议签到单，立马感觉到中国有多大，我就有多小。在兰溪的地盘上，实验小学是当地的窗口学校，多少从心底有种微妙的优越感汩汩冒出。可是，在这个非智力的研讨会上，唯有我们一所来自最基层的小学参与，其他的都是高大上的高校。仰视着来来往往的高知们，不敢高声语，恐惊天上人哪！心不自卑，却忐忑不安起来。

来上海的前一夜，五个人挤在一辆四面透风的三轮车里，终究抵挡不住凛冽的夜风，我感冒了。

我怕自己的感冒有碍观瞻，自觉地坐在会场的后面，远远地看见主席台正中，坐着一位衣着极其朴素，随意简单的老者，头发有些花白，也有些稀疏，声音却中气十足，落地有声，他就是如雷贯耳的“非智力因素的鼻祖——燕国材教授”。

貌不惊人！如此有名望的教授，与我脑海里模拟的有些出入呀！怎么可以这么朴素？如此简单呢？资深教授不应该是穿着考究的西装，脖子上系着精致的格子领带吗？这个燕教授的外表怎么可以如此普通，普通得就像一个我农村老家的隔壁爷爷呢？

正当我想入非非时，燕教授让他的研究生——孙圣涛大哥过来带我去看病买药。

这位孙大哥真好！这位隔壁爷爷真好！

如同一个自己的爷爷

1995年，有了燕教授第一次悉心的课题指导，就有了1998年在兰溪举行的全国非智力因素研讨会。就这样一来二往的，几乎每年都有和燕教授见面的机会。燕教授一如以往的简单朴素，所不同的是我已经完全可以听懂燕教授一口浓重的湖南话。

2003年，因为学校的一本书想请燕教授写序，领导命我“带路”前往。我当着校领导的面有些忐忑地跟燕教授电话联系，怕他忙，拒绝。想不到，电话的另一头很快响起燕教授浓重的湖南话：“叶茜，我这个周末在家，不外出，你过来吧！”

燕教授居然同意了，居然记得我是兰溪市实验小学的叶茜。他的最强大脑里，居然还塞得下叶茜两个字。在电话的这一头，我感动得有些哽咽。校领导在一旁马上说，叶茜，你真有福气！燕教授这么忙，这么高高在上的一个教授，竟然连一点推托之词也没有，燕教授对你可真好！

清楚地记得，燕教授当时还住在高层的 16 楼；清楚地记得，我们在电话里约好，下午 4：00 左右到燕教授家，燕教授在家里等我们。但是，等我们赶到燕教授家门口时，铁将军把门，家里无人应答，电话无人接听。我们一行有些尴尬地在狭小的楼层空间团团转，不知何去何从？

只一会儿，电梯的门开了，从电梯里慢慢走出拄着拐杖的燕教授，手里还提着一个透明的红色的塑料袋，里面装着一些橘子。燕教授发出爽朗的笑声：“哈哈哈——叶茜，到了。真是不巧，家里没有你喜欢吃的橘子，我只是到楼下去给你买几个橘子，想不到先让你吃闭门羹了！哈哈哈——”

这不是一个自己的爷爷疼爱孙女的举动吗？一行人有些不相信地看着我，我早已抑制不住自己的感动迎上前去，从燕教授爷爷手中接过为我买的橘子，跟着燕爷爷进了屋。

“叶茜，你让客人坐下，你再去烧点水。茶壶在桌子上，茶叶在柜子里……”同行的教科所所长应景地说：“叶茜，燕教授根本不把你当外人，如同孙女一样。”这不就是一个爷爷吩咐孙女招待客人的门道么！

就是自己的亲爷爷

时间到了 2007 年的 10 月份，我为了一个课题的结题报告，国庆长假把自己反锁在家里，黑白颠倒，日夜奋战。10 月 8 日中午 12 点，正在校长室开校务会，又突然接到教科所电话，需要马上赶到市教科所。

“哐啷”一声，意外发生了，叶茜这个人居然“破窗而出”：门玻璃擦得太干净，提示语没有及时张贴；自己视力又不好，再加上几天来没有休息好。居然如此惊天动地！

大难不死，必有后福！全身上下缝了66针，住在市人民医院里。10月23日下午，徐锦生校长携夫人走进病房来看我，我惊讶，意外，感动！

徐校长神秘地说："叶茜，还有惊喜在后面！"

惊喜！惊喜？什么惊喜？不得而知。

"叶茜，我和师母来看你了——"浓重的一口湖南口音从病房外面传来。我一个激灵，是燕教授爷爷。随着浓重的湖南口音，燕教授在师母的搀扶下出现在病房门口。

我傻呆了！

这怎么可能？

这怎么可能？

我是在做梦吧？

使劲地摇摇头，再眨巴眨巴眼睛，好让自己的思维再清晰一点；眼睛看得再清楚一点。

没错！就是燕教授和燕师母。

燕教授和师母真的到兰溪的人民医院里来看我了。

"谢谢爷爷！……"情不自禁地喊出。

一刹那间，我感动得泪奔！

人生如此，我夫复何求！

【作者简介】

叶茜，女，浙江省金华市荣光国际学校高级教师，省教科研先进个人。曾获浙江省人民政府科学成果一等奖，浙江省教育研究成果一等奖。

童心未泯永不老

——我与燕老师

余　芳

燕先生是中国心理学史学科的重要开创者，不管是在治学还是做人方面，都非常受学生爱戴和尊敬。他为人低调，虽学富五车，但淡泊名利，看似严肃，实则平易近人。我在燕先生门下读研究生时，他已年近八十，精神矍铄，思维敏捷。我想是什么让先生如此年轻，每次总想找到秘诀。

有一日我们去燕先生家上课，在他的容膝斋（燕先生的书房，因面积太小只能容得下膝盖而得名）发现他正埋头捣鼓什么，身子被群书包围着只看到脑袋。我问燕先生您干吗呢，他答在打字。我们凑近一看，果真老先生一个键一个键地正在敲打。我说就您这速度，得打到什么时候啊，我来帮您打，我打字可快了。燕先生手一摆说，不用不用，这文章他已经手写好了的，但他每天要学打字十几二十分钟。我愣住了，继而恍然大悟，燕先生永葆年轻的秘诀就是活到老学到老啊。

燕先生还有个年轻的秘诀是保持着一颗童心，别看老先生平时不苟言笑，但只要一说到小孩的事情，那可是经常能听到他爽朗的笑声。女儿平素胆小，但三岁时第一次去燕先生家，看到先生竟是轻松自如，还和先生和师母做了个小小的自我介绍。燕先生竟每次提到她都会念起她做的自我介绍，燕先生心里有孩子，自己也如孩子一般纯净。

我如今做着儿童教育的工作，活到老学到老和永远保持一颗童心是燕先生直接带给我最宝贵的精神财富。感恩此生能在燕先生门下学习，我愿像燕先生一样，在学术和生活的道路上，保持一颗不老的心。

【作者简介】

余芳，女，上海墨豫科技公司课程研发总监及合伙人。2006年9月至2009年7月师从燕国材教授。

听到燕师洪亮爽朗的笑声，我们的心也开了

章健华

燕师，非燕国之后人，乃楚地湘水桃源县人也。相比楚地早年生活的二十年，燕师在上海生活得更长久，但在沪七十年也丝毫未改变燕师的声腔语调，燕师用那洪亮浓郁的楚腔申调讲课聊天，初听者被燕师的激情感染，但脸是懵的，湖南话好难懂啊。燕师却正言道，我可说的是湖南普通话。看到一脸发懵的求学者，我们这帮学生可忙坏了，主动充当起燕师的翻译，心里窃喜，不入燕门，焉懂燕语。

燕师，是从楚地走出来的，自有楚人的风骨。因着楚地，一想到燕师，诗人屈原的形象就会闪现，燕师确如屈原这般高贵正直、执着理想、心忧生民，但燕师却没有屈原那般孤傲偏执，不合于世。我想大概因为诗人的使命是孤独悲悯，心理学家的使命是智慧通达。

燕师是何其幸运，他够着了云彩，在浩瀚的知识海洋中独驾二舟：中国心理学史和教育心理学，真羡慕燕师那心与长天共欢愉的畅快。

凡投在燕师名下的学生都知道这八个字："标新立异，自圆其说"。标新立异，燕师是希望学生不要满足于鹦鹉学舌，师云亦云，要有自己独到的新见解，入师门是为了出师门，看到自己的学生卓有成效，燕师便热心宣传，

其胸襟何其开阔。自圆其说，燕师是告诫我们不能只为了博人眼球，求新异、出大名，提出一些稀奇古怪的观点，而是要踏踏实实、认认真真地吸取百家之长，形成自己独树一帜的学科理论。

凡投在燕师名下的学生还知道这七个字："会写文章、会喝酒"。燕师一直笔耕不辍，上七十岁后还每年出版一本书。我曾经问过燕师，您为什么那么爱写文章？燕师说那是因为我有话要说、有观点想表达。写文章不是为出大名、评教授、赚稿钱，写文章是因为有话要说，燕师的回答是朴素的，也是真诚的。我又问燕师，为什么做您的学生要会喝酒呢？燕师说人喝了酒以后话就多起来，人也放松下来，这样交流会畅通自如。原来"会写文章、会喝酒"都是为了"有话要说"，只不过"写文章"是书面表达，"喝酒"后的闲言淡语是口头表达。

燕师的学术生涯可用四个字概括"读书、写书"。初次拜见燕师，被燕师家的乱和小给惊呆了，房间内堆放着各种书籍，像一个小型书库，能容人走路的空间很小，"容膝斋"故此得名。燕师博览群书，记忆超凡，时不时背一两段书中原话与我们探讨。真的汗颜，我们虽然年轻，却不如燕师读书的速度和记忆，这才明白："读书万卷始通神"。燕师在家辛勤写书的场景只能想象，但燕师一本本书的出版是眼见为真的。每次去看望燕师，最大的收获就是得到一本燕师的新作，家中书橱的一整排摆满了燕师的各种著作，想想真的很惭愧，我读了多少，又读懂多少呢。

燕师是心理学界传奇式、大师级的人物，待人却平易顺和。父亲曾聆听过燕师十二讲的教育心理学课程，十分钦佩。我拜在燕师门下后，父亲提出要向燕师当面讨教，燕师欣然同意。一通酒后两位老人一下子热络起来，二通酒后两位已成好友，相约半年你请、半年我请，这样一年可以见两次面，此时的燕师是蛮有烟火味的普通老头。

燕师待学生如亲生孩子，尤其男生常常到燕师家蹭饭吃，燕师穿着一件老头衫，下灶烧饭烧菜，如同父亲般悉心照料自己的孩子。凡燕师的学生看不太懂当下大学中紧张的师生关系，燕门的师生情温馨绵长。燕师已九十高龄，不能再为学生做饭烧菜，该是我们回报燕师的时候了。每逢燕师生日，我们辞掉手中一切事儿，想尽一切办法让燕师开心，听到燕师那洪亮爽朗的笑声，我们的心也开了。

【作者简介】

章健华，女，上海市上海中学教师，教学处副主任，中学高级教师。1997 年 7 月至 2000 年 7 月师从燕国材教授。

大德者必有其寿

赵仲安

自从接到通知写一短文回忆在上海师范大学学习的时光，心情久久难以平静，我几个夜晚难以入眠，不知如何下笔。时光如梭，转眼间自己也年过半百，我的半生实在是平淡平凡，只有在上师大的日子难以忘怀，母校的美丽常常浮现，燕老师的谆谆教诲犹在耳边，往事历历在目。

1987 年 10 月，我准备报考硕士研究生，非常冒昧地给燕国材教授写了一封信。信寄出去后，非常忐忑，一直在想：一个素不相识的著名教授，会回信吗？会答应让报考他的研究生吗？出乎意外的是大约一周多，就收到了燕老师的回信，我迫不及待地拆开信，字里行间充满了一个长辈的慈爱和鼓励，充满了一个学者对学子的期盼和教诲，燕老师的回信激励了我，我决定报考燕老师的研究生。

研究生考试结束了一段时间，有同学接到了复试通知，我的心情越发着急，大约是 1988 年 4 月，我突然买了张火车票到了上海，在教育管理系的办公室，终于见到了燕老师。我看到的燕老师是一个气场很大的中年人，性格豁达、满面笑容、说话爽朗，让人不由地感觉亲切和温暖。燕老师体谅一个农村学生的困难，多方协调让我提前参加了复试，这样我就幸运的成了燕老师的学生。两天的上海之行，我深切感受到燕老师对学生的关爱，对晚辈的殷殷期望，内心的感激之情难以言表。

三年学习时间转瞬即逝，燕老师高尚的仁德、充满魅力的人格、深厚渊博的学识、孜孜不倦的创新精神给了我深刻的影响。

20 世纪 80 年代是改革开放的初期，西学东渐，西方的各种时髦思潮、新兴学科、新的理论和学说、不同的流派纷纷涌现，国内学界普遍是“言必称希腊”，学者多热衷于介绍、研究、追随西方学术热点，燕老师是一个有独立思想的学者，他独创性地开辟了中国心理学思想的研究，主张系统整理挖掘中国古代心理，最早出版了中国古代心理思想的代表作《先秦心理学思想研究》，这本专著可以说是中国古代心理思想的开山之作，引起了学界的广泛关注，燕老师是中国传统心理思想的发掘者，充满了对中国文化的自信。

燕老师经常教导我们做学问要“标新立异，自圆其说”，这既是他的治学方法，也是他孜孜不倦追求创新的写照。他在学界提出了非智力因素的理论，倡导教育心理研究人员和广大教育工作者充分重视培养学生的非智力因素，这个学说在当时引起很大反响，开辟了一个新的研究领域，也激起了研究非智力因素的热潮，他既是研究非智力因素的首倡者，也是培养学生非智力因素的引领者，当时的上海师范大学教育管理系举办了几批中小学校长培训班，非智力因素也是培训的重要内容，上海师大也成了全国研究非智力因素的中心。

燕老师是中国心理学思想、中国心理学史、非智力因素的主要开拓者、传播者、引领人，他几十年如一日，坚持不懈地挖掘中国心理学思想，开辟了一个又一个研究的新领域，创新的步伐从未停歇，真是老骥伏枥志在千里，让我们这些晚辈敬佩。

在燕老师身边 3 年，他既教我们为学，更教我们为人。燕老师大有古之仁者之风，对同行坦荡磊落，对晚辈慈爱宽厚，对学生言传身教，在我们几个同门弟子眼中，真是亦师亦父亦友。现在燕老师 90 岁高寿，身体健康，精神矍铄。真是应了一句古话，大德者，必有其寿。

【作者简介】

赵仲安，男，郑州航空工业管理学院离退休处处长。1988 年 9 月至 1991 年 7 月师从燕国材教授。

附录

燕国材教授主要著作与论文目录

一、主要著作

1956.《马卡连柯的教育理论和方法》.湖北人民出版社.

1980.《记忆与学习》.湖北人民出版社.

1981.《先秦心理思想研究》.湖南人民出版社.

1981.《智力与学习》.教育科学出版社.

1984.《汉魏六朝心理思想研究》.湖南人民出版社.

1984.《心理与教育》.浙江教育出版社.

1986.《马卡连柯教育思想研究》(与何国华合著).湖南教育出版社.

1987.《非智力因素与学习》.(与朱永新、袁振国合著)湖北教育出版社.

1987.《唐宋心理思想研究》.湖南人民出版社.

1987.《地球上最美丽的花朵:心理学及其应用》.(与马文驹等合编)江西人民出版社.

1988.《中国心理学史资料选编》.(与刘兆吉等合著)人民教育出版社.

1991.《现代视野内的中国教育心理观》(与朱永新合著).上海教育出版社.

1998.《学习心理学：IN 结合论取向的研究》.警官教育出版社.

1998.《中国心理学史》.浙江教育出版社.

1998.《新编普通心理学概论》.东方出版中心.

1998.《教育十论：我对教育问题的一些基本看法（第 2 版）》.中国建材工业出版社.

1998.《超越情商：非智力因素与成功》(与崔丽莹合著).学林出版社.

2001.《教育心理十题：我对某些教育心理问题的基本理念》.中国建材工业出版社.

2001.《心理学家告诉你：如何成为学习的赢家》.上海人民出版社.

2002.《智力因素与学习》.教育科学出版社.

2002. 素质教育论丛书：《素质教育概论》《身体素质教育论》《心理素质教育论》《社会素质教育论》《创新素质教育论》.广东教育出版社.

2004.《心理学思想史（中国卷）》.湖南教育出版社.

2004.《中国教育心理思想史》.山东教育出版社.

2006.《非智力因素与学习》.上海教育出版社.

2007.《理论心理学》.暨南大学出版社.

2008.《成功学习之道：四“五”学习法》.广东教育出版社.

2009.《中外心理学比较思想史》(与车文博、杨鑫辉合著).上海教育出版社.

2010.《教育心理学》(与李伯黍合著).华东师范大学出版社.

2010.《领导干部心理健康讲座》(与刘振中合著).中国友谊出版公司.

2011.《教育学与心理学的和谐变奏》.人民教育出版社.

2012.《中国心理学史》.开明出版社.

2014.《燕国桢论著集存》(与燕良轼、燕新民合著). 人民出版社.

二、主要论文

1963 年

《谈谈背诵的几个问题》. 河北教育，1963 (8)：18—19.

1964 年

《试谈启发式的教授法》. 福建教育，1964 (8)：8.

1979 年

《共于“中国古代心理思想史”研究的几个问题——“中国古代心理思想史”研究之一》. 上海师范大学学报（哲学社会科学版)，1979 (1)：160—167.

1980 年

《一部关于人才学思想的专门著作——刘劭〈人物志〉简介》. 上海师范大学学报（哲学社会科学版)，1980 (2)：38—40.

《荀子论情、欲、性》. 心理学报，1980 (2)：212—219.

1981 年

《王充的形神观和感知说述要》. 江西师院学报，1981 (4)：85—92.

《我国古代一篇重要的心理思想文献——范缜〈神灭论〉》. 心理学探新，1981 (2)：63—70.

《孔子的德育心理思想》. 上海师范大学学报（哲学社会科学版)，1981

(1)：97－102.

《谈谈注意的几个问题》.心理科学通讯，1981（1）：46－48.

《智力和知识》.江苏教育，1981（2）：46.

1982年

《试论董仲舒天人感应论的心理思想》.上海师范大学学报（哲学社会科学版），1982（4）：131－137.

《我国古代关于情感的几种学说》.心理科学通讯，1982（6）：36－40.

《〈吕氏春秋〉心理思想拾零》.心理学探新，1982（2）：48－54.

《评〈淮南子〉的心理学思想》.心理学报，1982（3）：285－293.

《谈谈学习心理的几个问题》.上海师范大学学报（哲学社会科学版），1982（1）：100－106.

1983年

《刘智〈天方性理〉对大脑研究的贡献》.心理科学通讯，朱永新1983（6）：21－23.

《马卡连柯的智育思想》.外国中小学教育，1983（3）：34－36.

《谈谈世界观及其形成的问题》.外国中小学教育，1983（2）：30－32.

《略谈世界观教育在提高教育质量中的作用》.外国中小学教育，1983（1）：19－21.

《在美育过程中形成学生的共产主义世界观》.外国教育动态，1983（3）：65.

1984年

《三谈中国古代心理学思想史的研究对象》.心理学探新，1984（4）：61－65.

《王充人性论和智能观述要》. 心理学探新，1984（3）：68—74.

《从庄子梦为蝴蝶说起——谈梦》. 上海教育科研，1984（6）：58.

《厌目而视者，视一以为两——谈错觉》. 上海教育科研，1984（5）：56—57.

《王安石的唯物主义的心理学思想》. 心理学报，1984（2）：113—120.

《道德教育的心理学基础》. 外国中小学教育，1984（2）：30—32.

《心之官则思——谈谈心身关系》. 上海教育科研，1984（4）：55.

《个别差异与因材施教浅谈》. 上海师范大学学报（哲学社会科学版），1984（1）：123—129.

《明代太子故事的启示——谈心物关系》. 上海教育科研，1984（3）：59.

《心理学中对世界观的研究》. 应用心理学，1984（1）：28—30.

1985年

《中国古代关于意志的几种基本观点》. 心理科学，1985（3）：47—50.

《熟读精思——谈记忆与思维的关系》. 上海教育科研，1985（6）：51.

《学问之道无他，求其放心而已矣——谈注意的分散与分心》. 上海教育科研，1985（5）：49.

《心不二用与一心二用——谈注意的集中与分配》. 上海教育科研，1985（4）：50.

《心理学与教学改革》. 上海师范大学学报（哲学社会科学版），1985（1）：121—128.

《入芝兰之室，久而不闻其香——谈感觉适应》. 上海教育科研，1985（3）：31，52.

1986年

《似曾相识与记忆犹新——谈再认与再生》. 上海教育科研，1986

(1)：52.

《情满于山，意溢于海——谈情感的移情性》.上海教育科研，1986（2）：52.

《关尹子的心理思想蠡测》.心理学报，1986（1）：63—70.

《月晕而风 础润而雨——谈思维》.上海教育科研，1986（3）：16，76.

《世界观核心论的个性论初探》.上海师范大学学报（哲学社会科学版），1986（1）：134—140.

《评王守仁的学习心理思想》.现代教育论丛，1986（3）：5—9.

《老庄道家学派的心理思想探索》.心理科学，1986（4）：3—11.

《一种新的学习理论的探索——关于智力与非智力因素结合论的学习理论的几点看法》.教育评论，1986（6）：24—30.

《孔子的差异心理思想》.孔子研究，1986（4）：33—38.

1987 年

《中国古代心理思想的成就和研究状况》.上海师范大学学报（哲学社会科学版），1987（4）：72—77.

《戴震论认识与情欲》.心理学报，1987（4）：335—342.

《陆九渊心理思想研究》.渤海大学学报（哲学社会科学版），与朱永新合著，1987（2）：12—18.

《戴震心理思想的基本观点》.心理学报，1987 19（3）：79—83.

《孔子的教师心理思想》.教育学术月刊，1987（1）：62—72.

《世界观核心论的个性论的基本涵义》.语文教学通讯，1987（2）：68.

1988 年

《中国古代心理思想中的能力问题》.江西师范大学学报（哲学社会科学版），1988（4）：74—80.

《关于非智力因素的几个问题》. 上海师范大学学报（哲学社会科学版），1988（4）：134—139.

《王清任“脑髓说”及其在心理思想发展史上的重要地位》. 心理学报，1988（4）：422—428.

《论心理的结构、特点和规律》. 心理学探新，1988（2）：17—22.

《论非智力因素及其在教育工作中的意义》. 贵州师范学院学报，1988（1）：1—6.

《再评〈淮南子〉的心理思想》. 心理科学，1988（1）：36—42.

1989 年

《再论凯洛夫〈教育学〉属于传统教育思想范畴——与陈炳文、肖云瑞二同志商榷》. 上海师范大学学报（哲学社会科学版），1989（3）：68—73.

《略论中国古代教育心理思想发展的特点和成就》. 心理学报，1989（4）：412—418.

《我国古代关于欲的几种观点》. 心理科学，1989（4）：7—11.

《人本主义心理学与教育》. 外国中小学教育，1989，7（3）：8—9.

《王夫之论智与能》. 心理科学，1989（1）：35—39.

1990 年

《再谈非智力因素的几个问题》. 上海师范大学学报（哲学社会科学版），1990（3）：113—118.

《关于素质教育的几个问题》. 教育科学 1990（2）：1—4.

1991 年

《三谈非智力因素的几个问题》. 上海师范大学学报（哲学社会科学版），1991（4）：109—113.

《关于学习动机的若干辨析》. 教育评论，1991（4）：13—16.

《论兴趣及其培养》. 江西教育科研，1991（3）：1—7.

《我国古代健康心理学思想初探》（与张人骏合著）. 中国健康教育，1991（4）：4—5.

《再谈素质教育的几个问题》. 教育科学研究，1991（1）：1—3.

1992 年

《四谈非智力因素的几个问题》. 上海师范大学学报（哲学社会科学版），1992（4）：115—120.

《再谈智力与非智力因素结合论的学习理论》. 教育评论，1992（6）：23—27.

《论非智力因素概念的科学性、实效性和不可替代性——与马兆掌同志“商榷”的商榷》. 华东师范大学学报（教育科学版），1992（4）：51—57.

《论“培养非智力因素”说法的科学性》. 江西教育科研，1992（4）：13—16.

《论性格及其教育》. 教育科学研究，1992（3）：1—4.

《论创造思维及其培养》. 教育科学研究，1992（1）：5—10.

1993 年

《五谈非智力因素的几个问题》. 上海师范大学学报（哲学社会科学版），1993（3）：121—125.

《论学生是教育过程中的唯一主体》. 教育科学研究，1993（4）：1—4.

《孟子的心理学思想研究》. 心理学报，1993，30（4）：18—23.

《非智力因素理论果真漏洞百出、悖于心理事实吗？——对周作云同志“评论”的“评论”》. 江西教育科研，1993（4）：19—23.

《王船山的心理学思想研究》. 船山学刊，1993（2）：69—85.

《“非智力因素”概念果真不科学吗？——与肖宗六同志商榷》. 中小学管理，1993（2）：23—26.

《关于心理教育的几个问题》. 江西教育科研，1993（2）：7—12.

《学习〈纲要〉关键在于落实》. 教师教育研究，1993（2）：12—14.

1994 年

《怎样辅导你的子女学好语文》序. 河南大学学报（哲学社会科学版），1994（6）：107.

《张载的教育心理思想研究》. 江西教育科研，1994（5）：68—72.

《决不能把教育推向市场》. 探索与争鸣，1994（9）：32—33.

《关于非智力因素讨论中的几个理论问题——和皮连生同志商榷》. 上海师范大学学报（哲学社会科学版），1994（3）：113—122.

《〈周易〉的心理学思想及其在先秦的发展》. 心理学报，1994（3）：312—318.

《〈尚书〉〈左传〉〈国语〉的心理学思想研究》. 心理科学，1994（4）：193—197.

《究竟是谁的观点呈现一片“混乱”——就“非智因说”的理论问题向李旷、潘源琛伉俪请教》. 江西教育科研，1994（2）：21—25.

《高师教育的出路何在》. 教师教育研究，1994（2）：3—5.

1995 年

《王夫之的教育心理思想初探》. 船山学刊，1995（2）：22—33.

《教育独立论发微》. 上海教育科研，1995（11）：1—6.

《中国古代人格教育的原则和方法》. 江西教育科研，1995（5）：57—59.

《刘劭的心理学思想研究》. 心理科学，1995（5）：257—262.

《进一步谈谈智力与非智力因素结合论的学习理论》. 江西教育科研，1995

(3)：31—34.

《中国教育的“正三化”与“负三化”》.探索与争鸣，1995（6）：6—9.

《智育新论》.上海师范大学学报（哲学社会科学版），1995（2）：104—110.

《教育人本论刍议》.云梦学刊，1995（2）：36—40.

《市场化大潮中的中国教育走向》.社科信息文荟，与叶澜、朱立元合著，1995（4）：5—6.

《论教学过程的本质》.上海教育科研，1995（1）：9—13.

《中国古代应用心理学思想的主要分支》.心理科学进展，1995，13（1）：18—21.

1996 年

《论心力、心育、心操》.上海教育科研，1996（6）：1—7.

《中国教育一百年》.党政论坛，1996（9）：14—16.

《素质教育问题研究》.江西教育科研，1996（4）：11—15.

《六谈非智力因素的几个问题》.上海师范大学学报（哲学社会科学版），1996（3）：108—113.

《论中国当代教育发展的轨迹》.云梦学刊，1996（3）：28—35.

《关键要在实践中真正提高教育地位》.探索与争鸣，1996（6）：33—34.

1997 年

《论王夫之因材施教的教育思想》.船山学刊，（与刘振中合著）1997（2）：16—21.

《教育独立论再议》.上海教育科研，1997（6）：20—24.

《素质、人的本质及其他——与周作云、李明刚同志商榷》.江西教育科研，1997（4）：10—11.

《中国教育一百年》. 中国职工教育，1997（6）：5—7.

《论 21 世纪教育的基本走向》. 上海师范大学学报（哲学社会科学版），1997（3）：9—15.

1998 年

《和谐教育思想的发展及其现实意义》. 上海教育科研，1998（12）：1—6.

《“心理”正名》. 心理科学，1998（2）：97—101.

《七谈非智力因素的几个问题》. 上海师范大学学报（哲学社会科学版），1998（4）：128—134.

1999 年

《八谈非智力因素的几个问题》. 上海师范大学学报（哲学社会科学版），1999，28（5）：81—88.

《九谈非智力因素的几个问题》. 上海师范大学学报（哲学社会科学版），1999（10）：82—87.

2000 年

《祝贺 · 赞扬 · 期盼》. 江西教育科研，2000（11）：12—13.

《关于理论心理学的几个问题》. 心理学探新，2000（3）：3—7，24.

《谈谈成功智力》. 江西教育科研，2000（8）：3—5.

《论心理素质及其教育》. 云梦学刊，2000（3）：71—75.

《十谈非智力因素的几个问题》. 上海师范大学学报（哲学社会科学 · 教育版），2000，29（3）：38—42.

《教育科学化中国教育改革的正确方向》. 探索与争鸣，2000（1）：23—26.

2001年

《也谈“名校扮演什么角色”——与杨德广先生商榷》.探索与争鸣，2001（12）：13－16.

《略论素质教育的几种外部关系》.上海教育科研，2001（6）：11－14.

《如何学好心理学》.成才与就业，2001（11）：24－25.

《关于IN结合论的十对命题》.心理科学，2001（5）：519－522.

《面向21世纪高师公共心理学教材——简评教育部规划教材〈心理学新论〉》.心理科学，2001，24（4）：475－476.

《论创造教育与素质教育》.上海师范大学学报（哲学社会科学·教育版），2001，30（1）：1－7.

2002年

《潜能开发的要求与方法》.中学教育，2002（12）：7－9.

《素质管理模式初探》.探索与争鸣，2002（12）：5－7.

《浅谈潜能的基本分类》.中学教育，2002（10）：3－6.

《二论愉快教育模式》.中学教育，2002（8）：3－6.

《关于中国古代心理学思想研究的几个问题》.心理科学，2002（4）：385－390.

《关于道德教育的几个问题》.湖南师范大学教育科学学报，2002（2）：9－13.

《略论潜能的基本性质》.中学教育，2002（6）：3－5.

《论心理规律》.南通大学学报（哲学社会科学版），2002（2）：125－128.

《情知交融教学初探》.上海教育科研，2002（5）：38－41.

《愉快教育模式初谈》.中学教育，2002（4）：10－11.

《论性格教育与素质教育》.上海师范大学学报（哲学社会科学·教育

版），2002，31（1）：1—6.

《略论会注意》. 中学教育，2002（2）：3—5.

2003 年

《生命教育的实施》. 中学教育，2003（12）：3—5.

《关于当前高等师范教育发展的断想》. 探索与争鸣，2003（11）：40—41.

《生命教育的原则》. 基础教育，2003（10）：5—8.

《论素质教育与做人教育》. 上海教育科研，2003（10）：16—20.

《值得倡导与实践的生命教育》. 基础教育，2003（8）：3—5.

《值得倡导与实践的生命教育再议》. 基础教育，2003（8）：6—9.

《论孔子的心理学思想》. 南通师范学院学报（哲学社会科学版），2003（2）：117—123.

《王充的教育心理思想研究》. 心理学探新，2003（2）：5—11.

《健康教育再议》. 中学教育，2003（6）：3—5.

《“教育功能泛化”刍议》. 探索与争鸣，2003（6）：43—44.

《再论“人是自我教育的对象”》. 中学教育，2003（4）：3—5.

《论智力问题的两种研究取向》. 上海师范大学学报（哲学社会科学·教育版），2003，32（1）：14—21.

《诚信教育的心理学问题》. 江西教育科研，2003（1—2）：3—6.

《论“人是自我教育的对象”》. 中学教育，2003（2）：3—5.

2004 年

《创作式学习初探》. 江西教育科研，2004（10）：3—4.

《论〈鬼谷子〉心术的心理思想依据》. 心理学探新，2004（3）：10—14.

《质疑双语教育》. 探索与争鸣，2004（8）：16—18.

《办出有特色的杂志》. 上海教育科研，2004（8）：6—7.

《我国古代智能观的现代诠释》. 心理科学，2004（4）：774－776.

《创造力的定律——谈谈如何培养创造力》. 教育导刊，2004（6）：4－6.

《研究性学习之辨析》. 上海教育科研，2004（6）：10－14.

《智力泛化述评》. 上海师范大学学报（哲学社会科学·基础教育版），2004，33（1）：1－5.

《高等教育大众化：平民化与实用性的统一》. 探索与争鸣，2004（3）：13－15.

2005 年

《论和谐教育与和谐社会》. 探索与争鸣，2005（11）：58－60.

《论成功学习之道：四“五”学习法》. 上海师范大学学报（哲学社会科学·基础教育版），2005，34（3）：1－8.

《中国古代传统的五因素人格理论》. 心理科学，2005（4）：780－783.

《论承受力》. 上海教育科研，2005（7）：36－38.

《我国的一种有特色的智能观》. 心理与行为研究，2005（2）：147－150.

《论基础教育的“基础”》. 学前教育研究，2005（6）：5－7.

《论科学的学生发展观》. 探索与争鸣，2005（5）：47－49.

《论朱智贤与维果茨基的非智力因素思想》. 江西教育科研，2005（4）：22－27.

《刘昼的教育心理思想》. 南通大学学报（教育科学版），2005（1）：26－32.

《〈管子〉的教育心理思想研究》. 湖南师范大学教育科学学报，2005（1）：60－65.

2006 年

《孔子所说“知仁勇艺”的心理与教育内蕴》. 南通大学学报（教育科学

版)，2006（3）：49—55.

《论耐挫力》. 上海教育科研，2006（9）：74—76.

《中国心理学的过去、现在与未来》. 心理学探新，2006（3）：7—9.

《心理学的回顾、现状与展望》. 湖南师范大学教育科学学报，2006（4）：93—100.

《关于中国教育心理学史研究的几个问题》. 心理科学，2006（3）：729—732.

《论四种基本学习法及其辨析》. 上海师范大学学报（哲学社会科学·基础教育版)，2006，35（1）：1—6.

《我国教育改革不理想的症结》. 探索与争鸣，2006（3）：5—7.

《论适应力》. 上海教育科研，2006（1）：46—48.

2007 年

《评加德纳的多元智能理论》. 上海师范大学学报（哲学社会科学·基础教育版)，2007，36（3）：1—4.

《陆九渊教育心理思想的基本观点与学习心理思想》. 南通大学学报（ 教育科学版)，2007（3）：60—64.

《论抗诱力》. 上海教育科研，2007（4）：35—37.

《素质教育的追求、困境与出路》. 探索与争鸣，2007（2）：63—67.

《老庄教育心理思想研究》. 上海师范大学学报（ 哲学社会科学版)，2007（1）：85—92.

2008 年

《论调控力》. 上海教育科研，2008（7）：31—33.

《陆九渊的德育心理、差异心理与教师心理思想》. 南通大学学报（ 教育科学版)，2008（2）：50—54.

《论精神心理学与东方文化及其关系》. 探索与争鸣，2008（4）：61—64.

《论孟子的“仁义礼智”四因素人格结构》. 心理与行为研究，2008（1）：61—64.

《评刘劭的多元智能论》. 心理科学，2008（1）：2—4.

《我国古代人性论的心理学诠释》. 上海师范大学学报（哲学社会科学版），2008（1）：113—125.

2009 年

《论四类基本教学方法》. 上海教育科研，2009（11）：71—73.

《中国心理学史研究三十年》. 南通大学学报（教育科学版），2009，25（3）：48—53.

《〈大戴礼记〉的心理测验思想》. 心理科学，2009，32（5）：1026—1029.

《论素质教育与人本教育》. 探索与争鸣，2009（8）：4—6.

《谈学生创造人格的培养》. 上海教育科研，2009（6）：53—55.

《从〈孔子家语〉看孔子的差异心理思想》. 心理学探新，2009，29（3）：3—4.

《素质教育的回溯、成就与思考》. 上海师范大学学报（哲学社会科学版），2009，38（2）：33—40.

《非智力因素研究三十年》. 上海师范大学学报（哲学社会科学·基础教育版），2009，38（1）：1—10.

2010 年

《推进素质教育重在归还儿童六大权利》. 探索与争鸣，2010（10）：76—78.

《论谦虚心与学习》. 上海教育科研，2010（10）：52—54.

《心理学研究的对象论》. 上海师范大学学报（哲学社会科学版），2010，

39（3）：51—56.

《1978—2008年中国心理学史研究的文献计量分析》.南通大学学报（社会科学版），2010，26（2）：121—124.

《中国古代论有效学习条件》.上海师范大学学报（哲学社会科学·基础教育版），2010，39（1）：24—33.

2011年

《论教育的结构、功能与作用》.上海教育科研，2011（12）：41—43.

《重新理解和谐社会——基于心理学的视角》.探索与争鸣，2011（11）：49—52.

《精神论——以心理学为视角》.上海师范大学学报（哲学社会科学版），2011，40（5）：5—16.

《周敦颐的教育心理思想论评》.湖南师范大学教育科学学报，2011，10（3）：78—81.

《试论现代基础教育的十大关系》.现代基础教育研究，2011，1（1）：6—11.

《王夫之的智能心理思想》.南通大学学报（社会科学版），2011，27（1）：114—119.

2012年

《教学是认识活动还是实践活动——论教学及其过程的本质》.上海教育科研，2012（8）：28—31.

《中西两种行为动力的比较评析》.心理科学，2012，35（4）：1004—1008.

《论学校教育的三大心理内化》.现代基础教育研究，2012，6（2）：61—70.

《佛教心理学的基本范畴》. 南通大学学报（社会科学版），2012，28（1）：93—99.

2013年

《“崇洋”是我国教育改革的致命伤》. 上海教育科研，2013（6）：8—11.
《开发新智慧，办好幼儿园》. 学前教育研究，2013（4）：52—56.
《“项目学习”评析》. 现代基础教育研究，2013，9（1）：7—10.
《心理学方法论的十大关系》. 上海师范大学学报（哲学社会科学版），2013，42（1）：69—75.

2014年

《非智力因素与教育改革》. 课程·教材·教法，2014，34（7）：3—9.
《论心理失调及其对策》. 上海教育科研，2014（6）：59—61.
《理论心理学与心理学理论辨析》. 上海师范大学学报（哲学社会科学版），2014，43（3）：127—137.
《论教育的灵魂：“立人性”》. 现代基础教育研究，2014，13（1）：7—13.